校史编写委员会

主　　任：朱寅健　詹世友

委　　员：刘国云　饶爱京　吴亦丰　王德荣
　　　　　赖明谷　郑大贵　李培生　卢　超
　　　　　郑宗仁　杨发建　张善平　付慧敏

责任主编：赖明谷　郑大贵

副 主 编：黎　刚　周　鹏　周茶仙　李　杨

上饶师范学院校史

《上饶师范学院校史》编写组 ◎ 著

复旦大学出版社

1958年,上饶工专、师专、医专首届开学典礼。

1959年,赣东北大学校门。

黄永辉(上饶地委第一书记,兼任上饶师范专科学校党委书记、校长)。
彭协中(上饶地委第一书记,兼任赣东北大学党委书记、校长)。

1959年,赣东北大学校徽。

1958年,上饶师专首届学生花名册。

1960年,赣东北大学中文科首届学生毕业合影。

1960年,赣东北大学数学科首届学生毕业合影。

上世纪八十年代前期,上饶师专大门。

1981年,《上饶师专学报》创刊号目录。

1981年12月21日,《光明日报》头版头条,刊登我校78级校友戴子清写的《我的心向往边疆》。

1983年11月,上饶师专第五届田径运动会。

1984年3月,八一中(1)荣获共青团中央授予的"全国青少年学雷锋先进集体"荣誉称号,共青团江西省委授予的"建设社会主义精神文明先锋"荣誉称号。

1987年9月,时任江西省省长吴官正来校视察。

1987年,上饶师专"教育改革座谈会"合影。

1999年,上饶师专97—99年度"十佳"教师。

1999年,《上饶师专学报》获得"首届全国双十佳社科学报"。

1999年,学校召开组建上饶师范学院汇报会。

2000年10月18日,上饶师范学院挂牌典礼。

2004年7月,时任江西省委书记孟建柱来校视察。

2005年,接受教育部本科教学水平评估万人誓师大会。

2011年6月30日晚,我校合唱团参加江西省庆祝中国共产党成立九十周年文艺晚会。

第一届空乘班(2012—2016)。

2013年12月，我校足球队获得中国大学生足球联赛江西赛区冠军。

2014年，上饶师范学院首届"教学十佳"。

2015年8月，重走方志敏之路，在浙江开化闽浙赣省委旧址考察。

2015年10月,中国作协副主席何建明来校讲学。

2016年10月,朱子学研究所联合承办中韩"朱子、退溪乡村文化建设"学术研讨会。

方志敏研究中心的部分研究成果。

2017年3月,与墨西哥南方大学签订合作协议。

2017年4月19日,上饶师范学院第一次党代会。

2017年2月,我校与华东师范大学、上饶市人民政府签署三方合作协议。

2017年6月,南京大学中华民国史研究中心江西分中心在我校揭牌。

2018年9月7日,教师节表彰暨校友事迹报告会。

2018年7月,学校教师分别获第三届江西省高校青年教师教学竞赛一、二、三等奖。

序 言

灵岳拱峙,信水西流,甲子如期忆峥嵘。上饶师范学院建校60周年校庆之际,校史终于付梓,对上饶师范学院来说无疑是一件大事。回眸往昔,一代代师院人栉风沐雨,筚路蓝缕,接力奋斗,谱写了学校发展蜕变的精彩乐章;眺望未来,学校建设日臻完善,事业精进,负重前行,演绎着奋发图强的盛世华音。堂堂黉学,济济多士,博学深研,学脉绵延,传唱教苑佳话;谆谆师者,莘莘学子,薪火相传,青蓝相继,不尽桃李芬芳。

60年岁月刻下的不仅是历经寒暑的风雨兼程,更是春耕夏耘后的丰硕果实。一部校史,就是一条开拓、奋斗之路,它承载了前人的晓月披荆,激励后人励志奋进。编写《上饶师范学院校史》的工作始于2017年3月,一年多来,以档案史料为基础,广泛阅研,反复修改,夜以继日,倾力而为。60年办学历程,烙下了师院人不懈努力的足迹,固化了师院人的辛劳奉献。现在,将它献给为师院各个时期作出贡献的历届领导、师长先贤、师生员工和广大校友!献给长期以来关心、支持师院建设与发展的各方人士和朋友们!

1958年8月,上饶师范学院的前身——上饶师范专科学校创建成立。1959年3月,上饶师范专科学校与上饶工业专科学校合并为赣东北大学。1962年5月,赣东北大学停办;8月,复办上饶师范专科学校。1964年4月,上饶师范专科学校停办。之后,上饶农业学校和上饶师范学校先后迁入。1977年10月恢复办学时,暂名江西师范学院上饶分院。1978年4月,恢复上饶师范专科学校。1984年5月,开始筹建上饶师范学院。1993年,学校提出筹建地方性、综合性大学的目标。1998年,上饶教育学院并入。2000年3月,教育部和省政府批准建立上饶师范学院。2005年11月,学校通过教育部本科教学工作水平评估。2017年11月,学校接受了教育部本科教学工作审核评估。光阴荏苒,日月如梭。这本校史即是对上饶师范学院60年办学历史的回顾与总结。在这里,我们看到了教师敬业尽责,学子刻苦勤奋;见证了学校由小到大、由弱到强,不断发展、持续繁荣;在这里,我们知晓她破茧成蝶的艰难与苦痛,体味她展翅搏击的作为与精神,感受她孜孜以求的文化创造与可喜成就。

60年来,学校的变化翻天覆地。规模壮大了,校园面积由百亩到千亩,学生人数由几十人到万余人,博士教师由零到百;办学层次实现了由专科向本科跃升,学科专业由以师范类专业为主向师范类与非师范类专业并进发展,高水平科研成果由零的突破到全面进步,学校由规模扩张为主到内涵跃升为要。虽然几经变革,几易校名,几度分合,几番曲折,但是优良的办学治校传统一脉相承,造就了蓬勃向上、欣欣向荣的发展局面。师院人在艰难中崛起,在崎岖中攀登,在坎坷中奋进,书写了一部坚守"学高为师,身正为范"校训的奋斗史,化育了"崇德尚能,正道直行"之校风、"立教有格,成化无疆"之教风、"含弘光大,学行天下"之学风。

一部校史,不仅要打开尘封的记忆,厘清学校完整的发展历程,还要客观地总结经验与教训,为今人和来者提供治校的借鉴,更要不断增强师院人的自信心和使命感,激发师生和校友了解师院、热爱师院、建设师院、发展师院的满腔热情和创新创造精神。著名教育家蔡元培先生在纪念北京大学建校20周年时曾写道:"人类之进化,所以远速于他种动物者,以其有历史。历史者,能缩若干人若干时之记忆为一组,因得以是为基础,而更求进步。"修编校史,对于一所历经60年沧桑的大学,意义深远,期冀它能够记载历史、教育后人、激励当下、指引未来。

新时代的号角催人奋进。学校全体师生员工正满怀信心,在习近平新时代中国特色社会主义思想和党的十九大精神的指引下,贯彻实施中共上饶师范学院第一次代表大会的发展战略,坚持社会主义办学方向,顺应高等教育事业发展大势,继续发扬"明确目标,抓住机遇,锲而不舍,争创一流"的升格精神、"抢抓机遇,排难而上,团结拼搏,敢于胜利"的评建精神,强化目标引领,确立"开放办学、内涵发展、突出特色、精细管理"的办学思路,走内涵式、开放式、精进式发展之路,以本科教学为根本,以提升科研能力、推进学科建设为抓手,以显著增强服务地方经济社会发展能力、申办硕士学位授予单位、创建全省一流高等师范教育为驱动,为建成省内外有较大影响的地方性、师范性、应用性大学——上饶师范大学而不懈奋斗!我们将以勇锐盖过怯懦,以奋进压倒自满,保持拼搏状态,不断取得新突破。愿学子,志存高远,厚积薄发,成为栋梁!愿师者,身正学高,立德树人,桃李芬芳!愿师院,继往开来,砥砺前行,再创辉煌!

中共上饶师范学院委员会书记　朱寅健
上 饶 师 范 学 院 院 长　詹世友
2018 年 8 月

目 录

序言 —— 1

第一章 历史沿革与发展脉络 —— 1
第一节 概述 —— 3
第二节 创办时的赣东北大学 —— 4
第三节 发展中的上饶师范专科学校 —— 8
第四节 奋进中的上饶师范学院 —— 19

第二章 教学工作 —— 21
第一节 概述 —— 23
第二节 教学建设 —— 23
第三节 教学改革 —— 32
第四节 教学管理 —— 37
第五节 教学评价评估 —— 41
第六节 学位工作与升学工作 —— 46
第七节 普通话培训测试与语言文字工作 —— 51
第八节 师范特色发展 —— 53

第三章 科学研究与学科建设 —— 55
第一节 概述 —— 57
第二节 学术管理 —— 57
第三节 科研管理 —— 58
第四节 科研机构与学术平台 —— 59

第五节　学科建设 —— 61

第六节　科学研究 —— 63

第七节　学术交流 —— 69

第八节　高等教育研究 —— 70

第九节　学术刊物与研究基地 —— 70

第十节　产学研工作 —— 75

第四章　人事管理与人事分配制度 —— 79

第一节　概述 —— 81

第二节　人事管理 —— 81

第三节　师资队伍 —— 84

第四节　人才工作 —— 86

第五节　人事分配制度 —— 87

第五章　学生工作与招生就业工作 —— 89

第一节　概述 —— 91

第二节　服务学生成长成才 —— 91

第三节　学生奖励与评优评选 —— 95

第四节　招生与就业工作 —— 96

第五节　"三下乡"社会实践服务 —— 97

第六章　党的建设与思想政治工作 —— 99

第一节　概述 —— 101

第二节　组织工作 —— 102

第三节　纪律检查工作 —— 109

第四节　宣传工作 —— 111

第五节　统一战线工作 —— 117

第六节　中共上饶师范学院委员会党校 —— 120

第七节　思想政治教育工作 —— 120

第八节　工会工作 —— 135

第七章　学校体育与文体活动 —— 137
 第一节　概述 —— 139
 第二节　学校体育 —— 139
 第三节　文体活动 —— 140

第八章　学校经费与资产管理 —— 143
 第一节　概述 —— 145
 第二节　事业经费 —— 145
 第三节　资产管理与实验室管理 —— 148
 第四节　审计工作 —— 149

第九章　校园建设与校园文化 —— 151
 第一节　概述 —— 153
 第二节　基本设施 —— 153
 第三节　图书馆与图书 —— 155
 第四节　校园网络建设 —— 156
 第五节　校园文化建设 —— 156
 第六节　教风与学风 —— 158

第十章　继续教育与社会培训 —— 161
 第一节　概述 —— 163
 第二节　成人高等教育 —— 163
 第三节　自学考试 —— 164
 第四节　全国计算机等级考试 —— 165
 第五节　各级各类培训 —— 165

第十一章　国际交流与合作办学 —— 167
 第一节　概述 —— 169
 第二节　国际交流 —— 169
 第三节　合作办学 —— 172

第四节　外籍教师管理 —— 173

第十二章　后勤服务与安全保卫 —— 175
　　第一节　概述 —— 177
　　第二节　后勤服务 —— 177
　　第三节　安全保卫 —— 180

第十三章　校友会与校友工作 —— 183
　　第一节　概述 —— 185
　　第二节　校友会活动 —— 185
　　第三节　各地校友分会情况简介 —— 187

第十四章　二级学院史略 —— 189
　　第一节　概述 —— 191
　　第二节　政治与法律学院 —— 191
　　第三节　文学与新闻传播学院 —— 193
　　第四节　历史地理与旅游学院 —— 195
　　第五节　外国语学院 —— 198
　　第六节　数学与计算机科学学院 —— 200
　　第七节　物理与电子信息学院 —— 202
　　第八节　化学与环境科学学院 —— 204
　　第九节　体育学院 —— 206
　　第十节　音乐舞蹈学院 —— 208
　　第十一节　美术与设计学院 —— 209
　　第十二节　教育科学学院 —— 211
　　第十三节　生命科学学院 —— 213
　　第十四节　经济与管理学院 —— 215

附录 —— 219
　　附录一　上饶师范学院党委系统现行机构示意图 —— 221

附录二　上饶师范学院行政系统现行机构示意图 —— 222
附录三　历届校党政班子领导成员 —— 223
附录四　历届纪律检查委员会组成 —— 227
附录五　享受政府特殊津贴教师 —— 228
附录六　正高职称人员名单 —— 228
附录七　教师职称结构简表(2000年至今) —— 234
附录八　来校工作的博士人员一览表(2000年至今) —— 234

后记 —— 247

第一章
历史沿革与发展脉络

第一节 概　　述

上饶师范学院位于江西省上饶市信州区,其前身为1958年创建的上饶师范专科学校。1959年,与上饶工业专科学校合并更名为赣东北大学。1962年,赣东北大学停办,上饶师范专科学校复办。1964年,上饶师范专科学校再次停办。1965年,上饶农业学校迁入上饶师范专科学校校址办学。1968年,上饶农业学校撤销。1969年,上饶师范学校迁入办学,直到1977年。1977年,复校暂定名江西师范学院上饶分院。1978年,经国务院批准恢复上饶师范专科学校。1984年,经国家计委、教育部同意,江西省人民政府批准,在上饶师范专科学校基础上筹建上饶师范学院。1998年,以上饶师范专科学校为基础,整合上饶教育学院资源申报建设上饶师范学院。2000年,教育部和江西省人民政府先后发文同意建立上饶师范学院,为正厅级事业单位。2005年,学校通过了教育部本科教学工作水平评估。2017年,学校接受了教育部本科教学工作审核评估。

经过60年特别是升本以来的建设,学校已经建设成多学科协调发展的高等师范院校,形成了比较鲜明的地方性、师范性、应用性办学特色。目前,校园占地1 116亩,另有规划用地500亩,校舍建筑面积43.5万平方米。设有15个二级学院和教育技术与实验中心、计算机网络中心、图书馆、学报编辑部、朱子学研究所、教师教学发展中心等教辅与科研机构。学校有省级重点学科5个、省级重点实验室2个、省级工程技术研究中心4个,江西省"2011协同创新中心"1个、江西省高校科技创新团队1个、江西省哲学社会科学重点研究基地1个、江西省高校人文社科重点研究基地1个、江西省文化艺术科学重点研究基地1个、江西省高校实验教学示范中心3个以及南京大学中华民国史研究中心江西分中心等。有全日制在校学生14 600余人,在职教职工1 100余人,教师中有教授65人、副教授235人、博士191人,享受国务院政府特殊津贴4人、享受省政府特殊津贴2人、"赣鄱英才555工程"领军人才培养计划人选1人、省高校教学名师6人、省高校中青年学科带头人9人、省高校中青年骨干教师29人、"新世纪百千万人才工程"省级人选16人、兼职博导2人、兼职硕导31人、"信江英才866工程"人选11人等。学校培养的近8万名毕业生在全国各地成长成才。2017年学校组织"校友职业发展情况"课题组,对上饶市12个县(区、市)的36所高级中学和186所初级中学进行了专项调研,这些中学的教学与管理骨干中有77.3%是1977年学校复校以来的校友。在上海、杭嘉湖及全国各地的中小学和高校中也活跃着一大批学校毕业生。充分彰显了不忘初心、培养教育人才的师范底色。

建校60年来,学校发生了翻天覆地的变化。校园面积由百亩到千亩,学生人数由百人到万人,博士教师由零到百的规模增长;实现了办学层次由专科向本科,学科专业由以师范类为主向师范类与非师范类共同发展;高水平科研成果由零的突破到连续增长、多学科并进的内涵跃升。学校几经分合而学脉赓续,数易校名而师道不显,书写了一部坚守"学高为师,身正为范"校训的奋斗史,化育了浓郁的"崇德尚能,正道直行"之校风、"立教有格,成化无疆"之教风、"含弘光大,学行天下"之学风。

当前,学校全体师生员工满怀信心,在党的十九大精神和中共上饶师范学院第一次代表大会精神鼓舞下,坚持正确的社会主义办学方向,积极顺应高等教育发展大趋势,继承和发扬"明确目标,抓住机遇,锲而不舍,争创一流"的"升格精神"、"抢抓机遇,排难而上,团结拼搏,敢于胜利"的"评建精神",围绕"开放办学、内涵发展、突出特色、精细管理"的办学思路,强化目标引领,以教学工作为中心,以学科建设为抓手,以增强服务地方经济社会发展能力、申办硕士学位授予单位和创建全省一流高等师范教育为驱动力,为把学校建设成为在省内外有一定影响的地方性、多学科、应用型大学——上饶师范大学而努力奋斗,书写上饶师范学院新的发展篇章。

第二节　创办时的赣东北大学

1959年,上饶师范专科学校与上饶工业专科学校合并更名为赣东北大学,对专业、学制进行了调整,规模有所扩大。1962年,赣东北大学停办,重办上饶师范专科学校。1964年,根据上级指示撤销上饶师范专科学校,此后,上饶农业学校和上饶师范学校先后迁入办学。

赣东北大学开办之初,主要借助上饶师范学校的原有设施,行政、教学、后勤等资源非常有限,起步艰难。数年间,几经兴办、调整、撤校、复办之考验,过程曲折。全校师生团结一心,攻坚克难,在教书育人的同时,积极开展校园基础设施建设,为学校的发展打下了较好的基础,为在赣东北地区发展高等教育积累了基本经验。

一、兴办

1958年6月28日,江西省人民委员会决定在全省创办31所大学,其中在赣南行政区和南昌、上饶、吉安、抚州、九江五个专区设立工、农、医、师四类专科学校,分别由有关专署、行署负责筹办,经费、编制、师资、设备一律自行解决。根据上级指示精神,上饶专区决定创办上饶师范专科学校、上饶医学专科学校、上饶农业专科学校和上饶工业专科学校。8月19日,上饶师范专科学校正式成立,设置文史、数理两个专业,学制二年,办学目标是培养合格的初中教师。学校有学生78人,专任教师21人,设有文史教研组、数学教研组、生理化教研组,教育学、体育教学人员与师范学校有关教研组合并。9月10日,上饶师范专科学校在一无校舍、二无教师、三无设备的条件下,借助上饶师范学校校舍正式开学。年底,根据上饶地委和专署指示,着手筹建赣东北大学。1959年3月15日,根据省委九江会议精神,上饶地委决定上饶师范专科学校与上饶工业专科学校正式合并成立赣东北大学。赣东北大学定位综合型大学,除继续承担培养初级中学教师的任务外,还承担培养机械制造和水电建筑工程中级技术人才的任务。原上饶师范专科学校的文史专业改为中国语言文学专业,数理专业改为数学专业,并增设政治教育专业,学制均为二年;并入上饶工业专科学校机械制造工艺及其设备、河川枢纽与水电站建设两个专业,学制三年;同时并入的还有预科班和附属技工学校。新学校选定在上饶市南郊的茅家岭建校。为了解决新校舍基建材料问题,5月,学校组织全校师生300余人到抚州宜黄县㠛罗湾搬运木材,并承担制砖、挑沙、凿井、修路、挖人工河等任务,为建设新校园付出了艰辛的劳动。8月,茅家岭校舍动工建设。新学期开学时,因学校附近找不到合适的房舍,暂租上饶地区贵溪县童家部队营房作临时校舍。

1960年1月,茅家岭部分校舍建好,赣东北大学迁回。但由于生活与教学设施不足,师生自凿水井,赶修道路和下水道,借用附近民房作教室和宿舍,在道路上开展体育活动,甚至到20多里外的罗桥借用部队营房学习。年底建成一栋砖木结构的薄壳学生宿舍,基本解决了学生和部分教师的住宿问题;之后一栋3 446平方米、有33个教室的教学楼,以及图书馆、实验室及办公用房相继落成,保证了教学及其他各项活动顺利开展。

1960年,学校师资力量得到一定程度的充实和提高,教学工作和科研工作日见成效。中语科历史组编写了五年一贯制《中国通史》大纲和教材,并完成了部分教学参考资料的汇编;文学教研组通过师生合作,编写了《毛泽东文艺思想》《现代文学》《当代文学》《中国文学史略》等课程教学大纲和《毛泽东文艺思想》等教材;数学科编写了《数学分析》等教材,成立了"中学数学教学研究小组";机械科用冷浸方法试制成功了"202"煤气炉,在全区推广使用。1961年8月,学校颁布了《赣东北大学执行中央教学方案的几点意见(草案)》。9月,根据教育部《直属高等学校工作条例(草案)》(即"高教六十条")精神,学校制定了《赣东北大学教师考核实施方法(草案)》,对教师的政治思想、专业知识和能力提出了具体要求,还专门制定了教师进修计划。

1960年7月,赣东北大学首届毕业生82人顺利毕业,其中文史科和数理科各41人。

二、撤销与重办

1961年10月,江西省下发《关于全省全日制高等院校调整意见》,决定将赣东北大学工科撤销,三年级学生学到毕业,一、二年级学生转到本校师范类专业继续学习。1962年3月中旬,江西省召开高校调整会议,决定进一步调整全省高等教育规模。在专区一级保留六所师范专科学校,原以大学称谓的改称师专,这些大学的工科并入师范科。根据会议精神,学校于5月撤销了机械科,该科二年级学生下放,一年级学生改学化学专业。5月21日,教育部制定了《1962年全国高等院校调整方案》,决定停办赣东北大学。

1961年8月15日,在赣东北大学基础上重办上饶师范专科学校,保留政教、中语、数学专业,新设化学专业。政教专业为二年制,其余专业为三年制。8月24日,江西省人民委员会出台《关于全省高等学校和中等专科学校调整结果的通知》,全省保留11所高等院校,上饶师范专科学校为其中之一,被裁并的抚州赣东大学的中语科、物理科、数学科的大部分学生分别进入上饶师范专科学校中语科、化学科、数学科学习。调整后,学校有学生358人,教职工135人,其中专任教师65人。学校先后制定了《上饶师专教师考核实施方法(草案)》《上饶师专关于校科职权划分的几项暂行规定》《上饶师专关于校领导的暂行规定(草案)》《上饶师专关于教研组工作暂行规定(草案)》等规章制度,教学和行政管理等工作步入制度化、规范化轨道,工作重心逐渐转移到提高教学质量上来。1962年开始,学校没有继续招收学生。

1963年,学校制定了《上饶师专教育实习成绩评定办法》,将教育实习作为学校教学的重要组成部分。派出学生到上饶市第三中学、贵溪中学、弋阳中学、沙溪中学、玉山小学实习。为提高教师教学水平,从下半年起,将无课教师组织起来进修,有计划地派出一些教师到中学去锻炼。在学生中提出了"学好基础课,练好基本功"的口号,要求全校师生讲普通话。作为社会主义教育运动的一部分,学校开展了一年多的增产节约、"五反"运动,根据上级关于高校学生参加农村社会主义教育运动的精神,12月16日起,全校师生305人组成五个工作队,分赴茅家岭、湖墩、昆山、茶亭、岛山五个公社参加了为期40天的社会主义教育工作。

三、撤校

1964年4月25日,国务院文教办公室批准国家教育部上报的江西省教育厅的报告,同意撤销上饶师专、宜春师专,恢复赣南师专。6月24日,江西省教育厅根据省撤校领导小组会议精神,印发了《代发"宜春、上饶师专撤校处理领导小组会议纪要"》,纪要规定上饶师专撤校工作要点是:毕业班按计划学到毕业,非毕业班的化学科转入江西师范学院相应系学习到毕业(仍为专科);教师中讲师以上职称的由省里统一分配工作,其他的由地区统一分配工作;对学校的图书资料和仪器设备要加强保护以免受损,按不同种类、性质和适用对象,分门别类造册上报听候处理,或由教育厅分给有关高等学校,或由地区分给中学使用;校舍由上饶地区提出意见报省委和省人委作出处理决定。之后,学校分步完成撤校工作。8月20日,上饶师范专科学校重办后的第二届毕业生分配完毕。9月初宣告撤校,化学科62级52人转入江西师范学院化学科继续学习,校产转交上饶农业学校,图书资料全部移交上饶市一中。

1965年,上饶农业学校入驻茅家岭校区。1966年起,进入"文化大革命",学校教学、生活秩序受到冲击。1967年8月6日,校园内发生了一次严重的武斗事件,教学大楼被破坏,园林树木被尽数砍伐,课桌讲台被毁坏,师生离校。1968

年,上饶农业学校学生分配下放后,上饶农业学校撤校。1969 年 4 月,上饶师范学校从水南街驻地迁入,校园得到部分修整。1971 年,上饶师范学校开始招生,招收对象为具有初中以上文化程度的优秀工农兵知识青年,采取自愿报名、群众推荐、领导批准、学校复审的办法,培养目标以小学教师为主。此后每年招生,直到 1977 年。

第三节　发展中的上饶师范专科学校

1977 年,在上饶师范学校基础上组建江西师范学院上饶分院。1978 年,经国务院批准,恢复上饶师范专科学校。1977 年以来,为适应新形势下经济和社会发展对人才的需求,学校不断开拓创新,调整优化专业设置,拓宽专业口径,形成了本科教育与专科教育并存、全日制普通教育与成人教育结合、师资人才与其他人才培养相济的多层次开放式办学格局。1999 年 7 月,学校设有 10 个系 21 个师范、非师范类专业,拥有全日制在校生 3 635 人,成教生 1 128 人,成为当时全国规模最大的师范专科学校之一。1977 年至 1999 年,学校共培养毕业生 18 501 名(其中全日制本科师范毕业生 255 人,全日制专科师范类毕业生 15 620 人,全日制专科非师范类毕业生 1 353 人,各类成人学历教育毕业生 1 273 人)。其间,学校两次谋划办学层次"升格":1984 年 4 月,经国家计委、教育部同意,江西省人民政府批准,在上饶师范专科学校基础上筹建"上饶师范学院";1998 年 3 月,中共上饶师范专科学校第二次代表大会召开,提出要在世纪之交"向本科院校过渡"的目标,把申办上饶师范学院作为学校头等大事,终于在 2000 年升格为上饶师范学院。

一、校园建设

1978 年 4 月,经国务院批准,上饶师范专科学校恢复办学。复办后的上饶师范专科学校办学条件非常有限。教学设备简陋,师资力量缺乏,校舍不足。为了尽快解决最基本的教学、生活问题,学校开始兴建校舍,当年建有 6 个理化实验室,购置了一批仪器设备,复建了图书馆,收回了 1965 年撤校时移交上饶市一中的部分图书 7 500 余册,馆藏图书增加到 2 万余册。1979 年,继续兴建、扩建教学用房和生活用房,浴室、基建仓库、发电房、锅炉房相继完工。1980 年,投资

9万多元建成一幢3层楼的教工宿舍,还建造了印刷厂、教工食堂等,添置了中学物理教材教法实训室和语音设备。陆续增购了一批图书资料。图书馆建立种子书库并对教师和撰写论文的高年级学生实行全开架内阅,建立外文室实行全开架外借。1981年,投资46万元建成化学楼。1982年,学校环境设施有了较大改善,教学设备有了一定规模,截至当年9月,学校有设备1 939台(件),价值53.8万元。

1984年,学校购置了价值20万元的电子计算机和40余万元的进口电化教学设备,投资44.4万元建成一栋4层女生宿舍楼和一栋2层男生宿舍楼,占地面积1 278平方米。1986年,投资100多万元对教学主楼进行加层扩建;增建一栋行政用平房,改变了办公用房与教学用房合用的状况;投资37万多元,新建一栋4层男生宿舍;年底,上饶行署划拨专款10万元,为学校架设用电专线,解决了教学用电问题。

1987年,加层扩建后的教学主楼、学生新食堂和新图书馆竣工。1988年,校舍建筑总面积达到74 863平方米,比1985年年初增长59.9%;教学设备固定资产总额达1 044万元,图书馆藏书37万册。1990年,建成面积4 357平方米的物理楼。1994年,校园占地面积近300亩,校舍面积10万平方米,建成400米跑道田径场和室内体操馆。各类实验室16个,图书馆藏书38万册。1996年,地委、行署将原上饶地区经济管理干部学校全部土地和校舍划归上饶师专,作为学校开展成人教育的教学场所。1997年,学校投资15万元对实验室进行改造;开工建设美术楼;在原经济干校校址内建成了一栋4层的教学大楼;投资20万元建成了学生食堂光电卡售饭售菜管理系统。

截至1999年,校园占地面积468亩,校舍建筑面积11.7万平方米,建成了计算机中心、校园网络中心、38个专业实验室、语音室、多媒体教室、体育馆、田径场、风雨球场、图书馆、电教馆等教学、科研设施;拥有计算机705台,校园网络开始运行;图书馆藏书40万册,杂志1 200多种,音像读物2 100余种;教学仪器设备价值1 618万元。具备了较充分的办学条件。

二、专业设置与规模发展

1977年,国家恢复高考制度,江西师范学院上饶分院首批招生(1977级)359人,分中文、艺术、数学、物理、化学、体育6个教学科,学制三年。

1978年4月,上饶师范专科学校复校后,首批统招学生入校学习。

1979年9月,增设英语科,学制三年。

1980年,77级学生毕业后,艺术科由于缺乏师资,停止招生。

1983年,增设政治教育专业,与1978年成立的马列主义教研室两块牌子、一套人马,于秋季开始招生,首批招生56人。

1984年5月,经国家计委、教育部同意,江西省人民政府批准,在上饶师范专科学校的基础上筹建上饶师范学院,开始了第一次申办本科院校的努力。

1985年3月,各教学科更名为教学系,增设历史系。至此,学校设8个教学系,51个教学班,在校生2 350余人。

1986年,根据省教委加速教育人才培养,适应普及义务教育需要的指示,全省师专所有专业一律改学制三年为二年。全校8个教学系均依据国家教委制定的二年制教学计划对原有的教学计划进行了修订,并增设了教师专修班、干部专修班、外语培训班、电大成人教育班,开始了多学科、多层次、多类型的高等师范教育体系的建设。

1987年,增设数学本科班,并连续招收5届本科生(1987—1991级)。

1988年,全校全日制在校生达到2 677人。按照上级文件要求,中文、物理、数学、化学四个专业修业年限由二年恢复为三年,历史系增设地理专业。

1990年,将原隶属于政教系的马列主义教研室同德育教研室合并,成立思想品德教研室。

1992年,在原有8个系9个师范类专业(含4月经省教委批准设立的地理专业)基础上,增设公关文秘、计算机软件及应用、企业管理、化工技术、电子电器和企业财会、音乐、美术等8个非师范类专业。

1993年5月5日,中共上饶师范专科学校第一次代表大会召开。5月11日,省计划委员会和省教委来校考察办学情况。12月22日,省教委副主任周绍森等来校视察工作,并与上饶地委、行署有关领导商谈上饶地区高校布局问题。8月底,省教委外事处与爱德华基金会派遣的两名外籍教师来校任教。艺术系恢复招生。

1994年,学校在校生3 261人,设9个系11个师范类专业、10个非师范类专业。

1995年上半年,上饶地委召开"上饶地区高校布局工作会议",决定在上饶师范专科学校基础上筹建上饶大学,并行文上报省政府。6月,根据上饶地区美术设计人才奇缺的实际,开设了非师范美术设计专科专业并开始招生。8月6日,省教委副主任周绍森来校与学校领导座谈高校布局与发展工作,要求学校加强教学改革,提高办学水平。11月,学校向省教委呈文申请在江西师大的帮助下,开办数学、物理、化学、中文等本科专业。12月,"江西省师范院校办学水平"专家检查组来校进行检查评估。

1997年,学校新增化学专业本科班。

1999年,学校设10个教学系(中文系、政法系、史地系、英语系、数学与计算机系、物理系、化学系、体育系、美术系、音乐系)21个专业(12个师范类专业,9个非师范类专业),在校生4 753人(其中全日制在校生3 635人,成教生1 128人)。与江西师大合作办学招收本科的专业有数学与应用数学、化学、汉语言文学、美术学、音乐学5个专业。

三、教学与学生培养

1978年,为加强教学管理工作,制定了《学生教育管理的几项制度(试行草案)》《学生学籍管理若干规定》。制定了奖惩、考核、请假、卫生工作制度及"十不准"等制度;举办粉笔字、钢笔字、毛笔字的比赛和展览。举办了上饶师范专科学校首届运动会。

1979年,修订教学计划,规定各科课程设置、开设时间及教学时数,健全考试制度,制定了学生成绩考核暂行办法。学生管理方面,成立校学生会,下设学习、宣传、劳动、生活、体育、女生部等,在校党委的领导下,依靠学生骨干力量,组织学生开展各种课外活动,开展自我教育、自我管理和自我服务。

1980年,在校生超过2 000人。调整修订了三年制教学计划,要求各科严格按照教学大纲和教学计划进行教学。制定了《关于高校教师职责及考核的试行办法》《教师工作量计算试行办法》《教师工作量登记表》《学生手册》《学生学籍管理若干问题》《学生奖励办法》《学生考勤办法》等规章制度。

1981年,要求各教学科成立教材教法教研组,强化对教学法课程的教学管理。制定了《上饶师专实习实施意见》,加强对教育实习环节的组织工作。制定了《关于加强思想政治工作的几点意见》,配备了各科政治辅导员,制定了相应的制度。根据中央、省、地的有关精神,重点抓了以"加强三门补课,抓好五种活动,坚持一条方针"为主要内容的学生思想政治工作:"加强三门补课",即加强马克思主义基本知识的教育,补理论课;加强党的方针政策教育,补时事课;加强共产主义道德品质教育,补品德课。"抓好五种活动",即学先进、学专业、学美学、学历史、学社会的活动;坚持"疏通引导、扶正辟邪"的方针,营建良好的校风学风。

1982年4月,根据中共中央、国务院《关于加强和改革农村教育若干问题的通知》精神,强化以修订教学计划为主的教学改革,制定《关于执行教育部组织制定的三年制师专教学计划的几点意见》,规定教学计划必须紧扣培养目标,加强"三基"教学,突出主干课程。9月,在各科增开了德育课和书法课。年底,借鉴部分兄弟院校"兼学"的经验,提出了中文兼学文秘,化学兼学生物,体育兼学运动保健等方案,印发了《关于进一步改进教学工作,提高教学质量的意见》,指导全校各科室进行教学改革,要求各科主干课程教学达到本科教学水平。为加强电化教育,在教务处增设电化教育科。

1983年6月,制定了《关于调整各科教学计划的意见》,进行了复校以来规模最大的一次教学计划的修订和调整。各科开始增设选修课。12月,通过了《推广普通话和汉语拼音工作的具体规定》,要求各科教师必须使用普通话教学。学校制定了《学生人民奖学金评定条例》《关于学生学期评比奖励办法》,实行奖学金和助学金相结合的办法,改部分助学金为奖学金,获奖面为学生数的40%。

1984年,重点改革了教育实习方法。在81级学生教育实习中先行试点,将各专业学生混合编队,到自己的家乡中学定向实习,分别担任中学各门课程的教学,在一定程度上缓解了中学师资缺乏的状态,同时将实习与毕业分配相挂钩,为各地中学提供选择师资的机会。之后,扩大定向实习试点范围。从这年起,学校不定期邀请地、县(市)教育局长及部分中学校长参加教学改革座谈会,听取毕业生在中学任教的情况,了解中学教学改革对师专的要求,使学校的培养目标和改革方向与发展中的中学教育相一致。

1985年8月,制定《关于教学改革的意见》,再次调整各专业教学计划,增设了兼学和选修课程,提倡教师大胆删减教材中的陈旧内容,广泛开辟第二、第三课堂。扩大教学系教学管理权限,健全学籍管理、教学考勤考核制度,教育实习由定点改为定向。

1986年,化学系在全省师专化学专业评估中名列第一。

1987年,编制第一版《上饶师范专科学校学生手册》,作为入学教育的重要资料,人手一册发给新生,用以指导学生在校期间的学习和生活。

1988年9月,成立了学校学生工作管理小组,由学校党委副书记或分管学生工作的副校长主管,各系成立相应学生工作管理小组,负责本系学生管理。11月,成立学生工作处,结束了学生工作多元化管理的历史。

1989年,教学改革进一步深化,教师们为学生开设了第二专业课和选修课,建立了60多万字的试题库。进一步完善了全校书法、音乐、美术课程的设置,规定书法课为全校大一新生的必修课,不及格者不予毕业。采取多种措施为中等教育服务,坚持职前培养和在职培训相结合,定向育人与挂钩服务相结合,提供咨询与信息反馈相结合,为贫困地区代培师资,举办在职教师培训班。制定了《关于开展校风校纪检查的通知》,开展建"五有十无"优良校风,创"个、十、百先进集体"活动,集中进行了校风校纪建设。4月,创办了上饶师范专科学校业余党校。在春夏之交波及全国的学潮期间,学校少数学生两次上街游行,校系党政领导和广大干部教师立场坚定、旗帜鲜明,极力劝阻并加以引导,有力维持了学校正常的教学和生活秩序;下半年,根据上级的要求,学校开展了为期三个多月的专题学习与反思。

1990年,英语和政教专业由二年制改为三年制,并对这两个专业教学计划进行了修订。在学生管理工作方面大胆改革尝试。2月,首次提出实行"大学生劳动值周制度",制定了《学生劳动值周实施条例(试行)》和《大学生劳动值周管理办法》,校园文明建设有了较大的改观。出台《关于学生德智体综合测评办法》,作为评优和评定奖学金的基本依据。

1991年,修订《学生手册》。政教系89(2)班钟明晶的调查报告《计划生育访谈》获全国大学生第二届"挑战杯"课外科技学术作品竞赛三等奖,是全国师专中唯一的学生获奖者。

1992年初,根据《关于深化教育教学改革的若干意见》等文件精神,成立由李昌武任主任,饶祖天任副主任的校教学工作委员会,建立学校教学基金,改福利性助学金为激励性奖学金。11月,制定《关于改革毕业生分配办法的若干规定》,实行"全程淘汰制"及毕业分配"优生优分制"等。学校荣获"江西省高等院校校风建设文明单位"和全省"体育课评估优秀学校"荣誉称号。体育系杨双燕在全国第四届大学生运动会上获女子10 000米长跑第三名。

1994年10月,成立毕业生就业指导中心,负责自费、委培毕业生的就业指导、就业推荐工作以及师范类专业毕业生就业派遣工作。11月,学校决定每年年终拨出专项经费,用于补助品学兼优、经济上有特殊困难的学生完成大学学业。

1996年,开始实行跨系科选课制。在学生中实行"三制":不及格制,规定期末考试成绩未达60分的,该门课程记为不及格;不及格率制,按同类同级考试统计,每门课程后5%的同学为不及格;重考制,对不及格的课程不实行补考,必须参加下届学生的相应课程考试。在教师中实行综合考核制,即根据教师教学、科研的综合业绩,滚动评出A、B、C三个档次。

1999年,数学系首次参加全国大学生数学建模竞赛,获江西赛区专科组2个一等奖,并荣获1个全国一等奖。

学校自1978年复校以来,立足师范教育和素质教育,教学质量稳步提高。进入90年代后,办学特色逐渐形成:"两课"和英语教学在省教委组织的有关评比和竞赛中,一直在全省同类学校中名列前茅;艺术教育卓有成效,在全省历届艺术节文艺汇演中均取得好成绩,民族管弦乐团创作演出的曲目《畲山春》被选送参加全国大学生艺术节比赛并获三等奖;学校多次被评为全省大学生体育合格标准优秀单位。颇具师范特色的教师基本功训练硕果累累,四次组织参加全省高师院校学生书法竞赛均获团体第一名;1997年4月,教师集体项目"加强基本功训练,培养合格的初中教师"获教育部优秀课题三等奖;1998年4月29日,《人民日报》以《上饶师范专科学校师生苦练基本功》为题作了报道,"三字一话"办学特色广为人知。

截至1999年7月,学校培养的18 501名毕业生遍及全国各地,在教育、经济、科研、行政等各个领域作出了各自的贡献。尤其在上饶地区,各类中学中70%～80%的教学骨干毕业于上饶师范专科学校。据不完全统计,这一时期的毕业生中有10余人获"全国优秀教师"称号,328人获硕士学位,65人获博士学位。

学校人才培养质量稳步提升,师资队伍日益壮大,基础设施日渐完备,办学特色逐步形成,为学校世纪末专升本工作奠定了扎实的基础。2000年3月,在教育部高校设置评定委员会广州会议上,与会专家一至同意上饶师范专科学校升格为上饶师范学院,从此上饶有了一所全日制本科院校。

四、教师队伍建设

1977年恢复办学时,学校师资基本上是原上饶师范学校的骨干教师。

1978年4月,经上饶专区文教局批准,从各县抽调一批具有多年教学经验的中老年教师来校任教,教师增加到89人。

1979年9月,为了缓解新生进校后师资严重不足的问题,从1977级和1978级学生中遴选一部分基本功较扎实,学习成绩优秀,或有过中学任教经历的同学担任新生班级的公共外语、公共体育和大学语文的教学工作。同年,开始实行教师工作量制度、业务登记卡制度和定期考核制度,并加强教师队伍中党的建设,数学科、化学科因党员人数较多设立党总支,其他各教学科成立党支部。

1980年,先后制定了《关于高校教师职责及考核的试行办法》《教师工作量计算试行办法》《教师工作量登记表》等教学管理规章制度。同时开始重视教师的培养进修工作,规定青年教师进修期为1~3年,实行定向定时,定辅导教师,以在职进修为主,进修期满进行考核,考核成绩记入档案。11月,77级学生毕业,学校留用一批基本功较扎实,学习成绩优秀的毕业生以补充师资不足。年底,进一步提出青年教师进修采取外出和在职相结合的办法,外出进修应插入其他院校研究生班学习。成立首届校学术委员会,审议教研成果以配合职称评定工作。启动复校后的第一次职称评定工作。

1981年,经过三年的充实调整,在学校人员配备较充足的基础上,要求各教学科制定教师业务培训提高计划,抓好学科带头人的培养,对评上助教的青年教师有计划地安排外出进修,讲师以上骨干教师在工作量完成的情况下,可在从事教学2~3年或满一轮教学任务以后安排一定时间进行业务总结和外出进修。

1982年9月,首批选送10多名教师分赴国内重点高校进修。

1983年,制定教师进修工作制度,提倡以在职进修为主、外出进修为辅。同时做好教师业务档案工作,建立教学优秀奖励制度,以调动教师教学积极性。12月,出台《上饶师专教学工作量试行办法》,制定《上饶师专班主任工作条例》,对班主任的选拔、职责、待遇、考核等方面提出明确的规定。

1984年,首次组织青年教师参加助教进修班考试,选送优秀助教赴国内重点院校进修学习,派出教师外出参加各种讲习班及学术会议,同时帮助青年教师提高外语水平。给予副教授及基本具备副教授水平的讲师每人800元的科研经费,资助他们开展学术研究。此外,还从全国重点院校聘请一批知名教授为学校兼职教授。

1985年,学校师范类专业师资基本配齐,共有教职工640人,其中专任教师379人。当年,送出进修教师31人,参加助教进修班学习23人,派出委培硕士研究生19人,教师培养进修经费支出达40万元。

1986年2月,根据上级关于落实知识分子政策的指示精神,成立"落实知识分子政策领导小组",开始全面清查梳理工作。

1987年3月,按照上级通知精神开始整顿机关作风,制定《关于整顿机关作风、加强人事管理的规定》,严格规定上下班时间,严格请假制度。师资培养方面,在总结前几年工作的基础上,制定了"立足本校,在职提高,重点培养与定向培养相结合,引聘邀进来,派送考出去"的原则。通过各种途径外出进修学习的教师陆续返回学校,壮大了教学和科研骨干队伍。

1988年,教职工人数达到770人,其中专任教师381人,正教授2人,副教授50人,讲师140人。

1989年,在教师管理上采取新举措,取得了较好的效果。6月,将学校教师管理的16个规章制度汇编成《教师手册》。下半年,出台《关于教师上讲台开课的暂行规定》《上饶师专教书育人工作实施细则》等。7月,应荣茂被评为全国优秀教育工作者,潘行英被评为全国优秀教师。举办了首期青年教师岗位培训班,选送了首批2名国内访问学者。

1990年2月,学校召开大会,表彰1989年维护安定团结和"整理教学秩序,建设良好校风"活动中涌现出来的先进集体和先进个人。在执行《上饶师专教书育人工作细则》的基础上,先后制定了《上饶师专教学管理和教风检查评估方案》《上饶师专教师工作规范》等文件,规定每年对教师的德、能、勤、绩进行全面考核。印发《关于进一步保持良好教学秩序有关问题的通知》,对教师的请假、调课作出了具体规定。

1991年,新一届党委提出要以"稳定、鼓劲、改革、发展"为基调,加强思想政治工作,把德育放在首位,以教学为中心,深化改革,提高教育质量,为地方初等教育和经济建设培养输送合格的师资人才,为把学校建设成为重点师专打下基础。修订《教师手册》,制定《班主任管理条例》《班主任岗位责任制》《班主任考核评优细则》等,进一步加强校风建设;在师资培训上,规划每年拨出6万元用于教师进修。3月,郑大贵、王德承、王胜华被江西省教委评定为省高校中青年学术带头人和中青年骨干教师培养对象。5月,郑大贵被评为江西省优秀青年教师。9月,王维汉被评为全国优秀教师,李亚英被评为全省教书育人先进个人并参加了省教书育人(先进事迹)巡回报告团;校团委被团省委授予"五四红旗团委"称号。

1992年,学校把加强讲师职称以上教师的培训作为"八五"期间师资培训的主攻方向,培养重点学科的学术带头人。下半年,实施人事分配制度改革,出台《关于校内定编及有关问题的若干规定》。教学、政工、行政、教辅、工勤人员按工作性质和工作量分别定岗核编。改革校内分配制度,由平均分配改为奖勤罚懒、按劳付酬,依据德、能、勤、绩考核结果进行分配,向教学科研一线、管理骨干和脏累苦等岗位倾斜。在定岗定编的基础上,进行人员优化组合,实行满负荷工作量制和职称评聘分开制,做到严格考核,奖罚分明。学校荣获"江西省高等院校校风建设文明单位"称号,吴长庚被批准享受江西省政府特殊津贴。

1993年8月,省教委外事处与爱德华基金会派遣的两名外籍教师来校任教。9月,郑大贵被评为全国优秀教师。

1994年,制定《关于加强师资队伍建设的若干意见》,一方面加快人才引进,另一方面加强现有师资培养,在职称上实行校内校外评审双轨制,建立科研基金和选拔学科带头人制度,并对人事管理作出了新的规定,实行真正的教师职务聘任制,优秀者可低职高聘,平庸者则高职低聘,不胜任者则解聘,直至调离教学岗位或分流为待业人员等。

1995年4月起,在全校范围内举行教师教学工作竞赛,采取"三步走"的方法,即教研组内竞赛、各教学单位内竞赛、全校范围内竞赛。

1996年,在教师中选拔校级学科带头人、中青年骨干教师。

1997年,学校被选定为全区三个专业技术人员聘后管理试点单位之一,在原来人事定编、定岗、定职责的"三定"基础上,制定了《上饶师专专业技术人员聘任管理办法(试行)》等全员聘任(用)制改革方案。外事管理工作获省政府外事办和省教委联合颁发的全省外国文教专家工作三等奖;德育室在"两课"抽查评估中,列全省专科学校第一。

1999年,教师中有教授21人,副教授104人,讲师153人,高级职称占比33.5%;博士4人,硕士43人,在读的定向、委培、在职申硕教师42人;享受国务院特殊津贴3人,获曾宪梓教育基金奖1人,省高校中青年学科带头人1人,省高校中青年骨干教师7人。

五、科研工作

1980年,匡萃坚在《党史研究》上发表的论文《新民主主义应该是一个历史阶段》引起学界的高度关注。成立首届校学术委员会,加强对科研活动的指导。

1981年3月,《上饶师专学报》创刊,分社会科学版和自然科学版。同时成立学报编委会和编辑部,由副校长刘湘庭任主编,匡萃坚任副主编,校学术委员会委员兼任学报编委会委员,负责审定稿件工作。

1982年5月,举办首届学术论文报告会,收到师生提交的论文30篇。

1984年,成立朱子学研究室、高等师范教育研究室等6个教研组一级的机构。12月,成立学生学术团体"灵山学社"。

1985年11月,选送近60项历年完成的科研成果参加"江西省高等学校学术科研成果展览",其中社会科学方面的研究成果尤其受到学术界的好评。12月,主办"纪念蒋士铨逝世200周年学术讨论会",全国50余所高校和研究机构110余名代表参加了研讨会。

1986年10月,青年教师韩钟文撰写的《朱熹教育思想论稿》,填补了国内该研究领域的空白,《光明日报》对此作了报道。

1987年,朱子学研究走向国际。10月,在第二届朱子学国际会议(厦门)上,学校提交了《朱子学专刊》等共计74万字的论文(集),播放了学校摄制的电视教学片《朱熹与鹅湖之会》,引起与会代表的强烈反响。11月,与中科院历史所协商决定,共同创办《朱子学刊》。1988年,朱子学研究室进行《朱子学刊》创刊号编辑工作。范成教授和省教委副主任周绍森合编的《原子物理学》一书,经国家教委批准定为全国师专通用教材,由国家教委推荐给各地师专使用,并列入《高校教材征订目录》。

1989年10月,4位教师出席"孔子儒家与当代社会"国际学术讨论会,提交论文10篇,约32万字的专著1部,3位教师在会上宣读论文。化学系青年教师陈优贤在《中国科学》中文版和外文版分别发表论文2篇。学校获"江西省首届社会科学研究优秀成果"一等奖1项,三等奖7项。《上饶师专学报》的文摘率和索引率在全国26家核心藏刊师范院校学报中居第6位,在师专学报中名列榜首。《朱子学刊》第一辑(创刊号)正式出版发行。物理系赵仑研制的"小型高效静压及动压轴承透平膨胀机"获国家教委科技进步二等奖。王德承、徐森、李燮桢三位教师获省教委教学成果三等奖。

1990年10月,朱方获省教委首届科研成果二等奖,黎心祥、严杰、张玉奇、徐刚、祝宝满、刘孝学、饶祖天等获三等奖。

1991年,学校获"江西省高校第二届社会科学研究成果"二等奖1项,三等奖3项。11月,《上饶师专学报》获得国际标准连续出版刊物号lSSN1004-2237,向国外发行。

1992年,政教系"学雷锋研究会"出版《雷锋的道路与当代青年成长》,完成江西省社科"八五"计划重点课题;何光辉研究的"喜树碱类植物性杀虫剂及其制造方法"获92北京国际发明展览会银奖。

1993年初,开展首届教工科研成果奖的评选工作。

1994年,获"世行教育改革发展项目"3项,获授权专利1项。

1995年,王胜华《迁移方程的构造性理论及应用》获批国家自然科学基金项目立项,这是学校第一个获批的国家自然科学基金项目。

1996年,获江西省第七次社会科学优秀成果奖4项,获江西省第三次社会科学青年优秀成果奖2项。

1997年,学校科研成果获江西高校第五届人文社科优秀科研成果奖二等奖1项,三等奖6项;获科研课题17项,其中国家级1项,省级15项。

1999年,获江西省第六届高校社会科学优秀成果奖二等奖1项,三等奖5项。

第四节　奋进中的上饶师范学院

2000年3月21日,教育部印发《关于同意建立上饶师范学院的通知》,同意设立上饶师范学院,从此,650万人口的上饶市有了第一所本科院校。

2003年12月3日至5日,江西省人民政府学位委员会委托11位专家对学校申请新增学士学位授予单位进行考察评审,专家组对学校立足师范类专业抓好本科教学予以充分肯定。2004年2月,省人民政府学位委员会发文批准上饶师范学院为学士学位授予单位。

2005年11月12日至18日,教育部普通高校本科教学工作水平评估专家组一行 11 人进驻学校开展了为期一周的评估工作。学校的评建工作得到了教育部专家的充分肯定,2005 年教育部《高师教学工作评估通讯》第 19 期以《坚持评建 20 字原则,着力提升办学质量——上饶师院以评促建带来的明显变化》为题报道了学校的评建工作。

2017 年 11 月 27 日至 12 月 1 日,教育部本科教学工作审核评估专家组一行 11 人,对学校进行了为期 5 天的实地考察,充分肯定了学校的办学成就和办学特色。同年,学校申报硕士授予单位的工作取得了新进展,特别是师范类专业申报硕士点工作得到了评估专家的好评。

2017 年 4 月,中国共产党上饶师范学院第一次代表大会召开,明确以显著提升服务地方经济社会发展的能力和成功申硕为中期目标,以创建全省一流高等师范教育和上饶师范大学为中远期目标,确立了"开放办学、内涵发展、突出特色、精细管理"的办学思路。在习近平中国特色社会主义思想和党的十九大精神指引下,立足地方、服务社会、面向未来、加快发展的上饶师范学院正以新的面貌奋进在新时代的征程中。六十一甲子不易,未来的路更长。上饶师范学院建立以来的相关工作将在后面的章节中展示给读者。

第二章
教学工作

第一节 概　　述

学校坚持把人才培养作为学校办学的出发点和落脚点,坚持以提高人才培养质量为核心,以学校升格、接受教育部本科教学工作水平评估和审核评估为重大发展机遇,围绕学校的办学定位、办学理念和发展目标,坚持"以评促建,以评促改,以评促管,评建结合,重在建设"的原则,加强教学建设、教学改革和教学管理,坚持和发展师范特色,人才培养质量得到不断提高。

第二节 教　学　建　设

一、专业设置

为适应办学规模的变化和服务地方经济社会发展的需要,学校对专业设置进行了及时拓宽、调整和优化。

1. 专科专业设置

根据各个版本培养方案的记载,学校专科专业设置的变更情况大致如下:

1999年,设置21个专科专业,其中,12个师范类专业:数学教育、物理教育、化学教育、政法教育、中文教育、中文书法教育、英语教育、历史教育、地理教育、计算机应用、体育教育、美术教育;8个非师范类专业:经济管理(经济法)、英语、会计电算化、旅游管理、环境监测、电子技术、体育保安、艺术设计;1个师范与非师范兼招专业:音乐。

2002年,设置22个专科专业,其中,15个师范类专业:数学教育、计算机科学教育、物理教育、现代教育技术、化学教育、中文教育、英语教育、思想政治教育、历史教育、地理教育、体育教育、美术教育、学前教育、心理健康教育、生物教育;6个非师范类专科专业:会计电算化、环境科学、经济管理(经济法)、旅游管理、社会体育、艺术设计;1个师范与非师范兼招专业:音乐。

2004年,设置30个专科专业,其中,16个师范类专业:数学教育、计算机科学教育、物理教育、现代教育技术、化学教育、中文教育、英语教育、思想政治教育、地理教育、体育教育、美术教育、舞蹈教育、学前教育、心理健康教育、小学教育、生物教育；13个非师范类专业：会计电算化、应用电子技术、环境科学、理化检验与质量管理、经济管理、公共事业管理、历史教育、旅游管理、涉外导游、美术装潢设计、应用生物技术、国际经济与贸易、社会工作；1个师范与非师范兼招专业：音乐。

2008年，设置31个专科专业，其中，17个师范类专业：数学教育、计算机应用技术（科学教育）、物理教育、现代教育技术、化学教育、语文教育、英语教育、思想政治教育、历史教育、地理教育、体育教育、美术教育、音乐教育、学前教育、学前教育（艺术）、初等教育、生物教育；14个非师范类专业：电子商务、应用电子技术、机电一体化技术、旅游管理、涉外导游、酒店管理、艺术设计、心理咨询（健康教育）、生物技术及应用、园艺技术、国际经济与贸易、会计电算化、市场营销、公共事务管理。

2008年以后，不再增设专科专业。同时，专科招生专业和招生规模呈下降趋势，2010—2016年，专科招生专业每年在10个以下，招生规模在400人左右。

2013年，学校与加拿大荷兰学院达成协议，合作举办学前教育专科专业和会计电算化专科专业的学历教育，从2014年秋季开始招生。

2017年，学校决定，除中加联合办学的专科专业继续在2017年和2018年协议期限内招生外，其他专科专业停止招生。意味着2019年以后专科专业不再招生。

2. 本科专业设置

1987年开始，学校与江西师范大学联合办学招收数学本科专业学生，至1991年，共联合培养5届数学本科专业学生；1992年后暂停，1997年恢复与江西师范大学联合办学，招收数学和化学2个本科专业学生；1998年招收数学、汉语言文学2个本科专业学生；1999年，招收数学、化学、美术学、音乐学4个本科专业学生。

2000年学校升格为本科院校，开始独立招生。升格当年，数学与应用数学、物理学、化学、思想政治教育、汉语言文学、英语、美术学等7个师范类本科专业招生。

2001—2018年本科专业的设置情况见表2-1。目前，学校设置56个本科专业，涵盖理学、工学、文学、教育学、法学、历史学、管理学、经济学、农学、艺术学等10大学科门类，其中师范类专业19个。

表 2-1　上饶师范学院本科专业设置一览表

挂靠学院	序号	专　业　名　称	学科门类	设置时间	师范属性	备　　注
数学与计算机科学	1	数学与应用数学	理学	2000年	师范	
	2	信息与计算科学	理学	2005年		
	3	应用统计学	理学	2011年		2012年,由统计学专业拆分成2个专业
	4	经济统计学	经济学	2011年		
	5	计算机科学与技术	工学	2001年	师范	
	6	信息管理与信息系统	管理学	2008年		
	7	电子商务	工学	2016年		
	8	数据科学与大数据技术	工学	2018年		
物理与电子信息	9	教育技术学	教育学	2003年	师范	2012年,学科门类由理学变更为教育学
	10	物理学	理学	2000年	师范	
	11	光电信息科学与工程	工学	2005年		2012年前的专业名称为光信息科学与技术;2012年学科门类由理学变更为工学
	12	电子信息科学与技术	工学	2002年		2012年,学科门类由理学变更为工学
	13	数字媒体技术	工学	2012年		
	14	材料成型及控制工程	工学	2017年		未招生专业
化学与环境科学	15	化学	理学	2000年	师范	
	16	应用化学	理学	2003年		
	17	环境科学	理学	2005年		
	18	材料化学	工学	2014年		
文学与新闻传播	19	汉语言文学	文学	2000年	师范	
	20	新闻学	文学	2002年		
	21	广播电视学	文学	2005年		2012年前的专业名称为广播电视新闻学

(续表)

挂靠学院	序号	专业名称	学科门类	设置时间	师范属性	备注
文学与新闻传播	22	广播电视编导	艺术学	2012年		2012年,学科门类由文学变更为艺术学
	23	播音与主持艺术	艺术学	2009年		2012年,学科门类由文学变更为艺术学
政治与法律	24	法学	法学	2005年		
	25	思想政治教育	法学	2000年	师范	
	26	行政管理	管理学	2017年		
外国语	27	英语	文学	2000年	师范	
	28	翻译	文学	2015年		
	29	商务英语	文学	2015年		
历史地理与旅游	30	历史学	历史学	2001年	师范	
	31	地理科学	理学	2001年	师范	
	32	旅游管理	管理学	2004年		
	33	音乐表演	艺术学	2016年		未招生专业
体育	34	体育教育	教育学	2001年	师范	
	35	社会体育指导与管理	教育学	2004年		
美术与设计	36	动画	艺术学	2011年		
	37	美术学	艺术学	2000年	师范	
	38	视觉传达设计	艺术学	2004年		2012年,由艺术设计专业拆分成2个专业
	39	环境设计	艺术学	2004年		
	40	书法学	艺术学	2013年	师范	
音乐舞蹈	41	音乐学	艺术学	2002年	师范	
	42	舞蹈学	艺术学	2004年	师范	
	43	表演	艺术学	2013年		
教育科学	44	学前教育	教育学	2004年	师范	
	45	小学教育	教育学	2004年	师范	
	46	心理学	理学	2003年	师范	

(续表)

挂靠学院	序号	专业名称	学科门类	设置时间	师范属性	备注
生命科学	47	生物科学	理学	2003年	师范	
	48	生物技术	理学	2007年		
	49	园艺	农学	2005年		
	50	园林	农学	2007年		
经济与管理	51	国际经济与贸易	经济学	2003年		
	52	工商管理	管理学	2011年		
	53	市场营销	管理学	2005年		
	54	会计学	管理学	2002年		
	55	财务管理	管理学	2008年		
	56	公共事业管理	管理学	2004年		

学校重视专业建设工作，2005年和2017年分别制定和修订《上饶师范学院本科专业设置暂行规定》，对新增和调整专业的原则和程序提出明确规定。2016年和2017年，结合江西省2015年以来开展的本科专业综合评价工作，综合考虑师资、办学条件和生源情况，先后决定，新设置的音乐表演、材料成型及控制工程2个本科专业暂缓招生，同时暂停信息与计算科学、应用统计学、信息管理与信息系统、电子商务、数字媒体技术、广播电视学、材料化学、社会体育指导与管理等本科专业的招生。

二、专业建设

1. 专业人才培养方案

人才培养方案（又称"教学计划"）是学校人才培养目标和规格的具体化、实践化形式，它集中体现了学校的育人思想和办学理念，是学校人才培养的总体实施蓝图和根本性的指导文件，也是学校配置办学资源的重要依据。

为贯彻党和国家的教育方针、落实各级教育行政主管部门的相关要求、反应时代特征、服务学校的办学定位、突出学校的办学特色，学校及时制定、适时修订人才培养方案。新增专业获批后招生前，按照最新版本的修订专业培养方案的指导性意见和程序制定新增专业的培养方案。同时，坚持每隔一个时段全面修订一次培养方案。培养方案修订的基本程序是：在认真借鉴兄弟院校人才培养成功经验，充分听取用人单位、毕业生和高年级学生意见的基础上，由教务处提出人才培养方案修订的指导性意见并经过多方充分研讨后，报校长办公会议审定；教学单位根据指导性意见，组织力量编制各专业的人才培养方案初稿；初稿经过学校组织的校内外专家论证并确认后付诸实施。

学校升格前，1999版《上饶师范专科学校三年制专科教学计划》是比较成熟并结集成册的专科人才培养方案。升格前与江西师范大学联合办学的本科专业，基本采用江西师范大学的人才培养方案。升格初期（2000—2002年）也基本参照江西师范大学有关专业的培养方案制定学校的本科人才培养方案（见2002版《上饶师范学院教学计划修订指导性意见》）。

学校升格后，分别在2002年、2004年、2008年、2012年和2017年全面修订人才培养方案（分别称2002版、2004版、2008版、2012版和2017版培养方案）。随着本科招生规模的扩大、专科招生规模的缩小，2008年以后，专科专业基本执行2008版培养方案。

2012年，教育部发布了本科专业目录新版本，按照新目录，学校部分本科专业被拆分或更名（见表2-1备注）。为适应这一变化，2013年6月，适时修订了相关专业的人才培养方案。

2012年，学校启动辅修双学士学位工作，根据《上饶师范学院全日制在校本科生辅修双学士学位管理办法（试行）》和有关专业的培养规格，学校组织制定了开设双学位教育专业的培养方案。

目前，学校结集成册并存档的本专科人才培养方案分三部分。

第一部分：集中修订的培养方案

（1）上饶师范专科学校三年制专科教学计划（1999版，1999年6月）

（2）上饶师范学院教学计划（2002版，本专科，2002年8月）

（3）上饶师范学院本科教学计划（2004版，2004年8月）

（4）上饶师范学院专科教学计划（2004版，2004年8月）

（5）上饶师范学院本科专业培养方案（2008版，2008年9月）

（6）上饶师范学院本科专业培养方案（2012版，2012年7月）

（7）上饶师范学院本科人才培养方案（2017版，2017年6月）

第二部分：分散制定、修订的培养方案

(8) 上饶师范学院本科教学计划(2000级、2001级使用)

(9) 上饶师范学院2005年新增专业培养方案(2005年7月)

(10) 上饶师范学院新增专业和部分调整专业培养方案(2006年6月)

(11) 上饶师范学院专科教学计划(2008版,2008年9月)

(12) 上饶师范学院本科专业培养方案(2012年专业目录有变化的专业和2013年新增专业,2013年6月)

(13) 上饶师范学院本科专业培养方案(2014—2016年新增本科专业)

第三部分：辅修双学士学位专业培养方案

(14) 上饶师范学院2012年辅修双学位招生专业培养方案(2012年4月)

2. 专业类建设平台

随着国家"质量工程"和"本科教学工程"的实施(参见本章第三节),学校有10个本科专业入选各类省级以上专业建设平台,先后获得平台建设资助经费700余万元。

化学：江西省本科品牌专业(2004年)、国家特色专业(2009年)、江西省专业综合改革试点专业(2012年);

数学与应用数学：江西省本科品牌专业(2004年)、国家特色专业(2010年)、江西省专业综合改革试点专业(2013年);

物理学：江西省高校特色专业(2008年)、江西省省级人才培养模式创新实验区(2009年);

新闻学：江西省高校特色专业(2008年)、江西省高校卓越新闻人才培养计划试点专业(2013年);

旅游管理：江西省高校特色专业(2008年)、江西省省级人才培养模式创新实验区(2010年)、江西省专业综合改革试点专业(2014年);

计算机科学与技术：江西省高校特色专业(2010年)、江西省高等学校卓越工程师培养计划试点专业(2012年);

公共事业管理：江西省高校特色专业(2010年);

美术学：江西省高校特色专业(2010年);

学前教育：江西省专业综合改革试点专业(2012年)、教育部专业综合改革试点专业(2013年);

电子信息科学与技术：江西省专业综合改革试点专业(2013年)、江西高等学校卓越工程师培养计划试点专业(2013年)。

三、课程建设

学校重视课程建设,2003年8月,首次遴选确定《有机化学》等19门课程为校级重点建设课程(见饶师院字〔2003〕58号)。2004年10月,首批建成了《现代汉语》等5门课程的试卷库(见饶师院教务考函〔2004〕34号)。之后,校级重点建设课程的遴选工作进入常态化,试卷库的建设工作持续到2008年左右。

2003—2017年,学校先后有27门课程入选江西省省级优质课,或省级精品课,或省级精品资源共享课,或省级精品在线开放课建设项目(见表2-2)。

表2-2 上饶师范学院入选江西省省级课程平台课程一览表

序号	课 程	入选课程平台	入选时间	入选时负责人
1	数学分析	省级优质课	2003年	王胜华
2	中国古代文学	省级优质课	2003年	吴长庚
3	现代汉语	省级优质课	2003年	胡松柏
4	马克思主义哲学原理	省级优质课	2003年	徐启斌
5	邓小平理论概论	省级优质课	2003年	揭新华
6	心理学公共课	省级优质课	2003年	范安平
7	政治经济学	省级精品课	2009年	揭新华
8	计算机文化基础	省级精品资源共享课(精品课)	2012年(2009年)	熊 艮
9	大学物理实验	省级精品资源共享课(精品课)	2012年(2009年)	毛杰健
10	概率论与数理统计	省级精品资源共享课(精品课)	2012年(2009年)	李永明
11	数据结构	省级精品资源共享课(精品课)	2012年(2007年)	谭国律
12	综合英语	省级精品资源共享课(精品课)	2012年(2011年)	刘晓雪
13	有机化学	省级精品资源共享课(精品课)	2013年(2007年)	郑大贵
		省级精品在线开放课	2017年	郑大贵
14	英语语言学	省级精品资源共享课	2013年	曹南洋
15	学校体育学	省级精品资源共享课	2013年	项建民
16	植物生物学	省级精品资源共享课(精品课)	2014年(2011年)	徐卫红

(续表)

序号	课程	入选课程平台	入选时间	入选时负责人
17	无机化学	省级精品资源共享课(精品课)	2015年(2011年)	张一兵
18	声乐	省级精品资源共享课	2014年	徐艳萍
19	现代汉语	省级精品资源共享课	2014年	谢旭慧
20	世界通史	省级精品资源共享课	2014年	张文伟
21	大学英语	省级精品资源共享课	2015年	付仙梅
22	教育学	省级精品资源共享课	2015年	张 灵
23	思想道德修养与法律基础	省级精品资源共享课	2015年	贾凌昌
24	中国古代史	省级精品资源共享课	2015年	冯会明
25	数学物理方法	省级精品资源共享课	2015年	杨建荣
26	物理实验	省级精品在线开放课	2016年	毛杰键
27	中学音乐活动实践	省级精品在线开放课	2017年	董 燕

根据《上饶师范学院教师教学工作规范》，所有课程必须编写教学大纲，在迎接2005年教育部本科教学工作水平评估和2017年教育部本科教学工作审核评估期间，先后两次对培养方案所设课程的教学大纲进行了全面修订。

为了丰富课程资源，2013年学校引进"超星尔雅"在线学习平台，此后一直利用该课程平台开设部分公共选修课和创新创业教育必修课，年均修读人次在一万左右。

四、教材管理与建设

2004年，出台《上饶师范学院教材管理暂行办法》，对教材的管理机构、征订、发放和教材款结算等提出具体规定。2007年和2017年先后两次对该办法进行修订，强化教材的选用标准，规范征订程序。2009年，出台《上饶师范学院教材采购招标管理暂行办法》，规范了教材招标的组织领导、原则、程序和工作纪律。

据《教学工作通报》2004年第6期记载，学校教师2000—2004年期间公开出版教材31种，自编校内印制并实际在学生中使用的讲义40种。2004年，中文系徐润润在江西高校出版社出版的《诗人审美心理论稿》获江西省普通高等学校第一届优秀教材二等奖(赣教高字〔2004〕112号)。

为提高人才培养质量和提升服务地方经济社会发展水平,本着"资源共享、优势互补、合作共赢、共同发展"的原则,2016年,学校与复旦大学出版社签订框架协议,决定在"十三五"期间,双方共建出版30种左右具有地方特色和学科专业优势的冠名"弘教系列"的校本教材。为此,双方还联合成立了弘教系列教材编委会。截至2018年7月,已出版《导游带团典型案例集析》(周晓雷主编)、《仪器分析实验》(陈宗保主编)、《中学化学教学设计——方法与实践》(高兆芬主编)、《化学教学论实验指导》(张婉佳主编)、《新编现代教育技术教程》(吴波主编)、《江西武夷山植物野外实习手册》(徐卫红主编)、《师范生教师基本技能测试大纲》(郑大贵主编)、《大学生体育与卫生健康教育教程》(项建民主编)、《教育学》(张灵主编)、《基于教师资格考试的心理学》(张释元主编)、《大学生就业指导》(黄时祥主编)、《大学生职业生涯发展与规划》(俞智慧主编)等12种教材。

第三节 教 学 改 革

一、人才培养模式和培养体制机制改革创新

1999年开始,实施学年学分制。1999年6月印制的三年制专科教学计划修订实施意见,首次提出学年学分制方案,决定在全校实施糅合学年制和学分制主要特征的教学管理制度。每门课程的学分,根据课程在专业教学目标中的地位,按16~20学时换算成1学分的标准确定;对独立的实践教学环节的学分换算也提出了明确要求。文科三年制专科毕业要求完成120~130学分,理科三年制专科毕业要求完成125~135学分,课内总学时均控制在2 300学时内。为配合学年学分制改革,从1999年下半年开始,学校每学时(一节课上课时间)从50分钟调整为40分钟。该年提出的学年学分制方案,对于教学计划中必修课、选修课的学时、学分设置及其相互间的比例,对于课程的选修、免修、免听、重修等都作出了非常明确的规定,整套方案为学校升格后本科培养方案的制定奠定了基础。

2004年开始,实施弹性学制。2004版修订培养方案指导性意见提出学校实

施弹性学制,全日制本科的规定学制为四年,专科为三年,本科可以在3~6年内毕业,专科可以在2~5年内毕业。2005年8月出台的《上饶师范学院学生学籍管理规定(试行)》对弹性学制做了修改,提出学校实行弹性学习年限,学生可分阶段完成学业,在校最长学习年限本科为6年,专科为5年。实际执行过程中,只有延长学习年限的,没有提前毕业的情形发生。

2011年开始,实施学分转换制。2011年12月,出台《上饶师范学院大学生创新创业技能学分管理暂行办法》(饶师院办发〔2011〕2号),可以将大学生参与科技项目、发表学术论文、各类学科技能和文体竞赛获奖、各类技能证书折算成公共选修课学分。2018年4月,修订完善《上饶师范学院大学生创新创业及实践技能业绩转换学分管理暂行办法(修订)》(饶师院字〔2018〕21号),将学分转换范围从公共选修课扩大到《大学英语》《大学计算机》和专业选修课。

2012年开始,实施专业方向课。为强化个性化教育,2012版培养方案修订指导性意见要求所有本科专业必须设置2~5个专业方向,由学生自主选读。每个方向的课程不少于16学分。

2012年,开始辅修双学士学位教育(参见本章第五节)。

2015年,开展"实践教学年"活动。活动期间,各二级学院规范执行专业培养方案规定的各类实践教学环节,围绕培养目标,积极举办和参加校内外各类实践活动和创新活动。实践教学年取得了丰硕的成果:确保了专业培养方案规定的所有实践教学环节执行到位,建立了30多个实习示范点,每个专业结合自身特点举办了一系列大学生技能竞赛或实践活动,组织学生参加了一系列校外机构组织的竞赛类或实践性活动,规范组织了全校近2 000名2015届师范生的微格教学,对应届本科毕业论文进行了全面查重,以二级学院为单位组织了毕业论文(设计)示范答辩,开展了"百篇优秀毕业论文(设计)"评选。2015年12月20日,学校举行了"实践教学年"考核交流报告会。根据考核结果,对13个二级学院分三个层次进行了表彰奖励。2015年以后,"实践教学年"的做法得以坚守和完善,实践教学的成果不断涌现。2016年,在校大学生参加全省全国各类竞赛获奖309项,公开发表论文57篇,获授权专利5项;2017年,在校大学生参加全省全国各类竞赛获奖359项,公开发表论文89篇,获授权专利5项(数据来源:2016年、2017年《上饶师范学院大学生参加全国全省各类竞赛获奖公开发表论文与授权专利情况汇编》)。

2018年,启动与浙江师范大学联合培养本科生工作。为充分利用和共享优秀教学资源,提高人才培养质量,2018年1月,学校与浙江师范大学签订《浙江师范大学与上饶师范学院交换培养本科生合作协议书》。2018年7月完成了第一批交换生的选派工作,2017级数学与应用数学专业罗冬连、物理学专业游伟、化学专业骆振峰、汉语言文学专业邓芳华、英语专业毛佳音、思想政治教育专业刘雅莉、地理科学专业程威、小学教育专业邱棋、生物科学专业陈琴、国际经济与贸易专业吴丽青等10名同学将于2018—2019学年赴浙江师范大学学习。

根据产业和区域需要,举办各种专班,实行订单式培养。2004年,政治与法律系举办"法学专业西藏班",专门招收藏族学生。2012—2017年,历史地理与旅游学院与厦门天鹅集团联合举办"旅游管理专业天鹅班"。2012年和2013年,与上饶联通公司联合,连续举办两届"联通班"。2017年4月18日,上饶师范学院与晶科能源公司签订协议,联合举办"光伏专班";经自愿报名、协议双方组织面试选拔,15个本科专业的35名三年级学生被录取到首届光伏专班,参加为期1年左右的学习,实施定向培养。

2009年,挂靠文学与新闻传播学院汉语言文学专业开设"文科综合实验班",试验班从全校文理科二年级学生中选拔录取20名学生,聘请相关专业专家和名师授课,精炼讲授文史哲各专业的通史和概论,以及各类学术元典,重点打好文献基础与语言基础,培养学生有效而深入的思维方法,精心打造专业能力强、人格品德优的复合型文科人才。2013年7月,该班20名毕业生,10人考取硕士研究生,2人录为国家公务员,6人考取事业单位国编。

二、教学改革研究项目与本科教学质量工程

1. 教学改革研究项目

设立教学改革研究项目,推动教学改革。2002年,学校首次设立教学改革研究课题,肖国飞、郑大贵、王仁炎、熊艰、敖谦、廖云儿、樊明亚、范安平、汪应乐、黎爱平、颜清、叶青、周湘蘅、彭小平、张文伟、汲军、董榴英、章秋枫等主持的18个课题获立项资助。2002—2017年,教改立项成为一项常规教学工作,共有300多个课题获校级立项资助(资料来源:历年《教学工作通报》)。

围绕特定主题设立校级教学改革研究课题。2013年,开展了以"加强教师教育改革及日常教学管理"为主题的校级教改课题招标立项活动,28项教改课

题获学校立项资助。2016年,学校首次设立6个校本研究课题,通过对学校相关工作5年以上的情况进行收集和分析研究,找出规律,提出改进建议,促进学校教学改革和教学管理。

积极组织教师申报省部级教学改革研究项目,2001—2017年,共有287个项目获得江西省高等教育省级教学研究项目立项,其中重点项目19项(资料来源:历年《教学工作通报》)。

2012年,《新时期地方师范院校教师教育综合改革探索》被列入江西省教育体制改革试点项目,《地方师范院校构建开放互动的师资协作发展共同体的探索与实践》获得教育部"教师教育师资队伍建设示范项目"立项。以这两个项目为抓手,学校与信州区8所优秀中小学(幼儿园)签订了合作协议,开展了近20场"杰出校友进校园"活动,加强了互动交流,提升了教师教育师资队伍素质,推动了教师教育改革。

2. 质量工程项目

学校以教学质量工程项目的实施为引领,推进教学改革,提高人才培养质量。

2007年1月至"十一五"末,教育部、财政部实施了首期"高等学校本科教学质量与教学改革工程"(简称"质量工程"),成为继"211工程""985工程"后,我国在高等教育领域实施的又一项重要工程。国家"质量工程"项目已作为高校深化教学改革、提高教育教学质量的重要战略抓手,成为高校标志性的工作业绩。2011年7月,教育部、财政部在全面总结首期国家"质量工程"项目建设经验的基础上,决定在"十二五"期间继续实施"高等学校本科教学质量与教学改革工程"(简称改为"本科教学工程")。为策应国家战略,江西省教育厅和财政厅也相应启动了省级"质量工程"和"本科教学工程"(以下简称"质量工程")。

2007年以来,学校争取到的省级以上教学质量工程项目共有10大类(专业综合改革试点项目、特色专业、卓越工程师、卓越新闻人才项目、人才培养模式创新实验区、精品课、精品资源共享课、精品在线开放课程、实验示范中心、教学团队)55个项目,其中专业综合改革试点项目5个,特色专业项目8个,卓越工程师项目2个,卓越新闻人才项目1个,人才培养模式创新实验区项目2个,精品课项目9个,精品资源共享课项目18个,精品在线开放课项目3个,实验示范中心项目3个,教学团队项目4个。55个项目中,国家级3个。共获立项资助经费近千万元。

2009年11月,出台《上饶师范学院教学质量工程项目建设经费管理暂行办法》；2010年9月，出台《上饶师范学院特色专业等四个教学质量工程项目建设效果评估指标体系》。2010—2016年，学校先后多次组织对教学质量工程项目进行中期检查、考核评估，并将考核评估结果与奖励以及职务聘任相挂钩。

2013年10月，召开全校教学质量工程项目推进会。会后，修订了教学质量工程项目经费管理办法，出台了《上饶师范学院推进教学质量工程实施意见》。

三、创新创业教育

2014年4月，出台《关于加强大学生创新创业教育实施意见》，对创新创业教育工作作出总体规划。2015年11月，出台《上饶师范学院关于深化创新创业教育改革的实施方案》，成立以校党政一把手任组长，分管校领导任副组长的大学生创新创业教育工作领导小组，领导小组办公室挂靠教务处。

将大学生创新创业教育纳入人才培养全过程。近20年，学校一直把"就业指导课""职业生涯规划课"列为必修课，纳入人才培养方案，实行学分管理。2015—2016学年以来，借助尔雅通识课学习平台，面向全体在校生开设创新创业教育必修课程，并纳入学分管理。同时，将创新创业教育融入专业课程教学和毕业论文（设计）等其他实践教学环节。

实施大学生创新创业训练计划项目。2013—2017年，95个项目获国家级大学生创新创业训练计划项目立项；2013—2014年，60个项目获江西省大学生创新创业训练计划项目立项（2014年以后省教育厅停设）；2016—2018年，301个项目获校级大学生创新创业训练计划项目立项。

2016年12月15日，学校接受了江西省教育督导委员会组织的创新创业教育专项督导评估，获得省教育厅督导专家好评。

2014—2017年，数学与计算机学院选送的项目连续四次荣获江西省大学生服务外包创新创业比赛一等奖；2017年12月，物理与电子信息学院选送的《智慧学习空间服务方案》荣获第二届全国大学生教育信息化创新创业大赛二等奖。2017年8月，生命科学学院选送的《上饶早梨品种鉴定及再生苗遗传稳定性SSR检测》《江西山药种质资源遗传多样性及其组培苗遗传稳定性的RAPD检测》同时获得第二届全国大学生生命科学创新创业大赛二等奖。2017年10月，国家级大学生创新计划训练项目《智能垃圾桶》首次代表江西省在第十届全国大学生创新创业年会中展出。

第四节 教 学 管 理

一、教学机构

1. 二级学院(教学系部)

2000年,设有数学与计算机系、物理系、化学系、中文系、英语系、政治法律系、历史地理系、体育系、美术系、音乐系、教育科学系和社会科学部、公共计算机教学部、公共外语教学部、公共体育教学部。2002年,增设生命科学系。2003年,增设经济学系。2005年6月,社会科学部与经济学系合署办公。2009年,教学系更名为二级学院,设立数学与计算机科学学院、物理与电子信息学院、化学化工学院、文学与新闻传播学院、外国语学院、政治与法律学院、历史地理与旅游学院、体育学院、美术与设计学院、音乐舞蹈学院、教育科学学院、生命科学学院、经济与管理学院;将公共计算机教学部合并到数学与计算机科学学院,公共外语教学部合并到外国语学院,公共体育教学部合并到体育学院;社会科学部更名为思想政治理论课教学科研部,与政治与法律学院合署办公;成人教育处更名为继续教育学院。2016年,思想政治理论课教学科研部从政治与法律学院分离,设立马克思主义学院。2017年,化学化工学院更名为化学与环境科学学院。

2. 教研室

2003年,为迎接教育部本科教学工作水平评估,规范教研室建设,学校对教研室进行全面调整(饶师院教字〔2003〕18号)。调整后共设56个教研室,具体是:

数学与计算机系设数学分析、高等代数、计算机、财会、高等数学、数学教学法6个教研室;物理系设应用物理学基础、电子技术、教育技术、物理实验4个教研室;化学系设无机化学与化学教学法、有机化学与应用化学、分析化学与环境科学、物理化学与化学工程4个教研室;生命科学系设植物、动物、微生物3个教研室;政治与法律系设政治教育、哲学、经济、法学4个教研室;中文系设古代文学、现当代文学、语言学、文艺学与外国文学、新闻学与写作学、语文教学法与书法6个教研室;英语系设综合英语、英语泛读、英语精读、英语视听说4个教研室;历史地理系设历史、地理、旅游3个教研室;体育系设体操、田径、球类、武术、体育理论 5 个教研室;音乐系设声乐、器乐与舞蹈、理论教学 3 个教研室;美术系设理论与书画、艺术设计、绘画 3 个教研室;教育科学系设教育学、心理学 2 个教研室;社会科学部设公共经济学、公共哲学、公共法学 3 个教研室和大学生心理健康咨询中心;大学体育教学部设健康体育教育、体育专选与训练、国防教育与群众体育 3 个教研室;大学外语教学部设高级英语、基础英语 2 个教研室。

2012 年,为加强师范类专业的教师教育类课程教学与研究,适应专业设置变化的需要,学校对教研室设置再次进行全面调整,要求所有举办师范类专业的二级学院必须设置教师教育教研室。调整后,共设置 61 个教研室,具体是:

数学与计算机学院设分析数学、代数几何、计算机、公共数学与教师教育、信息技术 5 个教研室;物理与电子信息学院设物理学、电子技术、数字媒体技术与教师教育、光信息科学与技术 4 个教研室;化学化工学院设无机化学与教师教育、有机化学与应用化学、分析化学与环境科学、物理化学与化工基础 4 个教研室;文学与新闻传播学院设教师教育、语言学、文学、传媒 4 个教研室;外国语学院设综合英语、英语阅读、英语视听说、语言文学与教师教育、高级英语、基础英语 6 个教研室;政治与法律学院设思政原理与原著、思政教师教育、法学教研室、马克思主义基本原理、思想道德修养、形势与政策 6 个教研室;历史地理与旅游学院设历史、地理与教师教育、旅游 3 个教研室;体育学院设公共体育、军事体育、体育理论与教师教育、田径、体育艺术、球类、武术 7 个教研室;美术与设计学院设油画教研室、书画、环艺与平面、影视动画、理论与教师教育 5 个教研室;音乐舞蹈学院设理论与教师教育、声乐、键盘、管弦乐、作曲指挥与舞蹈 5 个教研室;教育科学学院设学前与艺术实践、教育学、心理学 3 个教研室;生命科学学院设生物科学、园林园艺、生物技术、教师教育 4 个教研室;经济与管理学院设工商管理、公共管理、经济贸易、财会 4 个教研室;招生就业处设大学生职业发展与就业指导教研室。

2016 年,为适应 2012 年以来专业设置变化的需要,学校部分调整和增设了教研室,教研室总数达到 65 个。

3. 教学委员会

教学委员会是教学管理工作的咨询和监督机构,校教学委员会挂靠教务处。

2003 年 5 月,学校出台《上饶师范学院教学委员会组织条例》,成立校教学委员会,王胜华任主任,吴长庚任副主任,委员包括侯仁恩、吴波、刘睦清、胡松柏、曹南洋、樊明亚、吴亦丰、韩顺任、陈晓芳、范安平、张一兵、揭新华、何奕娇、戴德翔、熊艰、徐健、汪继南、饶爱京、童吉灶。2003年12月,校教学委员会主任调整为沈谦芳,增选郑大贵为副主任并兼任办公室主任,同时成立系(部)教学工作委员会。2004年6月,校教学委员会主任调整为柳和生。2015年5月,校教学委员会主任调整为詹世友。除各个时期因学校行政主要领导发生变动而调整校教学委员会主任外,校教学委员会组成也因学校分管教学领导和二级单位负责人的变动而做过多次调整,但组成原则基本稳定:校行政主要领导任主任,校分管教学领导任副主任,二级学院(教学系部)分管教学领导、教务处和教辅单位的主要领导、知名教授为委员。

2005年,学校还成立了教材建设、英语教学、计算机基础教学三个单项教学委员会,负责单项教学工作的咨询和指导,主任为吴长庚,副主任分别为郑大贵、何奕娇和熊艰(参见《教学工作通报》2005年第一期)。

2004年5月和2017年3月两次对教学委员会组织条例进行修订,2017年3月修订时,将条例名称变更为《上饶师范学院教学工作委员会管理办法》,明确校教学工作委员会职责是在校党政领导下,根据国家教育部和省教育厅的有关规定,承担课程建设、教材建设、实验室建设和教学评估的研究、指导、检查和审议等工作,讨论教学工作中的一些重大问题。

与校教学委员会相对应,二级学院(教学系部)也在不同时期成立了二级单位的教学委员会或教学工作指导小组,并因人事变动作适时调整。2012年4月,饶师院教字〔2012〕11号文发布了最新一次全面调整14个教学单位教学工作指导小组的组成情况。

4. 教学督导组

教学督导组的主要职责是对教学工作进行督查和指导。2018年7月前,校教学督导组一直挂靠教务处。

2003年,根据《上饶师范学院教学委员会组织条例》,校教学委员会下设教学督导组,聘任李昌武、邹安华、熊华平、张玉奇、黄璞、章秋枫、敖运忠、郑锦明、徐启斌、唐传岱等为校督导员,李昌武任督导组组长,饶祖天任副组长。

2004年,出台《上饶师范学院教学督导组工作暂行办法》,对校督导组的组成、工作职责、权利和工作方式作出明确规定。2004—2009年,先后聘任李昌武、饶祖天、熊华平、敖运忠、黄璞、邹安华、张玉奇、刘孝学、张文伟为校教学督导员,李昌武任督导组组长,饶祖天任副组长。2009—2017年,先后聘任刘睦清、孙刚、侯仁恩、何奕娇、胡雄、周景、汲军、章秋枫任校教学督导员,刘睦清任督导组组长。

2017年3月,修订完善《上饶师范学院教学督导工作实施办法》。2017年9月,调整督导组,聘任饶鉴、谭国律、孙作桦、熊熙烈、秦霞、刘睦清、周虹、黄娇玲任校教学督导员,秦霞任督导组组长,刘睦清任顾问。

作为本科教学工作审核评估整改工作的一部分,2018年4月,出台《上饶师范学院二级教学督导工作实施细则》,对二级教学督导的构成、督导员的聘任、督导的主要职责、督导的工作机制提出具体要求。

学校长期坚持教学督导制度。督导员参与教师专业技术职务晋升、教师选聘、主讲教师资格认定、青年教师教学竞赛、大学生教师基本功竞赛等活动的听课评课;开展教学规章制度和教学纪律专项督查;参与期末试卷审核和课堂教学效果满意度问卷调查;定期编制《教学督导工作通报》,发布督导结果。教学督导组还围绕教学管理工作,通过发放问卷调查表、召开座谈会、个别访谈等形式,定期开展专题调研活动,2012年以来,先后就"教师教学基本状况""教学评价评优方式及其效果""入职不到三年的青年教师教学状况""第八学期毕业班课堂教学状况""教师违背教学常规集中排课和过多排课状况"等进行专项调研,并逐一形成了专题调研报告。

二、教学管理信息化

2005年引进青果教务管理系统,2010年对系统进行更新,2016年对系统进行升级。升级后的教务管理系统配有手机APP功能,学生可以进行网上选课、网上评教、课表查询和成绩查询等;教师可网络提交成绩,查询教学任务、教师工作量、教师课表、空闲教室、教学日历、任课班级的课程成绩等。

2004年创建教务网。教务网的资源和信息得到及时更新和完善,基本实现了教学管理资料和相关查询"一网打尽",极大地方便了师生的教学和教学管理工作。

2012年,开通语言文字工作网,服务普通话培训测试和国家语言文字政策的宣传等工作。

2017年3月,教务网新增师范类专业建设专栏,突出师范办学特色,服务师范类专业认证工作。

三、常规教学管理机制

教学管理工作坚持"科学规范优质高效服务师生"的管理理念,2003年启动迎接教育部本科教学工作水平评估以来,建立和逐步完善了一套行之有效的运行机制。坚持每周发布教学工作要点,定期召开全校教学工作例会,向学生印发《教务指南》,规范编制《大学英语等级考试手册》,定期结集印制《教学工作通报》《教学管理文件汇编》《教务处年度工作文件汇编》和其他专项工作文档,建立了全面规范的教学管理文档目录。

教务处先后于2004年和2007年被江西省教育厅授予"全省高校先进教务处"称号,2004年被江西省教育厅评为"全省高等教育学历证书电子注册管理先进集体"。

第五节 教学评价评估

一、校内教学评价评估

学校升格后,继续保持师专时期青年教师教学竞赛的好做法,坚持每两年举办一届青年教师教学竞赛。第一届到第七届,分助教组和讲师组,或分人文社科组和自然科学组,各设立一、二、三等奖若干名。从2014年的第八届开始,增设艺术体育组,并将比赛内容从单一考评授课效果改为综合考评授课、教学文档和学生问卷调查结果。

2001—2016年,学校开展了九届校级教学成果奖评选活动,95个项目获奖,其中一等奖29项,二等奖53项,三等奖13项。

2004年上半年以来,由二级学院(系部)对本教学单位当学期任课教师课堂教学、教案、作业批改、辅导答疑、命题、阅卷、实践教学等教学环节进行综合考核,遴选出各教学单位"教学质量综合考核居本单位前40%"的教师。

2004年下学期以来,以班级为单位,以学期为周期,由学生投票评选所在班级"我最喜欢的任课教师"。

2005年以来,以班级为单位,由应届毕业生投票评选"我心目中师院的好老师"。

2008年，出台《上饶师范学院课堂教学优秀教师评选办法（试行）》《上饶师范学院"课堂教学优秀教师"评选办法实施细则（试行）》，对于连续三年获"我最喜欢的任课教师""我心目中师院的好老师""教学质量综合考核居本单位前40%"总次数达到6次以上的教师，授予"课堂教学优秀教师"称号。

2014年，出台《上饶师范学院"教学十佳"评选暂行办法》，开展"教学十佳"评选活动。第一届（2014年）当选者：毛杰健、叶青、刘晓雪、牟玉华、张文伟、张林宝、姜文有、胡兰、徐健、徐卫红，第二届（2015年）当选者：张婉佳、李琴、周春晔、罗朝晖、洪森荣、章秋枫、程立斌、童腮军、谢旭慧、谭国律，第三届（2017年）当选者：苏丽琴、何丰妍、张灵、袁平、贾凌昌、涂虬、诸葛鈜、彭化南、韩世姣、黎爱平。

2016年下半年以来，以学期为单位，开展课堂教学效果学生满意度纸质问卷调查。从不同开课单位教师满意度、不同职称教师满意度、不同学位教师满意度、不同年级满意度、不同性质课程满意度、专职教师与行政兼职教师满意度等多方面进行分类整理，以适当的方式通报，并对满意度调查结果的应用提出了明确的意见。

此外，学校还先后开展过系（部）教学评估、多媒体课件评比、微课教学竞赛、本科教学质量工程项目考核评估等一系列单项教学评价活动，在历年的《教学工作通报》中有所记载。

二、外部教学评价评估

1. 教育部本科教学工作水平评估

2002年，学校向教育部申请2005年接受本科教学水平评估并获批准。为做好评建工作，2003年4月，制定《上饶师范学院本科教学水平评估实施方案》。2004年上半年，就教学管理、师资队伍建设、仪器设备购置、图书资料建设、校园网络建设、基本设施建设等十大问题制定了《以评促建难题破解方案》，2005年10月，方案中所列难题基本得以解决。2005年8月2日，举行"迎接教育部本科教学水平评估倒计时100天揭牌仪式"。2005年10月30日，召开接受教育部本科教学工作水平评估万人誓师大会。

2005年11月12日至18日，以辽宁师范大学赵毅教授为组长的教育部普通高校本科教学工作水平评估专家组一行11人,对学校进行了本科教学工作水平实地考察评估。考察评估期间,专家组认真审阅了学校自评报告,听取了学校关于本科教学工作汇报,观看了反映学校建设发展的电视专题片,查阅了教学工作材料,考察了教学设施,随机听课,随机抽查测试了学生基本技能,走访了教学系(部)、职能部门和毕业生用人单位,检查了学生寝室、学生食堂和自习场所情况,分别主持召开了校党政班子成员、机关管理干部代表、教学管理干部代表、教师代表、学生代表和离退休人员代表座谈会。

教育部专家组充分肯定了学校对江西省、上饶市的基础教育、经济发展、社会进步等方面所作出的重要贡献;肯定了学校评建工作启动以来,认真落实"以评促改、以评促建、以评促管、评建结合、重在建设"的原则,在改善办学条件、提高办学水平、明确学校定位、科学制定发展规划、确定办学指导思想、落实教学中心地位、实施人才强校战略、加强教学基本建设和教学管理、优化育人环境和师德师风、优化师资队伍结构、毕业生受用人单位欢迎程度等方面所发生的历史性变化和取得的明显成效;并着重就进一步加强师资队伍建设、加大基础设施建设资金投入、优化教育资源配置、提高学院现有教学设施利用率、进一步加强教学基本建设、提高专业建设水平、加强学生创新精神和实践能力培养、切实提高人才培养质量等方面提出了整改意见。

教育部《高师教学工作评估通讯》2005年第19期以《坚持评建20字原则,着力提升办学质量——上饶师院以评促建带来的明显变化》为题,报道了学校的评建工作。

2. **教育部本科教学工作审核评估**

2016年10月13日,学校在图书馆学术报告厅召开本科教学工作审核评估与学校自评自建工作会议,标志着正式启动审核评估评建工作。

2016年12月,成立了以校党委书记、校长为组长的评估工作领导小组。2016年12月22日、2017年9月11日两次召开全校评建工作推进会。2017年9月27日,在全校迎接本科教学工作预评估动员大会上,校党委书记朱寅健、校长詹世友分别作动员讲话,并为迎接本科教学工作审核评估倒计时60天揭牌。

2017年6月,制定《本科教学工作审核评估2017年暑假行动方案》,2017年7月和9月分别组织32位校内专家对方案所提出的工作进行了专项督查和交流。2017年10月7日至9日,聘请福建师范大学郑家建教授、浙江师范大学赵雷洪教授等7名专家按照教育部本科教学工作审核评估的工作流程,进行了全面审核预评估。2017年10月13日,校评建办印发了《上饶师范学院本科教学工作审核评估迎评决战工作方案》,从条件保障、课堂教学、校园环境、评估材料、干部作风、教师教风、学生学风、宣传动员、专家考察基地和场地、专家接待等10个方面,明确了工作任务、工作措施、工作进度、责任校领导和责任单位,明确了督查工作和追责工作的要求。自决战工作方案印发之日起至审核评估前夕,每周一上午召开学校党政班子联席扩大会议,听取工作进展汇报,协调相关工作,对推动评建工作取得了积极的作用。

迎评促建期间,修订或新出台了一系列教学管理文件,修订了本科专业人才培养方案、课程教学大纲和本科专业介绍;系统梳理了最近3届本科毕业论文(设计)、最近4个学期期末考卷信息;开展了专项听课评课活动,近600位教师开展了公开教学,组织评课活动近400场;开展了优秀教师示范课活动;充实了校教学督导队伍,实行了教学督导通报制;组织编印了《立德树人,为人师表——上饶师范学院"教学十佳"教学心得集》;完成了本科教学基本状态数据库填报工作;完成了校院两级教学及教学文档目录编制和自评报告撰写工作;充实完善了一大批实习基地;研制并出版了11大类47个师范技能测试大纲,启动了师范生"8项技能证书制",师范特色得到进一步凝练和发展。

2017年11月27日至12月1日,以南京师范大学校长陈国祥教授为组长的教育部本科教学工作审核评估专家组一行11人,对学校进行了为期5天的实地考察工作。专家组从四个方面对学校的教学工作予以肯定:定位和目标明确,主动适应行业与地方经济发展需求;不断加强师资队伍建设,不断改善教学资源条件,保证教学运行的需要;不断完善培养体系,不断优化培养模式,努力培养高素质应用型人才;努力构建有效的质量保障体系,教学质量稳步提高,毕业生广受用人单位的好评。专家组一致认为,学校的办学定位和人才培养目标与国家和区域经济社会发展需求的适应度高;师资队伍和教学资源条件的保障度强;教学和质量保障体系有效运行;学生和社会用人单位的满意度高,人才培养目标与人才培养效果的实现状况好,达成度高,学校的本科教学评建工作达到了预期的效果。专家组同时建议,学校的本科教学工作需要从以下几个方面进一步加强和改进:进一步落实实现办学定位和培养目标的路径和举措,进一步增加师资队伍的总量和优化师资队伍的结构,进一步完善服务教师发展的机制和措施,进一步发挥科研对人才培养的反哺作用,教学质量保障体系需要进一步完善。

2017年12月下旬,依据专家组的反馈意见,制定了《上饶师范学院本科教学工作审核评估整改方案》。

3. 江西省本科专业综合评价

2015年2月26日,省政府在江西师范大学青山湖校区召开全省本科教学工作座谈会,朱虹副省长出席会议并讲话,会议印发《江西省普通高等学校本科专业综合评价通用指标体系(试行)》等文件,决定2015年下半年启动江西省本科专业综合评价试点工作,2018年完成本科专业综合评价工作。

2015年3月8日,教务处向二级学院转发《江西省普通高等学校本科专业综合评价通用指标体系(试行)》。2015年3月13日,召开专业综合评价动员会,詹世友校长出席会议并讲话,会议印发了教务处草拟的《江西省普通高等学校本科专业综合评价准备工作要点》。2015年9月20日,组织数学与应用数学、汉语言文学、英语、法学和会计学5个试评价专业和教务处相关人员参加了省教育厅在南昌大学组织的本科专业数据采集暨专业综合评价动员培训会。2015年9月21日,学校召开本科专业基本状态数据采集暨专业综合评价工作部署会,詹世友校长出席会议并讲话,郑大贵主持并部署工作,二级学院、教务处、人事处、科技处、资产管理处、图书馆、教育技术与实验中心、网络中心负责人参会。2015年9月28日,教务处就本科专业基本状态数据采集暨专业综合评价工作向校党委会做专题报告。2015年10月8日,学校召开了本科专业基本状态数据采集暨本科专业综合评价工作推进会,有关单位做了交流发言,会议明确了师资、仪器设备和图书等人才物资源的分解原则,确定了学校和二级学院信息采集和专业评价负责人等。2018年10月20日,完成了所有本科专业基本状态数据的采集填报工作。2015年12月,5个试评价专业完成了定性指标有关素材的采集、凝练和填报工作。

为建立长效机制,加强专业内涵建设,策应江西省2015—2018年本科专业综合评价工作,2016年3月,出台《上饶师范学院关于优化本科专业综合评价教学类指标的若干激励措施(试行)》;2016年12月,出台《上饶师范学院本科专业建设和综合评价负责人制度实施办法(试行)》。

2015—2018年,学校38个本科专业参加了江西省普通本科专业综合评价工作。

2015年(5个)：数学与应用数学、汉语言文学、英语、法学、会计学专业；

2016年(14个)：信息与计算科学、计算机科学与技术、电子信息科学与技术、光电信息科学与工程、教育技术学、思想政治教育、学前教育、小学教育、生物科学、生物技术、园林、园艺、市场营销、财务管理专业；

2017年(10个)：物理学、化学、应用化学、环境科学、新闻学、历史学、地理科学、旅游管理、心理学、国际经济与贸易专业；

2018年(9个)：音乐学、舞蹈学、体育教育、广播电视编导、播音与主持艺术、美术学、视觉传达设计、环境设计、动画专业。

4. 省级教学成果奖评选

2001—2017年，学校组织参加了江西省第7—15批省级高等教育教学成果奖评选，有20个项目获奖，其中一等奖4项，二等奖12项，三等奖4项。范安平等主持的《师专公共课心理学"理论、实验、咨询三结合"教学模式实验》获第7批一等奖，熊艮等主持的《课堂教学CAI模式研究》获第9批一等奖，谢旭慧等主持的《现代汉语教学资源的开发与大学生语言能力的培养》获第11批一等奖，柳和生等主持的《地方高校一专多能物理人才培养模式的创新与实践》获第14批一等奖。

第六节　学位工作与升学工作

一、全日制普通高等教育学士学位工作

1. 学校成为学士学位授予单位

受江西省人民政府学位委员会委托，以邓声南教授为组长的本科学士学位授予单位考察评审专家组一行11人，于2003年12月3日至5日对学校申请新增学士学位授予单位进行了考察评审。2004年2月，省人民政府学位委员会发文(赣学位〔2004〕4号)批准学校为学士学位授予单位，数学与应用数学、物理学、化学、思想政治教育、汉语言文学、英语、美术学等七个师范类专业被批准为首批学士学位授权专业。

2004年4月，经省学位委员会办公室备案同意(赣学位〔2004〕10号)，成立

上饶师范学院学士学位评定委员会，印发了《上饶师范学院学士学位授予实施细则（试行）》。沈谦芳为评定委员会主席，吴长庚为副主席，刘睦清、吴亦丰、吴波、张一兵、张志荣、张淑梅、陈晓芳、郑大贵、范安平、胡松柏、项建民、候仁恩、曹南洋、韩顺任、揭新华、程继红、樊明亚为委员，郑大贵兼任办公室主任。与此同时，数学系、物理系、化学系、政法系、中文系、英语系、美术系首批成立了教学系学位评定小组，系主任为组长，分管教学的副主任为副组长，教研室主任等为成员。

2004年7月18日，学校在化学楼4楼多媒体教室举行了"上饶师范学院首届学士学位授予仪式"，按照理学、文学和法学三个学科门类授予7个专业407位应届本科毕业生学士学位。

2. 校院（系）两级学位授予机构调整

校学位评定委员会的组成，随着学校行政主要领导的变动或校领导分工的变动而调整。但组成原则基本稳定：校长任主席、分管教学副校长任副主席、教务处处长任办公室主任，教学单位（二级学院、教学系）的行政主要领导、学生工作处长、教务处分管学籍工作的副处长为委员。2004年以来，各个时段调整以后的校学位评定委员会主席、副主席、办公室主任情况如下：

2004年12月调整后，主席：柳和生；副主席：吴长庚；办公室主任：郑大贵。

2010年4月调整后，主席：柳和生；副主席：詹世友；办公室主任：郑大贵。

2017年11月调整后，主席：詹世友；副主席：郑大贵；办公室主任：贾凌昌。

各教学院（系）也根据本教学单位人事变动，对学位评定小组进行及时调整并报校学位办备案。

3. 学位授予细则修订

为了适应高等教育大众化形势，贯彻上级教育行政主管部门提出的不提倡将大学英语、大学计算机等级考试与毕业资格和学位授予资格挂钩的精神，2006年5月，经省学位办备案同意，学校对2004年印发的《上饶师范学院学士学位授予实施细则（试行）》进行了第一次修订。

2008年以后，随着学校少数民族学生、服兵役学生、考研升研学生的增多，学位授予工作遇到了一些新情况，为了保持学位授予细则的稳定性，对于个别特殊问题的解决方案，由校学位办提交校学位评定委员会全体委员会议表决，对于表决通过的方案，作为学位授予细则的补充规定，从通过当年开始实施。

2017年3月,学校对学位授予细则进行了第二次修订,再次修订的细则,一是吸收了2008年以来历次学位评定委员会会议对于授予细则的补充规定;二是对于弹性学制(6年)内学位授予工作作出了新规定。

4.学位授予情况

2004—2018年,学校共授予全日制应届本科毕业生33 435人学士学位,其中理学7 198人,工学1 052人,文学7 224人,教育学4 358人,法学1 496人,历史学553人,管理学3 660人,经济学1 034人,农学499人,艺术学6 361人(见表2-3)。

表2-3　上饶师范学院2004—2018年全日制高等教育学士学位授予情况

年度	理学	工学	文学	教育学	法学	历史学	管理学	经济学	农学	艺术学	年度小计
2004	174	—	173	60	—	—	—	—	—	—	407
2005	225	52	322	71	51	31	—	—	—	—	752
2006	246	45	471	110	67	27	49	—	—	—	1 015
2007	482	76	619	120	36	26	65	92	—	—	1 516
2008	360	40	636	166	100	23	134	95	—	—	1 554
2009	383	39	673	272	71	24	135	69	27	—	1 693
2010	482	40	945	351	126	41	216	75	20	—	2 296
2011	697	51	391	278	79	38	202	67	37	639	2 479
2012	738	54	381	441	85	38	329	74	59	553	2 752
2013	709	36	476	325	94	45	336	92	18	765	2 896
2014	656	116	434	410	153	81	472	110	36	785	3 253
2015	501	107	423	429	31	31	463	61	27	968	3 108
2016	439	130	434	390	174	44	540	89	29	944	3 213
2017	554	120	413	481	162	45	386	117	128	839	3 245
2018	552	146	433	454	200	59	333	93	118	868	3 256
门类小计	7 198	1 052	7 224	4 358	1 496	553	3 660	1 034	499	6 361	33 435

二、成人高等教育和辅修双学士学位工作

1.成人高等教育学士学位工作

为了适应学校成人高等教育的发展,2004年9月,经省学位委员会办公室

备案同意,印发了《上饶师范学院成人高等教育本科毕业生学士学位授予实施细则(试行)》,2004年9月,首次按照理学、文学和法学三个学科门类授予数学与应用数学、化学、汉语言文学、思想政治教育4个专业23位成人高等教育本科毕业生学士学位。

由于成人高等教育学位授予工作事前必须报省级教育行政主管部门审定备案同意后进行,2004年以来,成人高等教育学士学位授予细则保持相对稳定,只是根据省自考办(考试院)对于英语统考成绩和专业课程平均分的不同要求,授予学位时做相应调整。

2004—2018年,学校授予成人高等教育本科毕业生1 119人学士学位,其中,成教毕业生663人,自考毕业生456人。

2.辅修双学士学位工作

2012年,学校启动辅修双学位工作,出台《上饶师范学院全日制在校本科生辅修双学士学位管理办法(试行)》,截至2018年7月,619名全日制高等教育应届本科毕业生在获得主修专业学位的同时,获得了辅修专业学士学位。

三、应届毕业生升研与专升本工作

1.应届本科毕业生升研

2004—2018年,全校应届本科毕业生35 429人,有3 205人应届考取硕士研究生(含国外录取5人),平均升研率9.05%(见表2-4)。

表2-4 上饶师院学院2004—2018年应届本科毕业生考研录取情况

年 度	考取研究生人数	应届毕业生数	升研率(%)
2004	29	480	6.04
2005	47	909	5.17
2006	75	1 185	6.33
2007	94	1 645	5.71
2008	128	1 690	7.57
2009	167	1 822	9.17
2010	227	2 445	9.28

(续表)

年　度	考取研究生人数	应届毕业生数	升研率(%)
2011	240	2 598	9.24
2012	358	2 889	12.39
2013	262	3 072	8.53
2014	278	3 413	8.15
2015	252	3 223	7.82
2016	229	3 351	6.83
2017	358	3 375	10.61
2018	461	3 332	13.84
合计	3 205	35 429	9.05

升研成绩长期表现特别突出的专业有化学与生物科学。化学专业,共有15届毕业生1 411人,应届考取研究生507人,15年平均升研率35.93%;生物科学专业,共有12届毕业生663人,应届考取研究生183人,12年平均升研率27.60%。

学校对升研工作实施奖励制度。2004年8月27日校长办公会议审定通过的奖励方案为:应届本科毕业生每考取一名硕士研究生,给予教学单位200元奖励,教学单位录取率在全校平均数之上的,每增加一名再追加300元奖励;2015年10月14日校长办公会对考研奖励方案进行了调整:应届本科毕业生每考取一名硕士研究生,给予教学单位400元奖励,教学单位录取率在全校平均数之上的,每增加一名再追加400元奖励。

2. 应届专科毕业生专升本工作

2003年以前,学校向省内其他本科院校推荐优秀专科毕业生参加专升本选拔考试。2004以后,学校自行组织专升本招生工作,在本校有对应或相近的本专科专业中设置招生专业,安排招生指标。招生指标随着学校应届专科生毕业生规模的变化而做相应调整,2005年前后,每年安排招生指标300人左右,以后逐年减少。2018年,学校的专升本招生指标50人。选拔考试科目一直为三门,其中,英语为必考科目,2004—2015年,英语采用省教育厅统考试卷,2016年后,采用全国英语等级考试(PETS)成绩;其他两门考试课程为专业课程,或一门专业课程,一门大学计算机公共课程。

为规范专升本考试选拔工作,2004年出台《上饶师范学院"专升本"学生学籍和学业管理暂行规定》;2009年出台《上饶师范学院推荐选拔优秀专科生进入本科阶段学习的暂行办法》,2017年修订后以《上饶师范学院推荐选拔优秀高职高专毕业生进入本科阶段学习暂行办法》印发。

第七节　普通话培训测试与语言文字工作

一、普通话培训测试

学校的普通话培训测试工作依托学校普通话培训测试站。2001年5月,经江西省语言文字工作委员会批准,设立上饶师范学院普通话培训测试站,是省内第一批设立的普通话培训测试站。培训测试站挂靠教务处,配备专兼职工作人员。目前,有普通话水平测试员15名,其中国家级测试员3名,省级测试员12名。建站18年来,年均测试量在5 000人次左右。

2010年,为策应江西省普通话水平等级测试统一采用机测的要求,学校在教学主楼二楼建成了10个机位的全封闭普通话测试机房,并配置备测室、候测室和信息采集室。2017年,为满足普通话培训测试站标准化建设的需要,学校在综合楼11楼,建有配备26个全封闭机位、40座备测室、60座候测室和信息采集室的普通话培训测试站。2017年11月,新建普通话培训测试站顺利通过省教育厅语言文字工作处组织的验收,是江西省首批通过验收的10所高校之一。

2012年4月13日,在上饶市参加2012年度江西省语言文字工作会议的代表,在省教育厅郭奕珊副厅长和省教育厅语工处陈晓平处长的带领下,来校参观了学校普通话培训测试站,并观摩普通话水平测试的整个流程,获得参观者的一致好评。

2012年,普通话培训测试站秦霞、李建生申报的《师范类高校普通话培训与测试信息管理平台建设的研究与实践》课题获得江西省重点教改课题立项。在2013年江西省高校普通话培训测试站评估活动中,学校普通话培训测试站荣获"优秀测试站"称号;汪应乐、辜秋菊被评为江西省2011—2013年度优秀普通话水平测试员。吴丹樱、舒情被评为江西省2014—2017年度优秀普通话水平测试员。

二、语言文字工作

学校重视语言文字工作。2003年12月，成立校语言文字工作委员会（饶师院党办字〔2003〕36号），吴长庚任主任，郑大贵、胡松柏任副主任，郑大贵兼任办公室主任，委员包括教学系分管教学副主任、教务处和相关部门领导。之后，语委会组成根据人事变动做相应调整。2012年，出台《上饶师范学院语言文字工作管理办法（试行）》，开通了语言文字工作网站。

学校重视语言文字的教育教学工作。长期在师范类专业中开设《书法》《普通话训练》课，狠抓"三字一话"（即毛笔字、粉笔字、钢笔字和普通话）工作。学校把师生用语用字规范纳入常规教学的基本要求，并使之制度化。通过全国"推普周"活动，营造"推广普通话、使用规范字"的浓厚氛围；通过长期举办演讲比赛、书法竞赛、诗歌朗诵比赛、大学生教师基本功竞赛等活动，搭建学生展示、锻炼和提高教师职业技能的平台。多位曾在校广播台工作过或在竞赛中获奖的毕业生已成长为省市电视台、电台的骨干，比如江西电视台的金飞、贾珍珍，新疆克州电视台的范志强等。

学校重视语言文字的研究工作。省级测试员汪应乐主持完成国家语言文字应用"十五"科研项目《多方言赣东北地区各类人群普通话现状、趋势及推普对策》。2008年，国家级测试员谢旭慧等主持的《现代汉语教学资源的开发与大学生语言能力的培养》获第11批江西省高等教育优秀教学成果一等奖。2012年，省级测试员陈颖编著的《实用普通话训练教程》在复旦大学出版社出版，并在学校普通话教学中使用。

学校的语言文字工作，得到了上级教育行政主管部门的重视和肯定。2012年12月20日，以省人大教科文卫委员会副主任委员伍世安为组长的国家二类城市语言文字工作评估团（学校组）对学校语言文字工作进行了检查评估，获得了"优秀"等级。学校曾分别于2013年和2017年先后荣获"江西省2011—2013年度语言文字工作先进单位"和"江西省2014—2017年度语言文字工作先进单位"称号，秦霞、李建生被评为江西省2011—2013年度先进语言文字工作者，李建生、杨继林被评为江西省2014—2017年度先进语言文字工作者。

第八节　师范特色发展

学校从单一举办师范类专业教育逐步过渡到师范类专业与非师范类专业教育协调发展的过程中,历届党代会、双代会报告和学校发展的五年规划等重要文献、重大决策都强调要坚持师范特色。

目前,学校的师范毕业生已成为赣东北地区和省内外基础教育的中坚力量。2017 年暑期,学校对上饶市所辖 12 个县(市区)的校友工作状况进行专项调研。结果表明,一大批毕业生成为上饶市基础教育的教学骨干,12 个县(市区)公办中学的在籍在岗教师中,有 178 人获得市级以上荣誉称号,其中,全国模范教师、全国优秀教师、江西省劳模、省模范教师、省级学科带头人、省级骨干教师、省特级教师、省教书育人楷模、省优秀教师 79 人。同时,一大批毕业生成为上饶市基础教育的管理骨干,12 个县(市、区)24 所公办高级中学中,在任校长有 17 位师院毕业生(占 70.83%),在任书记或副校长有 37 位师院毕业生;德兴一中、横峰中学等高级中学的在任校级领导班子成员全部为师院毕业生;在任公办初级中学校长有 116 位师院毕业生。

2016 年 12 月,学校作出《上饶师范学院关于加强师范类专业建设和改革的决定》。2017 年 4 月,中共上饶师范学院第一次代表大会提出了建设全省一流高等师范教育和创办上饶师范大学的目标。一年多来,师范特色得到进一步发展。具体体现在:

2017 版师范类专业培养方案,把未来教师的教学基本功、运用现代教育资源和技术的能力、基本教研能力和拓展提升能力,作为优化课程结构的重点。师范类课程由通识教育课程和学科教育课程两部分组成,涵盖教师职业基础理论、教师职业基本技能和教师职业体验与能力养成三个方面。要求师范生完成教师教育类课程 27 学分,其中必修课程 20 学分。在师范类专业培养方案中设置足量的教育实践环节,以教师基本功技能训练竞赛、教育见习和实习为主要内容,构建包括师德体验、教学实践、班级管理实践、教研实践等全方位的教育实践内容体系,落实师范生教育实践累计不少于 1 个学期的制度,要求师范生完成教师教育实践教学环节 13 学分以上。

实施教育实习 8 项技能证书准入制度。在连续举办 25 届大学生教师基本功竞赛的基础上,从2017年开始,要求师范生在校期间必须获得8项技能证书,即5项必修技能:三字(钢笔字、粉笔字、毛笔字)、普通话、简笔画、现代教育技术、教学设计;3项选修技能,即在说课、演讲能力、班主任体验、教学论文写作、音乐舞蹈特长展示、美术特长展示6项技能中选择3项。对于未取得8项技能证书的师范生,将延期参加教育实习。围绕8项技能证书,印发了《上饶师范学院关于师范生教师基本技能培训测试和成绩登记的实施细则》,设计印制了上饶师范学院师范技能测试合格登记簿,在复旦大学出版社出版《教师基本技能测试大纲》,组建包括校内外300多位教师的11类47个技能测试考核评委库。

2017年,单列专项经费遴选17门教师教育类课程加以重点建设,加强师范类专业课程体系的建设与改革。

2017年3月,学校教务网开通师范类专业建设专栏。2017年3月,出台《关于组织实施"一院一校一室"对接项目的办法》,要求举办师范教育的二级学院在上饶市行政区域内,联系一所办学条件好、师资力量强的中小学,作为对接的学校;同时,联系一个县市区以上教育(体育)局所属的教研室作为对接的教研室。明确了对接的主要任务是协同制定相关专业的培养目标,设计课程体系、建设课程资源、组建教学团队、建设实践基地、开展教学研究、评价教学质量。2017年5月,学校12个举办师范教育的二级学院与上饶市的12所中学、7个教研室实现了对接。

第三章
科学研究与学科建设

第一节 概　　述

教学与科研是大学的车之两轮、鸟之两翼,相互促进,相得益彰。如果说,教学是一所大学的立校之本,科学研究则是每所高校的强校之基。建校以来,特别是进入新世纪以来,学校各届党委行政高度重视科研工作,科研产出从弱到强,科研项目从校级到国家级逐级突破,在人才培养、学科建设、文化传承、国际交流、服务地方经济社会发展等方面发挥了重要作用。

2000年以来,科研管理部门经历了两次名称变更。2000年,学校科研所升格为科研处,下设综合科;2009年,科研处更名为科研与学科建设处,在原有综合科的基础上,增设项目科、成果管理科、学科建设科;2011年,学校首次启动硕士点申报项目,成立申硕办,挂靠科建处;2018年,学校设置副处级的产学研服务中心,挂靠科研与学科建设处。

2000年以来,特别是近年来,教师出版发表的论文论著、承担的纵向横向科研项目和获得的科研成果奖不仅数量逐年增长,而且质量稳步提升。从2000年至2018年6月,学校教师以"上饶师范学院"为第一署名单位发表的论文6 000余篇,其中中文核心以上期刊发表论文2 000余篇;教材论著150余部;获批省级以上科研项目950余项,其中教育部以上项目93项,纵向科研经费累计3 600余万元。与政府、企业、高校合作开展政产学研合作,取得了较好的经济效益和社会反响,仅2014年至2018年6月期间横向项目经费就达到6 300余万元。学校重视以科研机构和学术平台建设促进科技创新能力提升,截至2018年6月,学校组建了25个科研机构或学术平台(参见本章第四节表3-1)。

第二节　学　术　管　理

根据《中华人民共和国高等教育法》《高等学校学术委员会规程》等法律法规,学校设立学术委员会。

2000年,制定《上饶师范学院学术委员会组织条例(试行)》,对学术委员会的组建原则、工作条例和学术委员会委员的推荐产生程序等提出了明确规定。

2002年4月,组建新的校学术委员会。王胜华任主任,吴长庚任副主任,郑大贵任办公室主任。王俊奇、王胜华、任春晓、刘睦清、孙刚、吴长庚、张兴、张志荣、汪继南、肖国飞、范安平、郑大贵、侯仁恩、胡松柏、饶爱京、章秋枫、揭新华、熊艰、樊明亚任委员。

2004年4月,增补沈谦芳、程继红为学术委员会委员,任春晓、肖国飞不再担任学术委员会委员。沈谦芳任主任,王胜华任副主任,郑大贵任办公室主任。

2010年5月,选举柳和生任主任,王胜华任副主任,徐公喜任办公室主任。柳和生、王胜华、吴永明、詹世友、郑大贵、曹南洋、范安平、揭新华、毛杰健、盛世明、谭国律、吴晓东、汪继南、王艾平、谢旭慧、项建民、徐公喜、叶青、张志荣任委员。

2015年12月,选举詹世友任主任,王胜华、赖明谷任副主任,程肇基任秘书长。王丽耘、王胜华、毛杰健、余乐书、吴红涛、张灵、李波、杨咏、金姝兰、俞小飞、洪森荣、聂洪辉、贾凌昌、程肇基、詹世友、赖明谷、赖鑫生任委员。

2017年4月,因人事变动,对学术委员会进行调整。詹世友任主任,王胜华、饶爱京任副主任,程肇基任秘书长。王丽耘、王胜华、毛杰健、余乐书、吴红涛、张灵、李波、杨咏、金姝兰、饶爱京、俞小飞、洪森荣、聂洪辉、贾凌昌、程肇基、詹世友、赖鑫生任委员。

第三节 科研管理

为了加强科研管理,学校制定并适时修订了一系列规章制度。2003年,制定《上饶师范学院重点建设学科管理办法》;2004年,制定《上饶师范学院重点建设学科经费使用管理补充规定》《上饶师范学院科研工作量化、科研津贴发放办法》《上饶师范学院科研成果奖励、高水平科研工作奖励条例》《上饶师范学院纵横向课题经费管理办法》《上饶师范学院纵向课题配套经费管理办法》《上饶师范学院院设科研课题管理暂行规定》;2007年,制定《上饶师范学院科研工作量计算及奖励办法》;2013年,修订《上饶师范学院重点学科建设与管理办法》;2015年,修订《上饶师范学院科研经费管理办法》《上饶师范学院学术类成果工作量计算及奖励办法》《上饶师范学院艺术、体育、文学等类成果工作量计算及奖励标准》《上饶师范学院学术委员会工作条例》《上饶师范学院横向课题管理办法》;2017年,制定《上饶师范学院纵向科研项目间接费用和结余经费管理办法》等。

第四节　科研机构与学术平台

为凝练学科方向,组建学术团队,学校自行设置了一定数量的科研机构,同时,向上级行政主管部门申请并获批了一批学术平台。学校科研机构和学术平台的设置,坚持面向学科建设与社会经济发展的需要,坚持基础研究与应用研究并重、多学科交叉、产学研结合的发展思路。升格以来,科研机构和学术平台的设置情况见表3-1。

表3-1　上饶师范学院科研机构和学术平台设置一览表

序号	科研机构或学术平台名称	成立时间	批准单位	成立时负责人	挂靠学院
1	上饶师范学院语言研究所	2002年	上饶师范学院	胡松柏	文学与新闻传播
2	上饶师范学院朱子学研究所	2002年	上饶师范学院	吴长庚	历史地理与旅游
3	上饶师范学院哲学研究所	2002年	上饶师范学院	吴晓东	政治与法律
4	上饶师范学院数学研究所	2002年	上饶师范学院	侯仁恩	数学与计算机科学
5	上饶师范学院有机化学研究所	2002年	上饶师范学院	郑大贵	化学与环境科学
6	上饶师范学院农业科学研究所	2002年	上饶师范学院	何长水	生命科学
7	上饶师范学院赣东北经济社会发展研究所	2004年	上饶师范学院	揭新华	经济与管理
8	上饶师范学院书法教育研究所	2004年	上饶师范学院	王维汉	美术与设计
9	上饶师范学院美国语言文化研究所	2005年	上饶师范学院	彭永春	外国语
10	上饶师范学院教育经济研究所	2005年	上饶师范学院	盛世明	数学与计算机科学

(续表)

序号	科研机构或学术平台名称	成立时间	批准单位	成立时负责人	挂靠学院
11	上饶师范学院南方油茶科学研究所	2005年	上饶师范学院	徐 兵	生命科学
12	江西省高等学校应用有机化学重点实验室	2006年	江西省教育厅	郑大贵	化学与环境科学
13	江西省第二批高等学校科技创新团队：材料制备成型新技术及应用研究	2009年	江西省科技厅	柳和生	物理与电子信息
14	上饶市高分子材料成型重点实验室	2010年	上饶市科技局	柳和生	物理与电子信息
15	方志敏研究中心	2011年	上饶师范学院	刘国云	政治与法律
16	上饶市材料制备成型新技术创新团队	2012年	上饶市科技局	柳和生	物理与电子信息
17	上饶市智能视频监控创新团队	2012年	上饶市科技局	涂 虹	物理与电子信息
18	上饶市聚合物辅助成型重点实验室	2013年	上饶市科技局	柳和生	物理与电子信息
19	上饶市靶向药物工程技术研究中心	2013年	上饶市科技局	詹世友	化学与环境科学
20	2011朱子文化协同创新中心	2014年	江西省教育厅	詹世友	历史地理与旅游
21	江西省重点实验室：江西省塑料制备成型重点实验室	2014年	江西省科技厅	柳和生	物理与电子信息
22	江西省工程技术研究中心：江西省靶向药物工程技术研究中心	2014年	江西省科技厅	詹世友	化学与环境科学
23	江西省文化艺术科学重点研究基地：弋阳腔传承与发展研究中心	2015年	江西省文化厅	赖明谷	音乐舞蹈
24	南京大学中华民国史研究中心江西分中心	2017年	南京大学	朱寅健	历史地理与旅游
25	江西省哲学社会科学重点基地：方志敏精神与赣东北经济社会发展研究中心	2017年	江西省社联	刘国云	马克思主义

第五节 学 科 建 设

升格后,学校以学科建设为抓手,调整学科布局,完善学科机构,组建学科队伍,确立学科方向,重点建设了一批学术基础厚实、研究优势与特色明显的学科,学科建设工作取得了一定成绩。

为贯彻落实国务院《关于印发统筹推进世界一流大学和一流学科建设总体方案的通知》精神,2015 年 6 月成立首批 9 个学术工作室(数学与应用数学、经济社会学、理论物理与计算科学、社会与智能计算工作室、应用化学研究室、语言学与应用语言学、美学与伦理批评、赣东北古村落研究、比较文学),发挥团队创新、引领和示范作用。2015 年 12 月,省教育厅专家组对学校"十二五"期间的省重点学科伦理学、应用数学、专门史、中国古代文学、政治经济学进行终期验收,其中"伦理学"超额完成建设目标设定的任务,被专家评为全省两个"显著进步"的二级学科之一。

升格后,学校遴选了一批校级重点学科,推荐申报并获准确认了一批省级重点学科。2016 年 5 月,学校启动校级一流学科遴选工作,确定了 A 类一流学科 4 个(哲学、教育学、中国语言学、化学),B 类一流学科 6 个(旅游管理、马克思主义基本原理、计算物理、理论物理、物理光学、计算机应用技术)。各级各类重点学科遴选结果参见表 3-2。

表 3-2 上饶师范学院重点学科一览表

序号	学科名称	遴选时间	类　别	遴选时负责人	挂靠学院
1	汉语言文字学	2003 年	校级重点学科	胡松柏	文学与新闻传播
2	哲学	2003 年	校级重点学科	吴晓东	政治与法律
3	数学与应用数学	2003 年	校级重点学科	王胜华	数学与计算机科学
4	有机化学	2003 年	校级重点学科	郑大贵	化学与环境科学
5	古代文学	2003 年	校级重点学科	吴长庚	文学与新闻传播
6	教育心理学	2003 年	校级重点学科	范安平	教育科学
7	经济学	2003 年	校级重点学科	揭新华	经济与管理
8	民族传统体育学	2003 年	校级重点学科	王俊奇	体育

(续表)

序号	学科名称	遴选时间	类　别	遴选时负责人	挂靠学院
9	计算机科学及技术	2003年	校级重点学科	谭国律	数学与计算机科学
10	教育技术学	2003年	校级重点学科	饶爱京	教育科学
11	汉语言文字	2004年	省级重点学科	胡松柏	文学与新闻传播
12	应用数学	2004年	省级重点学科	王胜华	数学与计算机科学
13	汉语言文字	2006年	省级重点学科	胡松柏	文学与新闻传播
14	应用数学	2006年	省级重点学科	王胜华	数学与计算机科学
15	马克思主义哲学	2006年	省级重点学科	吴晓东	政治与法律
16	政治经济学	2006年	省级重点学科	揭新华	经济与管理
17	中国古代文学	2006年	省级重点学科	吴长庚	文学与新闻传播
18	汉语言文字	2007年	校级重点学科	谢旭慧	文学与新闻传播
19	应用数学	2007年	校级重点学科	王胜华	数学与计算机科学
20	哲学	2007年	校级重点学科	吴晓东	政治与法律
21	政治经济学	2007年	校级重点学科	揭新华	经济与管理
22	中国古代文学	2007年	校级重点学科	詹世友	文学与新闻传播
23	有机化学	2007年	校级重点学科	郑大贵	化学与环境科学
24	专门史	2007年	校级重点学科	王瑞平	历史地理与旅游
25	计算机科学与技术	2007年	校级重点学科	谭国律	数学与计算机科学
26	材料物理与化学	2007年	校级重点学科	张一兵	化学与环境科学
27	发展与教育心理学	2007年	校级重点学科	范安平	教育科学
28	伦理学	2011年	省级重点学科	詹世友	政治与法律
29	应用数学	2011年	省级重点学科	王胜华	教育科学
30	专门史	2011年	省级重点学科	徐公喜	历史地理与旅游
31	中国古代文学	2011年	省级重点学科	王顺贵	文学与新闻传播
32	政治经济学	2011年	省级重点学科	揭新华	经济与管理
33	材料加工	2011年	校级重点学科	柳和生	物理与电子信息
34	马克思主义哲学	2011年	校级重点学科	吴晓东	马克思主义
35	汉语言文字学	2011年	校级重点学科	谢旭慧	文学与新闻传播

(续表)

序号	学科名称	遴选时间	类别	遴选时负责人	挂靠学院
36	有机化学	2011年	校级重点学科	郑大贵	化学与环境科学
37	材料物理与化学	2011年	校级重点学科	张一兵	化学与环境科学
38	计算机科学与技术	2011年	校级重点学科	谭国律	数学与计算机科学
39	发展与教育心理学	2011年	校级重点学科	范安平	教育科学
40	高等教育学	2011年	校级重点学科	赖明谷	教育科学
41	哲学	2016年	校级一流学科	詹世友	政治与法律
42	教育学	2016年	校级一流学科	赖明谷	教育科学
43	中国语言学	2016年	校级一流学科	吴红涛	文学与新闻传播
44	化学	2016年	校级一流学科	郑大贵	化学与环境科学
45	数学	2016年	校级一流学科	王胜华	数学与计算机科学
46	生物学	2016年	校级一流学科	洪森荣	生命科学
47	旅游管理	2016年	校级一流学科	张志荣	历史地理与旅游
48	马克思主义基本原理	2016年	校级一流学科	贾凌昌	马克思主义
49	计算物理（理论物理）	2016年	校级一流学科	杨建荣	物理与电子信息
50	计算机应用技术	2016年	校级一流学科	赖鑫生	数学与计算机科学

第六节 科 学 研 究

升本以来，学校的科研工作稳步推进。在科研项目方面，2000年获批升本后首个国家社会科学基金项目，2010年获批首个国家自然科学基金项目，2014年获批首个国家社会科学基金重点项目，2015年获批首个国家社会科学基金教育学项目，2016年获批首个国家社会科学基金艺术学项目。在科研成果奖励方面，2001年获江西省第五次青年社会科学优秀成果一等奖，实现了青年教师获得省级社科成果奖的突破；2017年获江西省第十七届社会科学优秀成果一等奖，实现了省级社科成果一等奖的突破。

2000年，在社会科学领域，教师发表论文138篇，出版教材编著11部；获批省部级科研项目6项;胡松柏主持的《赣语、吴语、徽语、闽语、客家话在赣东北的交接与相互影响》获国家社会科学基金项目立项,是学校升本后第一个国家社会科学基金项目;获江西省第九次社科优秀成果三等奖2项,刘丹宁等三位教师发表的论文被人大复印资料全文转载。在自然科学领域,教师发表论文63篇,出版教材1部,获批省级科研项目2项。

2001年,在社会科学领域,教师发表论文144篇,其中中文核心以上论文21篇;出版著作1部;获批省教育厅科研项目6项;王俊奇获江西省第五次青年社科优秀成果一等奖,江泰然、任春晓各获三等奖;获江西省高校第七次人文社科优秀科研成果三等奖1项。在自然科学领域,教师发表论文50篇,其中中文核心以上论文7篇,SCI论文1篇;郑大贵承担德兴市百勤异VC钠公司委托研究项目1项,是升本后学校服务地方经济的首个横向项目。

2002年,在社会科学领域,教师发表论文178篇,其中中文核心以上论文42篇;出版教材论著4部;获批省部级以上科研项目10项;获江西省第十次社会科学优秀成果三等奖4项;上饶师范学院首届优秀科研成果奖评选出人文社科综合奖16项,人文社科青年奖4项。在自然科学研究领域,教师发表论文55篇,其中中文核心以上论文14篇;获批省部级以上科研项目2项;上饶师范学院首届优秀科研成果奖评选出自然科学综合奖14项,自然科学青年奖4项。

2003年,修订《上饶师范学院科研工作量化、科研津贴发放办法》《上饶师范学院科研成果奖励、高水平科研工作奖励条例》《上饶师范学院纵横向课题经费管理办法》《上饶师范学院纵向课题配套经费管理办法》《上饶师范学院院设科研课题管理暂行规定》等5个科研管理文件,科研管理工作得到进一步规范。在社会科学领域,教师发表论文221篇,其中中文核心以上论文53篇;获批省部级科研项目50项;出版教材论著8部;获江西省第十次社会科学青年优秀成果三等奖4项、江西省高校人文社科优秀成果二等奖1项和三等奖1项。在自然科学领域,教师发表论文67篇,其中中文核心以上论文17篇、SCI论文2篇;获批省自然科学基金项目3项,承担横向项目3项。

2004年,新增院设重点建设学科自立项目24项,其他院设科研项目20项。在社会科学领域,教师发表论文251篇,其中中文核心以上论文58篇;出版教材论著7部;获批省部级以上科研项目38项;程肇基获江西省首届教育科学优秀成果一等奖;上饶师范学院第二届优秀科研成果奖评选出人文社科综合奖14

项,人文社科青年奖6项。在自然科学领域,教师发表论文75篇,其中中文核心以上论文20篇;出版著作1部;上饶师范学院第二届优秀科研成果奖评选出自然科学综合奖12项,自然科学青年奖4项。

2005年,完成市厅级以上项目33项。在社会科学领域,教师发表论文242篇,其中中文核心以上论文91篇;出版教材论著3部;获批省部级以上科研项目37项;获省社联第十一届优秀社科成果三等奖5项、省高校第九届人文社科优秀成果一等奖和二等奖各1项。在自然科学领域,教师发表论文105篇,其中中文核心以上论文41篇、SCI论文4篇、EI论文1篇;获批省部级以上科研项目6项;获江西省高校2002—2004年度科技成果二等奖2项,三等奖1项。

2006年,完成市厅级以上科研项目45项,院设科研项目30项。在社会科学领域,教师发表论304篇,其中中文核心以上论文118篇;出版教材论著8部;获批全国教育规划教育部重点项目1项、全国基础教育外语教学研究项目1项;获江西省第二届教育科学优秀成果一等奖1项、江西省普通高校优秀教材二等奖1项;上饶师范学院第三届优秀科研成果奖评选出人文社科奖23项。在自然科学领域,教师发表论文105篇,其中中文核心以上论文59篇、SCI论文4篇、EI论文1篇;上饶师范学院第三届优秀科研成果奖评选出自然科学奖16项。

2007年,全校获批市厅级以上科研项目37项(其中省部级以上30项),院设科研项目30项,出版著作6部。在社会科学领域,教师发表论文270篇,其中中文核心以上85篇;获江西省第十二次社会科学优秀成果奖二等奖1项、三等奖3项、佳作奖1项;获省高校第十届人文社科优秀成果三等奖3项。在自然科学领域,教师发表论文168篇,其中中文核心以上97篇、SCI论文10篇;获省高校科技成果二等奖1项,三等奖2项;获上饶市科技进步二等奖1项。

2008年,全校获批市厅级以上科研项目63项(其中省部级以上55项),院设科研项目27项,完成市厅级以上科研项目29项。在社会科学领域,教师发表论文206篇,其中中文核心以上论文79篇;出版教材论著4部;获江西省第三届教育科学优秀成果一等奖2项、二等奖1项、三等奖3项。在自然科学领域,教师发表论文137篇,其中中文核心以上论文85篇、SCI论文13篇、EI论文7篇;获批省自然科学基金项目3项、省科技支撑计划项目1项。

2009年,全校获批市厅级以上科研项目45项(其中省部级以上41项),院设科研项目27项,完成市厅级以上科研项目20项。在社会科学领域,教师发表论文156篇,其中中文核心以上论文54篇;出版教材论著11部;获批国家社会科学基金项目2项;获江西省第十三次社会科学优秀成果二等奖1项、三等奖5项、佳作奖1项。在自然科学领域,教师发表论文153篇,其中中文核心以上论文96篇、SCI论文13篇、EI论文12篇,出版教材论著3部;获2007—2008年度江西省高校科技成果三等奖1项。

2010年,全校获批市厅级以上科研项目64项(其中省部级以上61项),校级科研项目立项27项(注:2009下半年,学校将教学系更名为二级学院,原"院级"改称为"校级"),完成市厅级以上科研项目31项。在社会科学领域,教师发表论文138篇,其中中文核心以上论文65篇;出版教材论著8部;获批国家社会科学基金项目1项、教育部人文社科规划项目2项、教育部纪念建党九十周年人文社科研究专项1项、教育部人文社科委托研究项目2项;获江西省高校人文社科优秀成果二等奖1项、三等奖1项;获江西省第四届教育科学优秀成果一等奖1项。在自然科学领域,教师发表论文153篇,其中核心以上论文110篇,SCI论文9篇、EI论文17篇;李永明主持的《相依样本的统计推断及其应用》获国家自然科学基金项目立项,是学校升本后获得的首个国家自然科学基金项目;获授权专利1项。

2011年,全校获批市厅级以上科研项目88项(其中省部级以上65项),校级科研项目立项23项,完成市厅级以上科研项目34项。在社会科学领域,教师发表论文215篇,其中中文核心以上论文64篇;出版教材论著9部;获江西省第十四次社会科学优秀成果二等奖1项、三等奖5项;获江西省第十二次高校人文社科成果二等奖3项、三等奖2项;获批教育部人文社会科学研究一般项目2项;朱子学与赣东北地方文化项目获得国家财政地方高校专项建设资金150万元。在自然科学研究领域,教师发表论文174篇,其中中文核心以上论文111篇、SCI论文18篇;获批国家自然科学基金项目3项、江西省自然科学基金项目3项、2011年度江西省普通本科高校科技落地计划项目1项;获2009—2010年度江西省高校科技成果三等奖2项。

2012年,全校获批市厅级以上科研项目78项(其中省部级以上64项),校级科研项目立项31项,完成市厅级以上科研项目62项。在社会科学领域,教师发表论文230篇,其中中文核心以上论文64篇;出版教材论著6部;获批国家社会科学基金项目1项、教育部人文社科项目1项、国家语委"十二五"科研规划自筹项目2项;获江西省第五届教育科学优秀成果二等奖1项、三等奖1项。在自然科学领域,教师发表论文183篇,其中中文核心以上论文119篇、SCI论文15篇、EI论文12篇;出版教材论著6部;获批国家自然科学基金项目2项、国家自然科学基金数学天元基金项目1项、江西省自然科学基金项目5项、江西省科技厅科技支撑计划项目1项;获授权发明专利2项;承担横向项目3项。

2013年,全校获批市厅级以上科研项目92项(其中省部级以上77项),校级科研项目立项36项,完成市厅级以上科研项目58项。在社会科学领域,教师发表论文132篇,其中中文核心以上论文40篇;出版教材论著5部;获批国家社会科学基金项目2项、教育部人文社会科学重点研究基地重大项目1项;获江西省第十五次社会科学优秀成果二等奖2项、三等奖2项。在自然科学领域,教师发表论文127篇,其中中文核心以上论文90篇、SCI论文22篇、EI论文4篇;获批国家自然科学基金项目6项,实现了国家自然科学基金立项数的重大突破;获批江西省科技厅自然科学基金项目4项;获第五届江西省高等学校科技成果二等奖1项。

2014年,全校获批市厅级以上科研项目83项(其中省部级以上67项),校级科研项目立项35项,完成市厅级以上科研项目61项,获2013—2014年度上饶市经济社会发展和人文社会科学研究课题优秀奖3项。在社会科学领域,教师发表论文181篇,其中中文核心以上论文54篇;出版教材论著7部;获批国家社会科学基金项目3项,其中詹世友《康德实践哲学的义理系统及其道德趋归研究》成为首个国家社会科学基金重点项目;获批江西省科技厅软科学项目1项。在自然科学领域,教师发表论文124篇,其中核心以上论文84篇、SCI论文21篇、EI论文4篇;出版教材论著3部;获批国家自然科学基金项目6项(含青年基金项目1项)、江西省自然科学基金项目6项。

2015年,修订或出台《上饶师范学院科研经费管理办法》《上饶师范学院学术类成果工作量计算及奖励办法》《上饶师范学院艺术、体育、文学等类成果工作量计算及奖励标准》《上饶师范学院学术委员会工作条例》等4个科研管理文件,科研经费管理、科研项目管理、科研成果认定及奖励办法得到进一步的完善。教师发表论文402篇,其中SCI论文22篇、EI论文1篇、CSSCI核心库期刊论文40篇、CSSCI扩展库期刊论文13篇、CSCD核心库期刊论文25篇、CSCD扩展库期刊论文16篇。出版教材论著11部。完成市厅级以上科研项目67项。获批市厅级以上科研项目67项,其中国家社会科学基金项目6项、国家自然科学基金项目5项、全国教育科学规划项目1项、江西省科技厅软科学项目1项、江西省自然科学基金6项、江西省科技厅工业支撑计划项目1项。校级科研项目立项19项。获江西省第十六次社会科学优秀成果奖4项。"弋阳腔传承与发展研究中心"成为江西省文化艺术科学重点研究基地。获授权发明专利2项,授权实用新型专利3项。

2016年,教师发表论文401篇,其中SCI论文23篇、EI论文8篇、CSSCI核心库期刊论文36篇、CSSCI扩展库期刊论文15篇、CSCD核心库期刊论文43篇、CSCD扩展库期刊论文20篇。出版教材论著11部。获批市厅级以上科研项目98项,其中省部级以上项目87项。校级科研项目立项27项。完成市厅级以上科研项目66项。出台《上饶师范学院横向课题管理办法》,承担横向项目48项,项目总经费1 637万。在社会科学领域,谢旭慧获批学校首个国家社会科学基金艺术学项目,张津瑞获批学校首个江西省社科规划青年博士基金项目;获批全国教育科学"十三五"规划教育部重点项目1项、江西省科技厅软科学项目1项。在自然科学领域,获批国家自然科学基金项目2项;获授权发明专利6项、授权实用新型专利7项、农作物品种认定2项。

2017年,教师发表论文379篇,其中SCI论文27篇、EI论文1篇、CSSCI核心库期刊论文42篇、CSSCI扩展库期刊论文10篇、CSCD核心库期刊论文26篇、CSCD扩展库期刊论文22篇。出版教材论著14部。获批市厅级以上科研项目89项,其中省部级以上项目84项。校级科研项目立项28项。完成市厅级以上科研项目69项。获江西省第十七次社科优秀成果奖6项。在社会科学领域,获批国家社会科学基金项目3项、国家社科后期资助项目1项、国家社会科学基金教育学项目1项、教育部人文社会科学研究项目1项;詹世友《美德政治学的历史类型与现实型构》获江西省第十七次社会科学优秀成果一等奖,是学校首次在江西省社科优秀成果奖评选中获得的一等奖;朱志强以通讯作者、上饶师范学院为第一署名单位发表的一篇论文被SCI及SSCI共同收录,这是学校论文首次被SSCI收录。在自然科学领域,获批国家自然科学基金项目5项、国家自然科学基金应急项目2项;获批江西省自然科学基金项目6项,其中余乐书获批学校首个江西省自然科学基金重点项目。

2018年1—8月,教师发表论文153篇,其中CSSCI核心论文9篇、CSSCI扩展库期刊论文3篇、CSCD核心库期刊论文17篇、CSCD扩展库期刊论文7篇,江娜为第一作者、上饶师范学院为第一署名单位发表的论文被SSCI收录。获批国家社会科学基金项目4项,立项数居全省高校第六;获批国家社会科学基金艺术学项目1项;获批国家自然科学基金11项,国家自然科学基金项目年立项数首次超过两位数;获批省自然科学基金项目3项。

第七节　学　术　交　流

积极邀请国内外学者来学校开展学术交流活动。2002年下半年,举办各类学术讲座12场。2003年,邀请北京大学、南京大学、澳门大学、武汉大学、江西社会科学院等高校或科研院所的8位专家开设讲座9场,举办校内讲座91场。2004年,邀请江西省科技厅副厅长杨贵平、加拿大渥太华大学教授夏旭华教授等19位学者开设讲座19场,举办校内讲座62场。2005年,邀请北京大学党委副书记王登峰、华东师范大学博士生导师谢俊美教授、美国Akron大学大分子科学系Darrell Hpeneker教授等18位学者开设讲座19场,举办校内讲座48场。2006年,邀请中国科学院黄祖洽院士、南京师范大学杨鑫辉教授等12位学者开设讲座12场,举办校内讲座38场。2007年,邀请清华大学博导郑建华教授、中国科学院博导胡坤生研究员等5位知名学者开设讲座6场,举办校内讲座21场。2008年,邀请美国波士顿大学刘瑞明教授、清华大学马金山教授等8位专家学者开设讲座8场,举办校内讲座37场。2009年,邀请中国美术学院陈宜明教授、中国传媒大学周靖波教授等15位校内外专家开设讲座15场。2010年,开设"名师讲坛",邀请国内外知名学者开设讲座13场。首场讲座由著名高等教育学专家、厦门大学潘懋元教授主讲。2011年,邀请清华大学徐伯庆教授、江西财经大学易剑东教授等14位专家来校开讲。2012年,邀请美国北卡大学终身教授刘日河、清华大学帅志刚教授等19位专家学者和企业家来校开讲。2013年,邀请浙江大学潘立勇教授、同济大学杨永兴教授等16位专家教授和企业家来校开讲。2014年,邀请清华大学万俊人教授、厦门大学曹剑波教授、中国科学院聂宗秀研究员等21位专家教授和企业家来校开讲。2015年,邀请浙江大学郑芳教授、中国人民大学龚群教授等24位知名学者来校开讲。2016年,邀请中国人民大学张辉锋教授、华东师范大学严佐之教授、中国科学院院士吴一戎等45位专家学者来校开讲。2017年，邀请南京师范大学高兆明教授、上海交通大学肖冬梅教授、中国科学院院士洪茂椿等33位专家教授和企业家来校开讲。2018年1—6月，邀请华东师范大学李世昌教授、美国南佛罗里达大学终身教授马文秀，国家杰出青年基金获得者、上海财经大学周勇教授等15位知名学者来校开讲。

第八节　高等教育研究

上饶师范学院高等教育研究所成立于2009年，立足于为学校改革发展服务，一批长期坚守在管理和教学科研一线的同志坚持从事高等教育研究，出版了一系列研究专著，在《中国高等教育》《高教探索》等CSSCI期刊上发表了一系列学术论文，在省内有一定影响。同时，与南昌大学、江西师范大学10多所高校的教育学院或教育研究机构建立起密切的学术合作关系，经常开展学术交流活动。2017年6月，高等教育研究所的职能融入教师教学发展中心。

第九节　学术刊物与研究基地

一、上饶师范学院学报

《上饶师范学院学报》的前身为《上饶师专学报》，创刊于1981年3月。最初为内部交流刊物，由江西省委宣传部批准创办，省出版事业管理局报刊登记证为81096号，每年出版4期。1986年11月，改为全国公开发行。1987年9月，由江西省出版局审核批准，获得国内统一刊号CN36-1046。1991年，国内统一刊号变更为CN36-1046/G4。1988年，改为双月刊，其中社会科学版4期，自然科学版2期，并开始启用卷号。1991年11月，经ISDS中国国家中心批准，获得国际标准连续出版物刊号ISSN1004-2237，并由中国出版对外贸易总公司向国外发行。2000年，《上饶师专学报》从第4期开始更名为《上饶师范学院学报》，国内统一刊号变更为CN36-1241/C，每期扩充为120页。2004年，改由中国国际图书贸易总公司向国外发行。1996年，被评为"江西省一级期刊"。自创刊以来,共出版 227 期正刊,3 期增刊。

1981 年,成立学报编辑部和学报编委会,由副校长刘湘庭任主编,匡萃坚任副主编(主持日常工作),校学术委员会委员兼任学报编辑委员会委员。1984 年,刘以康任主编。1985 年,李昌武任主编,饶祖天任副主编(主持日常工作)。1989 年,李昌武任主编,刘孝学任副主编(主持日常工作)。1998 年,刘孝学任主编,全面主持学报工作。10 月,设编委会主任和副主任职位,分管学报工作的校领导任主任,李昌武、吴长庚、詹世友、刘国云、卢超先后担任此职。2001 年,任春晓任主编。2004—2014 年,由分管学报工作的校领导担任主编,吴长庚、詹世友先后担任此职。2014 年底,张一兵任主编。

学报在坚持学术性的前提下,突出地方性和师范性,先后开设具有浓厚地方特色、体现师范教育的专题栏目:方志敏与赣东北苏区研究、朱熹与理学研究、辛弃疾研究、文章学与语文教学研究、蒋士铨研究、教育研究等。

学报刊文被《新华文摘》《高等学校文科学术文摘》《大学复印报刊资料》转载或摘录的数量在高校文科学报中多年排名靠前,并多次居于师专学报首位。据不完全统计,学报共有 400 篇左右刊文由上述三大文科刊物及《中国数学文摘》《中国物理文摘》等转载或摘录。

1995 年,学报获得全国高等学校自然科学学报系统优秀学报二等奖,江西省高校自然科学学报系统优秀学报评比三等奖,全国高专学报"三优"评比二等奖。1997 年,获全国高校首届书籍装帧艺术评比版式设计二等奖。1998 年,"朱熹与理学"栏目获江西省新闻出版局授予的"优秀专栏",全国高专学报"三优"评比二等奖。1999 年,获省委宣传部、省新闻出版局、省科委授予的"栏目策划奖",首届全国"双十佳"社科学报。2002 年、2006 年、2010 年,三次获得全国百强社科学报。2006 年,"辛弃疾研究"栏目获全国社科学报优秀栏目。2010 年,获全国高校百强社科期刊。2012 年,获江西省优秀期刊三等奖。2014 年,获全国高校优秀社科期刊。2016 年,获江西省优秀期刊二等奖,"鹅湖论坛"栏目获江西省优秀期刊栏目。学报为全国高校文科学报研究会首批团体会员,2001 年,被遴选为全国高校文科学报研究会理事单位,目前为华东高校编协理事单位。

二、朱子学研究所与《朱子学刊》

1986 年上饶师专朱熹思想研究室成立,1993 年更名为朱子学研究所。2003

年朱子学研究所被江西省教育厅批准确定为高校人文社会科学重点研究基地。2011年以朱子学为主要研究方向的专门史学科被批准为省"十二五"重点学科。2014年以朱子学研究所为牵头单位,联合厦门大学国学院、福建宋明理学研究中心、上饶市人民政府办公厅、台湾朱子文化促进会等相关单位共同组建的朱子文化协同创新中心被批准为江西省第三批"2011计划"协同创新中心。

1986年以来,朱子学研究所(室)先后由饶祖天、汤勤福、吴长庚、徐公喜等担任所长(主任)。庞朴、李学勤、张立文、陈来、束景南、蔡方鹿、朱杰人、朱汉民、林庆彰、朱高正、高桥进等一大批海内外著名学者受聘为顾问。

朱子学研究所是从事基础性研究的学术机构,主要方向为朱熹理学思想研究,并由朱子学拓及理学、儒学与中国传统文化研究,是目前我国高等院校中历史最长的朱子学专门研究机构。同时也是学校古籍文献整理的机构,承担古籍整理工作。30多年来,朱子学研究所致力于朱子学及理学研究。研究所的研究人员出版《朱熹教育思想论稿》《朱熹文学思想论》《朱熹理学法律思想研究》《朱熹经济伦理思想研究》《陆陇其与清初朱子学》《胡居仁与余干之学研究》《朱熹与江西理学》《理学家法律思想研究》《宋明时期江西朱子后学群体研究》《朱子学与地域文化》等学术著作;编辑整理《朱陆学术考辨五种》《鹅湖峰顶志笺注》《费宏集》《春秋集传大全》《春秋左氏传贾服注辑述》《信江书院志》《胡居仁集》、理学渊源考辨丛刊五种、《儒藏》精华编等40余部古籍著作。研究所的研究人员在《中国哲学史》《文学遗产》《孔子研究》《学术界》《船山学刊》《中华文化论坛》《光明日报》等学术刊物、报刊或会议发表论文数百篇。

近10年,朱子学研究所承担近60项各级各类科研项目,其中主持完成或在研国家社会科学基金项目8项,承担教育部人文社科研究项目5项。研究所致力于加强与国内外学者与研究机构广泛的学术交流,1995年以来先后12次在江西上饶成功主办了朱子学国际性或全国性学术研讨会。2009年以来,朱子学研究所与安徽省朱子研究会、福建闽学会、台湾朱子研究协会共同倡议正式形成每年轮流举办朱子学研讨会的两岸四地朱子学论坛合作机制,至今已经举办十届,在朱子学学术领域中产生了巨大影响。

1989年朱子学研究所与中国社会科学院历史研究所共同创办了《朱子学刊》,每年出版一辑,2015年开始每年出版二辑,至今已经出版发行23辑,发表了750余篇有关朱子学、理学及传统文化研究论文。该刊曾被《解放日报》称誉为"国内朱子学研究领域最具权威的刊物",著名学者陈荣捷先生生前赞誉"《朱子学刊》内容充实,必以先睹为快"。《朱子学刊》已成为朱子学研究的一个重要平台。

朱子学研究所在多年的教学科研实践过程中,通过学科整合,把赣东北地区传统理学文化资源的开放利用与地方精神文明建设融为一体,开拓地方文化研究领域,服务地方经济建设,努力建设一支有特色、在全省乃至全国有知名度和影响力的学术团队,已经成为全国朱子学研究的重要阵地之一。

三、南京大学中华民国史研究中心江西分中心

2017年6月,南京大学中华民国史研究中心江西分中心由南京大学中华民国史研究中心、江西省社会科学界联合会、上饶师范学院共同设立。南京大学荣誉资深教授、中华民国史研究中心名誉主任张宪文,南京大学党委副书记、中华民国史研究中心主任、博导朱庆葆教授,江西省社会科学界联合会党组书记、主席吴永明教授,上饶师范学院党委书记、南京大学中华民国史研究中心江西分中心主任朱寅健共同为民国史中心揭牌,朱寅健任中心主任。南京大学中华民国史研究中心是教育部社会科学优秀重点研究基地。在上饶师范学院设立江西分中心,旨在推进本地学者对中华民国史的学术研究。

本着"优势互补、互惠互利、务实高效、共同发展"的原则,三方约定,共享科研信息、学术资源、研究成果。南京大学中华民国史研究中心为分中心组织机构、人才队伍建设以及相关科研活动提供指导;上饶师范学院负责筹集建设经费和科研经费,在省社联和分中心学术委员会的指导下,整合省内外高校和有关机构的优势力量,致力将分中心打造成中华民国史研究的重要学术平台;省社联将分中心列入省级哲学社会科学重点研究基地建设,给予政策扶持,把分中心建设成为江西中华民国史研究乃至江西历史研究重镇。

中心现有教授1人、副研究员1人、博士学位教师6人、硕士学位教师1人。目前,中心所编《民国江西大事记》已定稿,将交付出版社出版。《民国江西史》专题多卷本撰写也已列入计划。

四、方志敏精神与赣东北经济社会发展研究中心

2011年10月,方志敏研究中心正式成立,中心主任由刘国云兼任。在学校

党委行政支持下,初步形成科研对接、教学融入、实践养成"三位一体"颇具特色的科研育人新模式。

中心积极与上饶市党史办、上饶市方志敏纪念馆管委会、上饶市档案局通力合作,全面搜集整理赣东北苏区有关文献资料,搜集整理与赣东北苏区有关的文献资料300余万字,编辑出版《闽浙赣革命根据地史料文库》八册,并获得2018年国家出版基金资助。2017年,刘国云《闽浙赣革命根据地历史文献编纂与研究》获批国家社会科学基金项目立项。2018年,刘佩芝《闽浙赣苏区的党内政治生活及其时代意蕴》获批国家社会科学基金项目立项。中心获批省级科研项目10余项,其中江西省社会科学规划智库项目4项。出版《方志敏研究》《方志敏是如何炼成的》《方志敏式革命根据地历史和人物研究》等多部著作,发表有影响力的论文几十篇。《方志敏是如何炼成的》一书获得2018年第七届江西省优秀社科普及读物奖,中心刘佩芝获得2018年度"江西省优秀社科普及工作者"荣誉称号。

中心聘请知名专家学者担任兼职研究员,方志敏的女儿方梅、江西省方志敏研究会第一任会长孙希岳,苏区研究专家何友良、余伯流、唐志全,党史党建专家杨凤成、何虎生、高晓林等先后来中心讲学,加强了中心的学术力量和对外交流。2015年,与中国井冈山干部学院联合开展"重走方志敏之路"学术考察活动。2016年,与中国人民大学马克思主义学院签署协议,互为共建基地。2017年,与中共中央党史研究室第一研究部、江西省社会科学界联合会联合主办"纪念南昌起义、秋收起义和井冈山革命根据地创建90周年"学术研讨会。9月,"方志敏精神与赣东北经济社会发展研究中心"获批江西省哲学社会科学重点研究基地。2018年,举办了"方志敏精神"学术研讨会。

精心指导编排大型主题晚会《可爱的中国》,入选江西省委宣传部纪念"三个90周年"文艺巡演节目。2015年,将《可爱的中国》《清贫》等经典文章编入《"青马工程"经典读本》。2016年5月,中央电视台大型纪录片《永远的长征》摄制组专门来学校采访了刘国云,并在央视一套黄金时间播出。中央电视台四套《国家记忆》栏目拍摄《以身殉志——方志敏》,采访刘国云并聘其为节目的学术顾问。中国教育电视台曾专题报道了上饶师范学院三位一体传承方志敏精神取得的一系列成果。2017年,刘国云主讲的《方志敏的历史地位和时代价值》视频入选江西干部网络学院第一批必修课,点击选学超过8万人次。

2018年,出台《上饶师范学院创新推进方志敏精神育人工作系统化常态化长效化的实施方案》,开设《方志敏研究》专业选修课,把方志敏精神研究成果及时转化为教学资源,使之进入课堂、走进学生。2月,中共江西省委副书记姚增科对发表在江西省高校思想政治工作领导小组办公室主办的《思政前沿》上的文章《上饶师院:"三位一体"传承与弘扬方志敏精神》作出批示:"上饶师院的探索好!应走在全省前列,叫响全国。"

五、弋阳腔传承与发展研究中心

2016年2月,弋阳腔传承与发展研究中心获批江西省文化厅"文化艺术科学重点研究基地",基地负责人赖明谷。现有兼职研究人员28人,其中教授7人、研究员2人、副教授5人;博士4人。

中心围绕弋阳腔及相关理论开展研究与实践工作,原创弋阳腔现代戏曲《狱中情》获第六届全国高校廉政文化精品作品、江西省校园戏曲展评二等奖。2016年,主办弋阳腔传承与发展学术会。9月,邀请弋阳腔艺术保护中心36人来学校演出。11月,10位学生参与演出的弋阳县弋阳腔艺术保护中心经典剧目《选马出征》与《据诏扑火》,参加江西省玉茗花戏剧节展演。2017年,聘请江西省艺术研究国家一级作曲陈汝陶、省赣剧院国家一级演员李维德、省赣剧院青年导演徐明、弋阳腔省级传承人林西怀、弋阳腔老艺人杨典荣、市群艺馆副馆长国家一级演员李小英来校指导工作。

中心积极开展弋阳腔艺术活动,利用电视台、广播电台、网络等媒体中的相关戏曲资源,进行整合传播,并通过举办音乐会、艺术节、学术讲座、学术研讨会,组建弋阳腔戏剧社等,让学生感受和了解本土优秀传统戏剧的艺术魅力。

第十节 产学研工作

上饶师范学院始终把服务地方经济社会发展作为办学的价值追求,积极主动开展产学研工作,彰显社会服务功能。

2009年,与浙江省绍兴市人民政府及相关企业合作生产新型电池材料,先期投资480万元;与德兴市百勤异VC钠公司合作申请并获授权发明专利4项;高分子材料辅助成型重点实验室作为上饶市设立的首个市级重点实验室,研发的新工艺和相关设备已成功投放市场。

2012年,成功申报上饶市饮用水水源地基础环境调查及评估、上饶市濒危方言"铁路话"整理与研究等14项课题,开展地方经济、文化的专题研究。

2013年,制定《上饶师范学院关于产学研合作的意见》,进一步加强与地方相关政府部门、企事业单位合作。与合信康宁生物医药科技有限公司签订合作协议,成功申报上饶市靶向药物工程技术研究中心。

2014年1月,学校南方油茶研究所与江西华尔圣实业有限公司签订产学研合作框架协议,在高产油茶苗木培育、南方油茶深加工、茶粕深加工综合利用等方面进行深度合作,获项目经费30万元;图书馆与上饶市委党史办等单位合作实施"数字资源中心及服务平台特色馆藏"建设项目,完成上饶地方文献、地方志、朱子学研究、方志敏研究、地方党史等各类近2 000种文献资料的数字化工作,提高了学术资源的社会利用。11月,学校联合合信康宁生物医药科技有限公司成功申报江西省靶向药物工程技术研究中心。承担横向项目5项获项目经费74.896万元。

2015年,制定《上饶师范学院关于推进产学研合作的意见》,全方位推进产学研合作工作。成功获批江西省科技特派员2名,贯彻实施江西省科技特派团富民强县工程战略,对多个县市农业企业进行马铃薯脱毒培育、三叶青块根形成、猕猴桃品种选育等技术进行指导。积极开展横向合作,经济与管理学院参与《弋阳县国民经济和社会发展"十三五"规划》和《横峰县国民经济和社会发展"十三五"规划纲要》编制工作。此外,在南方油茶研究开发、有机消毒剂研究开发、农村"三农"问题研究方面取得了较大进展。当年承担横向项目3项获项目经费33.62万元。

2016年以来,在新一届党政班子领导下,学校产学研工作取得突破性进展,工作机构进一步落实,管理制度进一步完善,工作效果进一步提升。3月,学校印发《关于调整上饶师范学院产学研工作领导小组的通知》,成立上饶师范学院产学研工作领导小组,詹世友任组长,赖明谷、周厚丰、郑大贵任副组长,各职能部门及各二级学院负责人任小组成员,领导小组下设产学研合作中心,负责执行和协调落实领导小组的各项决策,开展相关日常工作。12月,出台《上饶师范学院横向课题管理办法(试行)》《上饶师范学院关于鼓励科技人员创新创业的实施意见》。与上饶经开区管委会、广丰区人民政府、信州区人民政府签订战略合作框架协议;落实"千博对千企"行动计划,遴选 25 名教授、博士与地方经济中具有较大影响力的十一家企业签订校地合作协议。12 月 29—30 日,学校作为江西省九大特别参展单位参加江西省首届高校科技成果对接会,受到省领导黄跃金、殷美根、陈兴超,省委教育工委书记黄小华,教育厅厅长叶仁荪等的充分肯定,展会受到新华社、江西教育电视台等多家媒体的关注,仅新华社客户端浏览量就高达 50 多万人次。签订《上饶市科技创新"十三五"规划(2016—2020)》《地方高校应用美术人才培养与实践——铅山县县城文化墙墙绘服务》《江西省水稻新品种区域试验高产》《优质杂交二季晚稻新品种恢复系选育》《御景办公空间装饰》等 17 项产学研合作项目,获项目经费 1 318.6 万元。

2017 年 6 月,印发《上饶师范学院机构改革实施方案的通知》,确定产学研合作中心为副处级机构,挂靠科研与学科建设处。与华东师范大学、弋阳县人民政府、德兴市人民政府、晶科能源有限公司等十余家单位签订合作协议,与南京大学合作共同设立南京大学中华民国史研究中心江西分中心。与企业合作成功申报江西省电动汽车部件智能化工程技术研究中心、江西省大数据旅游工程研究中心、江西省细胞产品工程技术研究中心等 3 个省级工程技术中心和上饶市马家柚工程技术研究中心、上饶市智能非标高精密钻攻组合设备工程技术中心等 2 个市级工程技术中心。卢青、揭新华在《江西内部论坛》(2017 年第 13 期)的《探索现代农业企业发展新路径——"江天农业发展模式"调查》得到多位省、厅领导和上饶市领导批示,该文还同时被江西省农业产业化联席会议办公室转发给江西省各区市农业产业化办公室进行推广学习。政法学院聂洪辉在《江西内部论坛》(2017 年第 3 期)发表的《"机器换人"江西如何换》,得到时任省委副书记姚增科批示:"这样超前又面对现实的研究,多多益善。"响应上饶大数据产业发展需要,新增数据科学与大数据技术专业,2018 年开始招生。生命科学学院承担的"马家柚产业一体化建设项目"、外国语学院承担的灵山旅游景点特色文化翻译及其国际化推介研究项目、美术学院团队承担的铅山县城区 12 900 平方米的文化墙墙绘等 68 项横向项目,获项目经费 3 543.96 万元。

2018 年以来,先后与三清山管委会、上饶市委宣传部、上饶市中科院云计算中心大数据研究院及江天农业科技有限公司签订合作框架协议,与上饶市中科院云计算中心大数据研究院联合招聘高层次人才。截至 2018 年 8 月,学校签订横向项目 60 项,获项目经费 1 420 万元。此外,还选派 3 位教师分别在上饶市科学技术协会、三清山管委会、婺源县旅游发展改革委员会挂职,为地方经济社会发展提供力人才和智力支持。

第四章
人事管理与人事分配制度

第一节 概　　述

学校人事管理与分配制度的建立和完善经历了赣东北大学、上饶师范专科学校和上饶师范学院三个时期。不同的历史时期，高校承担的历史使命、国家人事改革政策的要求和学校自身发展的需要不同，因而，学校人事管理与分配制度在不同发展阶段表现的特点也不同。赣东北大学时期，学校的人事管理与分配制度带有很强的计划经济色彩，重工作人员身份，重平均分配，人员调配、教师任用纳入国家计划统一管理。上饶师范专科学校时期，伴随国家改革开放的步伐，学校以定编定岗为先导推行学校人事分配制度改革，打破了以"平均分配"为特征的人事制度，调动了教职工的积极性。学校升格为上饶师范学院后，随着国家人事制度改革的不断深化，人事管理与分配制度自主权日益扩大，学校不断探索符合现代大学制度的人事管理体制机制，人事改革不断推进，人事管理与分配制度的约束和激励作用不断凸显。

几十年来，学校的人事管理与分配制度通过不断的改革创新，实现了由全员聘任向岗位设置管理的转变，实现了由专业技术职称评定制、专业技术职务聘任制向职称双轨制（即专业技术职务聘任制度和职业资格制度并行）的转变，实现了由等级工资制和津补贴制度向绩效工资制度的转变，实现了学校自主考核引进硕士研究生学历教师，实现了职称自主评审。

2017年，中国共产党上饶师范学院第一次代表大会召开，学校进入了新的发展时期，人事工作立足学校办学定位，紧紧围绕学校的发展目标，以高层次人才引进和培养为重点，以制度建设为抓手，改革绩效工资分配制度，完善职称评审条例和办法，规范教职员工的管理，人事管理和分配制度更趋科学化、制度化和规范化。

第二节　人　事　管　理

一、人事编制

编制管理是高校人事制度的基础，学校编制在类别上属事业单位编制，目前的编制是2002年由上饶市机构编制委员会核定的。

2002年7月,上饶市机构编制委员会下发《关于上饶师范学院内设机构和人员编制的批复》,核定学校(含并入的农科所)事业编制920名,学校附属中小学编制61名,合计编制数981名。同年9月,下发《关于成立上饶师范学院成人教育分院的批复》,核定上饶教育学院(筹)人员编制80名,上饶教育学院(筹)并入学校后成立"上饶师范学院成人教育分院",学校合计编制数增至1 061名。2012年,上饶市机构编制委员会下发《关于调整上饶师范学院事业编制类别的批复》,对学校1 061名事业编制类别作出调整,其中专业技术岗位编制861名、管理岗位编制150名、工勤技能岗位编制50名。

学校十分重视编制管理工作,根据教育部《普通高等学校编制管理规程》《普通高等学校基本办学条件指标(试行)》和江西省《关于省属高校核定编制工作有关问题的通知》精神,结合学校实际,2017年,出台《上饶师范学院编制管理暂行办法》,明确了学校内部的编制类别、标准、核定办法,进一步规范了学校编制管理工作。

二、岗位设置

2002年,学校开始逐步探索试行全员聘任制改革。先后出台《上饶师范学院全员聘任(用)管理暂行办法》《上饶师范学院专业技术职务岗位设置若干规定》《上饶师范学院全员聘任(用)考核暂行规定》《关于完善全员聘任制实行专业技术职称评聘分开的通知》《上饶师范学院专业技术职务考核聘任办法(试行)》等文件。2003年,印发《关于2003—2005学年度专业技术职务评聘分开聘任结果的通知》,初步实现了全员聘任。这次全员聘任制改革对合理配置学校人力资源,调动广大教职工积极性发挥了重要作用,也为后继的岗位设置管理改革和岗位聘任工作积累了有益的经验。

2009年,根据《关于江西省事业单位岗位设置管理的实施意见》《江西省高等学校岗位设置管理实施办法》和上饶市人事局《关于上饶师范学院岗位设置方案的批复》等文件精神,学校启动了事业单位岗位设置管理改革,制定了《上饶师范学院岗位设置管理实施意见(试行)》,明确了学校岗位设置管理与聘用工作的原则、方法和程序。学校岗位总数1 061个,分为管理、专业技术和工勤技能三个类别。专业技术岗位为学校的主体岗位,岗位数849个,占岗位总数80%;专业技术岗位又分为教师岗位和其他专业技术岗位,其中教师岗位是专业技术主体岗位,教师岗位数不低于学校岗位总数的68%,其他专业技术岗位数控制在学校岗位总数的12%左右。管理岗位159个,占岗位总数15%左右;工勤技能岗位53个,占岗位总数5%左右。2015年,在第三轮岗位设置与聘用管理工作中,上级主管部门在维持学校岗位总数不变的前提下重新调整了管理、专业技术和工勤技能岗位数,专业技术岗位902个,占岗位总数85%;管理岗位114个,占岗位总数10.7%;工勤技能岗位45个,占岗位总数4.3%。

学校实行岗位设置管理以来,不断健全和完善与之相配套的聘用考核和人员流动管理制度。其间,先后出台《上饶师范学院教师岗位首次上岗聘用条件》《上饶师范学院教师岗位聘期考核暂行办法》《上饶师范学院管理岗位考核暂行办法》《上饶师范学院教辅岗位聘期考核暂行办法》《上饶师范学院工勤技能岗位聘期考核暂行办法》《上饶师范学院教师岗位首次上岗聘用条件》《上饶师范学院教师岗位第二聘期上岗聘用条件》《上饶师范学院教师岗位第三聘期上岗聘用条件》《上饶师范学院人员流动管理规定》等文件,进一步规范岗位聘用管理、考核和人员流动机制,并将岗位设置聘用管理和绩效工资改革充分结合,逐步形成奖勤罚懒、能上能下、进出有序的用人机制,充分调动了以教师为主体的专业技术人员、管理人员和工勤人员的积极性和创造性。

三、职称评聘

复校之后,学校职称评聘大致经历过三个不同的时期。

1977年至1983年,职称制度恢复和重建期,实行专业技术职称评定制度。1980年底到1981年3月,学校进行了复校后的第一次职称评审工作。

1986年至1993年,职称制度改革期。实行专业技术职务聘任制。通过这一轮职称制度改革,学校由助教、讲师、副教授到教授的四级梯队基本形成。

1994年至今,职称制度完善期。实行专业技术职务聘任制度和职业资格制度并行的职称双轨制。其间,学校职称评审的方式不断完善,职称评审的系列范围不断扩大,职称评审水平不断提高。2002年,学校成为职称自主评审单位,自主评审本校教师、实验系列专业技术资格。为了加强对职称评审工作的领导,学校成立并适时调整职称工作领导小组,明确职称评审工作在学校党委行政领导下进行。成立并适时调整上饶师范学院教师高、中级专业技术资格评审委员会,负责评审申报人员的专业技术资格。2006年起,学校先后出台《上饶师范学院关于执行江西省高校教授、副教授资格评审条件的若干具体意见》《关于教授、副教授评审条件有关问题的补充意见》和《上饶师范学院2017年专业技术资格评审的补充意见》等配套文件,进一步完善了职称评审条件。2017年起,自主评审范围扩大至自然科学和社会科学研究系列,并由学校"自主制定标准、自主资格审查、自主开展评聘、自主发放证书"。2002年至2017年,学校共自主评审教授94人、副教授233人、讲师439人、高级实验师3人、实验师16人。

第三节 师资队伍

一、师资队伍建设

学校重视师资队伍建设工作。2000年2月,出台《关于进一步加强师资队伍建设的若干意见(试行)》。2005年以来,为适应高等教育和学校发展的需要,根据学校改革与发展规划,相继制定《上饶师范学院2003—2007年师资队伍建设规划》《上饶师范学院"十一五"师资队伍建设规划》《上饶师范学院"十二五"师资队伍建设规划》《上饶师范学院"十三五"师资队伍建设规划》,不断增加专任教师总量,优化师资队伍结构,提升师资队伍整体水平。

经过多年努力,学校已逐步建立起一支规模适度、结构合理、素质优良、符合学校发展定位的教师队伍。

2003年7月,学校有专任教师427人。其中正高26人,副高130人;具有博士学位2人,硕士学位47人;享受国务院政府特殊津贴专家3人,江西省青年科学家1人,江西省"百千万人才工程"第一、二层次入选3人,江西省高校教学名师2人,江西省高校中青年学科带头人6人,江西省高校中青年骨干教师16人;1人被上海交通大学和南昌大学聘为博士生导师,6人被南昌大学、江西师范大学和江西财经大学聘为硕士生导师。

2018年7月,学校有专任教师782人。其中正高65人,副高207人;具有博士学位174人,硕士学位427人;享受国务院政府特殊津贴专家4人,"赣鄱英才555工程"领军人才培养计划人选1人,享受省政府特殊津贴专家2人,省高校教学名师6人,省高校中青年学科带头人9人,省高校中青年骨干教师29人,

"新世纪百千万人才工程"省级人选 16 人,"信江英才 866 工程"人选 11 人;兼职博导 2 人,兼职硕导 31 人。

二、教师培训进修

1989 年,学校举办首期青年教师岗位培训班。1998 年以来,学校成为上饶市唯一一所承担高校教师岗前培训教学任务的高校。教师岗前培训主要以"高等教育学""高等教育心理学""高等教育法规概论""高校教师职业道德修养"4 门理论课程的学习为主,2008 年后又逐步增加校情教育、专题讲座、实践技能培训和主题研讨等内容,并不断丰富岗前培训形式。岗前培训工作为新进教师尽快掌握高校教育教学规律,尽快融入学校教学科研和管理工作起到了积极的促进作用。2011 年,学校教师岗前培训获江西省"教师发展计划新进教师素质培养项目"资助,为学校教师岗前培训的开展提供了经费保障。

学校大力支持教师通过培训提升学历和更新知识。2002 年,出台《关于教师就读委培硕士研究生及在职申硕的有关规定》,资助重点开始由助教进修班、硕士课程进修转向教师攻读硕士学位。2003 年,出台《上饶师范学院教职工进修、培训管理规定》;2004 年,出台《上饶师范学院教师出国(境)进修培训管理暂行规定》。2017 年,出台《上饶师范学院教职工攻读研究生学历学位及进修培训管理办法》,进一步规范了教师进修培训的管理,加大了支持力度。2000 以来,共派出 426 人次外出学习,其中从事博士后研究 14 人,国内外访学 46 人,攻读博士学位 99 人,攻读硕士学位 232 人,短期出国进修 15 人,单科进修 20 人。

三、师德师风建设

2002 年以来,出台《上饶师范学院关于进一步加强师德师风建设的实施意见》《上饶师范学院教师职业道德规范》等文件,把师德师风纳入年度考核、岗位考核与聘任、评先评优和专业技术资格评定等工作,对违反师德师风建设有关规定的采取"零容忍"和"一票否决制"。

积极开展师德师风主题教育活动。注重发挥模范教师的示范作用,树立典型,引领师德师风建设。2005 年,郑大贵被评为"江西省先进工作者";2011 年,范安平被评为"全国教育系统职业道德建设标兵";廖云儿、李亚英、谢国豪、谢旭慧等 4 人先后被评为"江西省模范教师"。

第四节 人才工作

一、人才培养与引进

2003年以来,先后出台《上饶师范学院引进人才暂行规定》《上饶师范学院人才专项经费管理暂行办法》《上饶师范学院高层次人才引进暂行办法》《上饶师范学院高层次人才引进工作规程》《上饶师范学院高层次人才引进与培养规划(2017—2019学年度)》《上饶师范学院高层次人才服务与奖励暂行办法》等文件,不断提高人才引进待遇,确立了"学校主导,学院主体"的工作运行机制,完善了高层次人才考核制度,为高层次人才营造良好的工作环境和氛围。2000年以来,共引进和培养博士研究生199人,引进人员中有教授10人。

在刚性引进人才的同时,学校本着"不求所有,但求所用"的原则,不断加大人才的柔性引进力度。2005年,出台《上饶师范学院关于加强外聘教师管理工作的暂行规定》;2017年,出台《上饶师范学院外聘兼职教师管理办法》。2000年以来,共外聘客座教授、兼职教授和特聘教授106人。

二、人才工程

1."1358人才工程"

2004年12月,召开第一次人才工作会议,印发《上饶师范学院关于进一步加强人才工作的实施意见》《关于成立上饶师范学院人才工作领导小组的通知》《关于建立院领导联系中青年学科带头人、骨干教师等各类人员工作制度的通知》《上饶师范学院学科带头人、科研骨干和优秀主讲教师评选办法(试行)》,启动实施"1358人才工程"计划,力争到2007年培养10名省内外知名学者、30名学科带头人、50名科研骨干、80名优秀主讲教师。2005年,评出第一批校级学科带头人14人,科研骨干29人,优秀主讲教师78人。

2."名师工程"

为充分发挥教学经验丰富、教学效果好的教师在教学工作上的传帮带作用,加大"名师工程"实施力度。2003年以来,学校先后有王胜华、王俊奇、揭新华、詹世友、郑大贵、范安平、张志荣、程肇基等8人被评为江西省教学名师;吴长庚、黎爱平、谭国律、吴晓东、叶青、谢维营、廖云儿、张一兵、熊艰、毛杰健、张文伟、李永明、谢旭慧、黄剑玲、陈广大等21人被评为校教学名师。

3."281人才工程"

2013年4月,召开第二次人才工作会议,印发《中共上饶师范学院委员会、上饶师范学院关于进一步加强新时期人才工作的实施意见》,启动实施"281人才工程"计划。力争在3~5年内引进和培养20名省内外知名学者、80名学科带头人和骨干教师、100名博士研究生学历学位人才。

4.高层次人才"引、育、用、留"工程

2016年以后,实施高层次人才"引、育、用、留"工程。积极推进专任教师博士化,通过外引内扶,力争博士学历学位教师数占专任教师比例达到25%,博士学历学位人数达240人以上;完善学科带头人和学术骨干选拔培养制度,推进高水平学科带头人的培养和学术梯队建设,依托江西省"双千"计划等高端人才项目,锻造学术团队,产出高水平成果;做好"省百千万人才工程""青年井冈学者"等的推荐选拔工作,加强青年学术梯队建设;积极推荐各类人才申报国家"千人计划""万人计划",力争在国家级人才工程评选方面有所突破。

第五节　人事分配制度

1993年10月,国家对机关、事业单位的工资制度进行第三次改革。专业技术人员实行专业技术职务等级工资制,管理人员实行职员职务等级工资制,工人实行技术等级工资制。此外还实行地区津贴和岗位津贴制度,建立了正常的增资机制及年终发放一次性奖金制度。

为进一步深化学校内部管理体制改革,充分发挥津贴分配的导向和激励作用,调动全校教职工的积极性,逐步健全与全员聘(用)任工作相配套的、符合高校特点的分配激励机制。2002年,学校出台了《关于院内津贴分配的实施意见(试行)》,校内分配主要向高层次人才和重点岗位倾斜,向教学科研一线倾斜;加大力度,统筹兼顾,合理拉开分配差距,搞活内部分配。

2001年10月和2003年7月,分别调整事业单位工作人员工资构成中的固定部分。固定部分调整后,机动部分按国家规定的工资构成比例给予相应提高。

2006年7月,实行岗位绩效工资制度。岗位绩效工资由岗位工资、薪级工资、绩效工资和津贴补贴四部分组成,其中岗位工资和薪级工资为基本工资。绩效工资主要体现工作人员的实绩和贡献,取消年终一次性奖励,将一个月基本工资的额度以及地区附加津贴纳入绩效工资。规范特殊岗位津贴补贴管理。为进一步调动高学历教师的工作积极性、创造性,稳定人才队伍,完善激励机制,从2006年开始,对具有博士学位的教师实行低职高聘。

2011年,出台《上饶师范学院绩效工资实施方案(试行)》,本着"量入为出,激励为主""以岗定薪、优绩优酬,效率优先、兼顾公平"和"竞聘上岗和业绩考核相结合"的原则,明确了各类各职级岗位的绩效工资分值和分值标准,建立重实绩、重贡献、符合学校实际的分配制度。2012起,又将绩效工资分值标准由每分1 000元提高至每分1 500元;2013年在职人员绩效工资分值每人增加3分;2013年7月起,根据不同岗位职级,又在原有的基础上增加了绩效工资分值5~10分。此外,推出两项绩效工资发放办法:一是管理岗位和工勤岗位考虑任职年限,实行绩效工资"封顶打通";二是专业技术人员根据上一聘期的业绩情况实行奖励性绩效工资的"上下打通"。2014年10月和2016年7月,分别调整在职人员基本工资标准,同时将部分绩效工资纳入基本工资,绩效工资水平相应降低。

2018年,进一步修订完善绩效工资实施方案,明确了绩效工资的构成。调整绩效分值,降低专技、管理和工勤三类岗位绩效分值的垂直压缩比例;设立了目标(业绩)考核绩效和平衡绩效,打破资历和聘任岗位的限制,真正体现优绩优酬;改革"双肩挑"人员的绩效工资;扩大二级单位分配自主权,实行岗位目标(业绩)考核绩效工资、平衡绩效工资、超工作量奖励总额包干制,进一步推进校、院两级管理体制建设。

第五章
学生工作与招生就业工作

第一节　概　　述

学校的学生工作和共青团工作坚持以马克思主义为指导,高举习近平新时代中国特色社会主义思想伟大旗帜,全面贯彻党的教育方针,紧紧围绕学校的中心工作和育人目标,倡导"以生为本,服务为基"的工作理念,坚持服务大局与服务学生的有机结合,进一步加强和改进大学生思想政治教育工作,认真做好大学生的教育管理、评奖评优、助学贷款、心理健康教育与服务等工作,积极拓展第二课堂活动,努力在管理与服务中渗透育人功能。

招生就业工作秉承"育人、服务、规范、公开、公正"的工作理念,坚持发展为基、质量为要,以良好的精神风貌、严谨的工作作风、优质的服务态度、高效的工作效率为考生、家长和社会服务,为师生服务。在贴心服务中赢得学生,积极营造良好的育人氛围,以与时俱进的精神为动力,不断创新学生工作的载体和途径。

第二节　服务学生成长成才

学校一贯重视学生工作和共青团工作。升本以前,学团工作具有良好的基础。1984年1月,团中央授予中文科81级(1)班"学雷锋先进集体"荣誉称号;同年10月,中国人民解放军福州军区和江西省人民政府授予学校中文科81(1)班"军民共建精神文明单位"荣誉称号。1988年5月,王秀章出席团中央十二大;同年11月,正式成立学生工作处,负责学生工作的日常管理。1990年2月,制定《上饶师范专科学校学生劳动值周实施条例(试行)》,从中文系89(4)班开始施行;出台《关于学生德智体综合测评办法》,作为学生评优和评定奖学金的基本依据;同年10月,省委宣传部、省教委、团省委授予中文系89(4)班"社会实践先进集体"称号。1991年底,黄训美被评为省优秀团干,校团委被授予"红旗团委"称号。1995年9月,学生工作管理小组更名为学生工作委员会。

升本以后,学校进一步重视和加强学团工作。坚持以立德树人为根本,以学生成长成才为中心,以队伍建设为基础,以工作创新为动力,努力实现日常工作有效率,重点工作有突破,创新工作有成效,不断拓宽学生工作新思路,进一步探索新形势下学生工作新模式,建立健全服务学生成长成才的工作新机制。

一、学团思想政治工作

深入推进日常思想政治教育。坚持以邓小平理论、"三个代表"重要思想、科学发展观、习近平新时代中国特色社会主义思想为指导,依托校内外方志敏精神研究等红色文化资源与朱子文化研究、辛弃疾研究等传统文化资源,深入开展理想信念、爱国主义、基本道德规范教育,促进学生树立正确的世界观、人生观和价值观。坚持利用团课、团日活动组织团员开展重温入团誓词、读书演讲、知识竞赛等活动,普及党团知识,开展团员意识教育。

大力推进"青年马克思主义者培养工程"(简称"青马工程")。2010年10月,校团委按照团中央下发的《"青年马克思主义者培养工程"实施纲要》精神,正式启动"青马工程"。目前,"青马工程"培训班已举办8届,邀请专家、教授开设思想引领专题讲座近50场,1 500余人次接受培训,输送15名校级"青马工程"学员参加江西省"大学生骨干培训班"并顺利结业。2015年4月,成立"青马工程"读书会。刘国云主编的《"青马工程"经典读本》收录《青年在选择职业时的考虑》《共产党宣言》《可爱的中国》《清贫》等经典文章。2016年11月,开办"青马工程"大学生骨干班;2017年,发展160名"青马工程"骨干班学员。2018年3月,组织开展《红色家书》诵读活动。

主动占领网络思想政治教育主阵地。大力推进思政教育"新三进工作",即思政工作进网络、进公寓、进学生社团,切实提高思想政治教育工作的时效性和针对性。2014年11月,建立"上饶师范学院团委"微信公众平台,2016年更名为"饶师小青团";2016年10月,建立"饶师学工在线"微信公众平台。通过开展校园动态推送、"青年之声"网络互动平台运营、"集中发声"等网宣工作,有效引导校园网络舆论。

创新开展养成教育和诚信教育活动。2000年以来,每年开展"无违纪稳定月"活动,每年与新生签订《诚信就读承诺书》,每学期末在各班开展"诚信考试、创无违纪班级"主题活动。2004年9月,制定《上饶师范学院大学生文明修身实践课实施方案》,开设"大学生文明修身实践课",要求每位学生入校后按规定利用课余时间进行文明修身实践,成绩纳入学生综合素质测评。2014年,修订《实施方案》,将"教育引导学校大学生自觉践行社会主义核心价值观,带头倡导良好社会风尚,积极培育社会公德、职业道德、家庭美德"纳入文明修身实践内容。

注重对少数民族学生的教育管理。2013年,新华网以《筑牢活动底盘践行为民要求——上饶师范学院以"三立合一"致力少数民族学生成长成才》为题,报道学校少数民族学生人才培养工作。

二、学生心理健康教育工作

2014年,成立大学生心理健康教育与咨询中心。逐步建立拥有近200平方米,集个体咨询、团体辅导、心理测试、沙盘演练、放松、宣泄等多功能于一体的现代化、标准化的心理咨询中心。

制定《上饶师范学院大学生心理健康教育实施方案》。坚持育心与育德相结合,加强人文关怀和心理疏导,努力构建教育教学、实践活动、咨询服务、预防干预、平台保障"五位一体"的心理健康教育工作格局。基本建立校、院、班级、寝室四级心理防护网络。深入开展"5·25大学生心理健康教育活动月"系列活动。通过开展校园心理情景剧大赛、心理微电影大赛、心理海报设计大赛、心灵美文征集、心理中心开放日活动、专职辅导员团体辅导、心理委员培训、心理健康主题班会、心理电影展播、心理健康知识图片展、心理健康趣味测试、心灵游园会等形式多样的系列活动,广泛宣传普及心理健康知识,积极构建有利于大学生身心健康、和谐发展的校园文化。

三、学生资助管理工作

全面落实国家关于资助高校贫困家庭学生的政策与措施,做好家庭经济困难学生的资助服务工作。2007年8月,印发《上饶师范学院家庭经济困难学生资助工作实施办法》《上饶师范学院家庭经济困难学生认定办法》《上饶师范学院勤工助学管理规定》《上饶师范学院国家奖学金评定办法》《上饶师范学院国家励志奖学金评定办法》《上饶师范学院国家助学金评定办法》,逐步建立起以学校奖学金、国家奖助学金、助学贷款、勤工助学、特殊困难补助、学费减免、绿色通道、社会资助等方式实现扶贫助学的制度体系。2014年,成立学生资助管理中心。

多形式、多渠道做好学生资助管理政策的宣传工作。2017年,荣获由全国学生资助管理中心、中国银行与中国青年报社共同举办的第四届"助学·筑梦·铸人"主题宣传活动优秀组织奖。

四、学团工作制度建设

逐步完善学生教育管理的规章制度。先后制定修订《上饶师范学院学生管理规定》《上饶师范学院学生日常管理规定》《上饶师范学院考勤管理规定》《上饶师范学院学生课外活动管理规定》《上饶师范学院学生综合素质测评办法》《上饶师范学院学生违纪处分办法》《上饶师范学院学生申诉处理办法》《上饶师范学院学生宿舍管理暂行办法》等规章制度,坚持每年将各项规章制度与国家有关政策法规结集印制成《学生手册》,学生人手一册,筑牢学生教育管理的制度基础。

五、学团工作队伍建设

加强辅导员队伍建设,发挥示范引领作用。2002年3月,印发《关于进一步加强学生教育管理工作的有关规定》,开始实行学生年级辅导员制度。2003年7月,印发《上饶师范学院辅导员(班主任)工作条例》。2007年6月,印发《关于青年教师担任学生辅导员(班主任)或教学秘书工作的决定》;8月,印发《上饶师范学院学生专职辅导员工作考核办法(试行)》。2017年12月,印发《上饶师范学院辅导员队伍建设实施细则(试行)》《上饶师范学院班主任工作实施细则(试行)》。目前,全校专职辅导员73人,达到教育部关于师生比1:200的有关规定。专职辅导员队伍中,具有硕士以上学位的43人、副高以上职称的16人、中级职称的20人。实施"五个一"工作制度,即每个工作日至少找一名学生谈话,每周至少进一次学生宿舍,每月至少进教室听一次课,每季度至少给学生做一次报告,每年至少撰写一篇学生工作论文或调研报告,建立起广泛接触和谈心的工作机制,使学生教育管理工作更加科学有效。实施辅导员培训、培养计划,举办校内辅导员职业能力竞赛活动,提升辅导员素质能力。近年来,先后有3人次荣获江西省"优秀辅导员"荣誉称号,4人次在全省高校辅导员年度人物评选中获入围奖或提名奖,6人次在全省辅导员职业能力竞赛中获奖,13人次在全省辅导员工作论文、案例评选中获奖。

第三节 学生奖励与评优评选

制定《上饶师范学院学生奖学金评定办法》《上饶师范学院学生评优办法》,充分发挥评奖、评优的激励作用,进一步推动学校良好校风学风建设。

2007年,将学生奖学金金额与获奖比例设置为:一等奖学金每学年1 500元,按学生班级人数5%评定;二等奖学金每学年1 000元,按学生班级人数10%评定;三等奖学金每学年400元,按学生班级人数15%评定;同时设置科技文化竞赛活动奖、学习进步奖、特别贡献奖等。2011年,将学生奖学金金额与获奖比例调整为:一等奖学金每学年1 500元,按学生班级人数4%评定;二等奖学金每学年1 000元,按学生班级人数8%评定;三等奖学金每学年400元,按学生班级人数13%评定;取消学习进步奖。2016年,将学生奖学金金额与获奖比例设置调整为:一等奖学金每学年1 600元,按学生班级人数5%评定;二等奖学金每学年1 000元,按学生班级人数10%评定;三等奖学金每学年600元,按学生班级人数15%评定;为学校军训教导大队和国旗护卫队学生单设"特别贡献奖学金",金额为每学年600元,视同为校级学生三等奖学金。

2003年以来,逐步形成学生工作"系列十佳"(十佳学生工作先进个人、十佳优秀辅导员和班主任、十佳文明班级、十佳文明寝室、十佳优秀大学生、十佳文明大学生、十佳自强自立大学生)、优秀学生干部、三好学生、"五四"红旗团支部、优秀团员、优秀团干、感动校园青年人物、优秀毕业生等校级评优评先体系。

积极推荐参加省级以上评优评选活动。2000年以来,全校有17个班级荣获省级"先进班集体"、49人次荣获省级"三好学生"、19人次荣获省级"优秀学生干部"荣誉称号;获11项省级学生社团文化艺术节优秀组织奖、"三下乡"社会实践活动先进单位等集体奖项;20人次获"全省优秀共青团员""江西省大学生自强之星"等奖项。2009年5月,政法学院05(1)班王杰获评"2008年度全国优秀共青团员"。2013年、2014年,体育学院"雷锋班"被共青团省委、江西省教育厅和江西省学生联合会授予"江西省先进班集体"荣誉称号。2014年1月,教育科学学院10(1)班赵春林荣获2013年度"中国大学生自强之星"称号。2016年12月,外国语学院15(1)班团支部荣获全国高校2016年"活力团支部"称号。2017年2月,外国语学院14(6)班徐志玲荣获由共青团中央和全国学联主办的"全国大学生自强之星"活动提名奖,学校军训教导大队被评为"2017年度全省社会实践活动优秀服务队"。

第四节 招生与就业工作

2009年底,招生、就业工作职能从学校毕业生就业指导中心和学生工作处分离,单独设立招生就业处。

2000—2018年,共招收全日制本专科学生65 647人,有60 440(含上饶师范学院小教分院)名毕业生走上工作岗位。

一、招生工作

学校的招生工作由校招生工作领导小组、校招生工作委员会和招生就业处共同负责。校招生工作领导小组是招生工作的决策机构,统一领导学校招生工作,校长任组长;招生工作委员会是招生工作的咨询机构,分管招生工作的副校长任主任,委员会下设办公室,挂靠招生就业处,招生就业处处长兼任办公室主任;招生就业处是招生工作的执行机构。

制定和完善《招生工作实施细则》《招生工作手册》,实施招生承诺制。建立招生信息网,及时公布招生政策、招生章程、招生计划等。严格执行招生责任制、督招制和监察制,坚决贯彻执行"阳光招生"政策。

二、就业工作

坚持以就业创业为导向,瞄准区域经济社会发展需求,以创新人才培养模式为抓手,提高毕业生专业技能和职业素养。通过构建政府、学校、企业三方合作平台,提升互联网+创新创业帮扶指导工作效能,不断提高就业质量。

学校重视就业工作,认真落实"一把手"工程,成立由校长任组长的毕业生就业工作领导小组。制定《上饶师范学院毕业生就业工作实施办法(试行)》《上饶师范学院关于开展毕业生就业工作考核评优活动方案》,确保毕业生就业工作有序开展。充分利用招生就业网、微信公众号、微信群、QQ群等多种方式发布就业政策和就业信息。把"就业指导""职业生涯规划"作为必修课纳入人才培养方案,通过就业指导课转变学生就业观念,引导和鼓励毕业生到基层到边疆建功立业。2017年,13名应届毕业生自愿赴新疆、西藏工作。2018年,18名应届毕业生自愿赴新疆工作。注重学生创新创业能力培养,鼓励毕业生自主创业,为毕业生自主创业项目搭建平台,为创业孵化提供全方位服务。2013年,18名应届毕业生自主创业,自主创业毕业生数在全省高校中排名第三。2014年,41名应届毕业生自主创业,自主创业毕业生数在全省高校中排名第四。2015年,74名应届毕业生自主创业,自主创业毕业生数在全省高校中排名第四。2016年,147名应届毕业生自主创业,自主创业毕业生数在全省高校中排名第二。2017年,284名应届毕业生自主创业,自主创业毕业生数在全省高校中排名第一,在全国高校中排名第三。制定《校园招聘会管理办法》,办好校园招聘会。2013年,举办专场招聘会122次,参加单位412家,提供工作岗位6 526个;2014年,举办专场招聘会92次,参加单位701家,提供工作岗位13 658个;2015年,举办专场招聘会199次,参加单位636家,提供工作岗位18 416个;2016年,举办专场招聘会50次,参加单位984家,提供工作岗位19 895个;2017年,举办专场招聘会158次,参加单位768家,提供工作岗位16 073个;2018年,举办专场招聘会121场,参加单位628家,提供工作岗位20 952个。

学校就业工作获2001—2003年度全省普通院校毕业生就业工作先进集体。在2005—2006年度、2007—2009年度、2010—2012年度、2013—2015年度江西省普通院校毕业生就业工作评估中均被评为优秀单位。2012年,被省人民政府评为"全省就业先进工作单位"。获2013—2015年度全省普通高校毕业生就业工作先进单位。2017年,在江西省"奋斗·青春"高校毕业生基层就业人物事迹评选中,分别获一、二、三等奖;在征集高校毕业生就业困难群体帮扶典型事例活动评选中,分别获一等奖和三等奖。

第五节 "三下乡"社会实践服务

推行大学生暑期"三下乡"社会实践服务工作。组织志愿者通过实施重点团队和专项计划,围绕以基层宣讲、科技支农、教育帮扶、文化宣传、生态环保等内容赴各地开展暑期"三下乡"社会实践活动,共组织近百支社会实践服务队、近千人次参与"三下乡"社会实践活动。

2003年,赴广丰县环保实践服务队和赴玉山县"革除陋习,树立新风"预防非典实践服务队,获全省"三下乡"社会实践优秀实践服务队,校团委获得"三下乡"社会实践先进单位。

2005年7月"关爱女孩成长,构建和谐社会"社会实践服务队、"发展生态经济,构建和谐社会"社会实践服务队分赴广丰县泉波镇、玉山县开展"三下乡"社会实践活动。《江西日报》等媒体分别进行了报道。

组建的赴铅山太源畲族乡社会实践服务队,坚持22年在当地开展关爱留守儿童、服务新农村建设等志愿实践活动。2006年,《上饶日报》上饶电视台等作了报道,学校连续多年获得全省暑期"三下乡"社会实践活动先进单位。

2017年7月至2018年6月,通过公开招募、自愿报名、组织选拔的方式,分别从音乐、体育、美术三个专业中选拔志愿者48人,由省教育厅统一派遣分赴上饶县、鄱阳县、横峰县、余干县等四个国家级贫困县8所乡镇中心小学开展为期1个学期的支教志愿服务。2017年10月21日,省委教育工委副书记、省教育厅厅长叶仁荪在鄱阳县调研时,专程前往该县高家岭镇大塘小学看望慰问在该校支教的学校三位大学生志愿者,对支教工作给予了充分肯定。

2018年,团委以"青春大学习·奋斗新时代"为主题,组建了"青年大学习"主题宣讲服务队和"中国工农红军北上抗日先遣队寻踪调研"寻访宣讲服务队,同时指导二级学院组建了"青春奉献橄榄绿·红色基因代代传"国防宣讲服务队、"横峰县脱贫之路调查"国情社情观察团、"夏爱物语·精准扶贫"帮扶实践服务队、"情暖童心·寻根老区"教育关爱志愿服务队、"生态武夷山·环保科普行"美丽中国实践团、"飞young青春"教育关爱服务队、"小手拉大手·筑梦新时代"教育关爱服务队、"传承国学·助梦'童'行"教育关爱服务队等8支不同类型的院级实践服务队,分赴上饶市区及周边县乡,开展十九大精神宣讲、农村环保科普、红色寻踪调研、精准扶贫调研、教育关爱服务等社会实践服务活动。

第六章
党的建设与思想政治工作

第一节　概　　述

党的建设是学校发展的根本保证,思想政治工作是学校其它一切工作的生命线。在 60 年办学历程中,学校立足育人使命,不断加强和改进党的建设,扎实开展思想政治工作,为自身发展提供了政治保障和思想动力。

一、不断加强和改进党的建设

把领导班子建设摆在首位,发挥党委的领导核心作用。在省委、市委的领导下,按照"社会主义政治家、教育家"的要求配备领导干部,确保社会主义办学方向;按照干部"四化"标准选拔任用年轻干部,注重班子结构合理、特长相济、合力发挥。

建立健全党务职能部门设置和基层党组织设置,提高党组织战斗力和覆盖面。在原有党委组织部、党委宣传部设置的基础上,1984 年,学校设立纪律检查委员会;1985 年,设立党委统一战线工作部,自此,形成了"一委一办三部"(纪检委、党办、组织部、宣传部、统战部)党务职能部门。同时逐步完善基层党组织设置,目前,校党委下设党总支 15 个、直属党支部 15 个、教工党支部 17 个、学生党支部 18 个。

加强党员干部和党员教育,建设高素质干部队伍和党员队伍。及时贯彻落实上级党组织部署,扎实开展党内整风和系列党内专题教育,确保了党的先进性;建立健全学校党校和二级学院党校设置,不断加强党校建设,形成了校有党委党校、二级学院有分党校的党员教育培训格局;创新学生党员发展中的培养机制,90 年代形成早选苗、早培育、早锻炼、早发展的"四早"经验,受到上级肯定。

加强宣传思想工作,为学校发展营造良好的舆论环境和思想基础。大力宣传贯彻党的方针政策,围绕学校工作目标任务,积极做好内外宣传。及时凝练学校发展的关键时期形成的办学精神,先后推出"明确目标,抓住机遇,锲而不舍,争创一流"的升格精神,"抢抓机遇,排难而上,团结拼搏,敢于胜利"的评建精神。

加强党的统一战线工作,为学校发展凝聚各方智慧和力量。学校现有民盟总支、农工党支部、民进支部、"三胞"眷属联谊会、党外高级知识分子联谊会、民族宗教工作联谊会等民主党派机构和群众团体。学校支持各民主党派和群众团体按各自章程开展工作,积极使用和推荐党外干部,统战工作多次受到上级表彰。

加强党的纪律建设,坚持全面从严治党。学校加强对党风廉政建设和反腐败工作的领导,通过加强党风廉政制度建设,扎紧制度笼子。通过每年一次全校党风廉政建设工作会议,全校管理干部、全体教职工每年填报《干部廉政档案》《教职工廉洁档案》,实行内部审计、巡查工作,建立诫勉谈话等制度,以及开展廉政文化进校园等系列活动,突出教育的基础地位,实现干部、教工、学生廉政廉洁教育全覆盖。

二、扎实开展思想政治工作

立足师范,培养师德高尚、奉献社会的优秀人才。从加强师生师德师风抓起,倡导"学高为师,身正为范"的校训;从选拔树立典型入手,激励师生艰苦奋斗、无私奉献。一大批毕业生在基础教育岗位上建功立业,成为全国各地尤其是赣东北区域基础教育的教学骨干和管理骨干。

着眼创新,服务学生全面发展健康成才。学校全面贯彻党的教育方针,创造性开展思想政治教育工作。上饶师专复校以来,开展的军(警)民共建、大学生文明修身实践、坚持17届的大学生系际辩论赛、大学生军训"自训—带训"、践行《弟子规》、副处以上领导干部思政工作"三联系"等活动,共同构成学校思政工作的独特风貌,在社会上产生了积极反响。

发挥特色,坚持以本土红色文化育人彰显思政品牌。学校充分运用方志敏精神、上饶集中营革命斗争精神等红色文化资源,加强师生理想信念教育和社会主义核心价值观教育。学校利用红色文化育人的做法和经验受到省领导的批示肯定,并在《中国教育报》、中国教育电视台登载、播出,受到社会各界广泛好评。

第二节 组 织 工 作

一、学校党政班子历史沿革和组织机构

1. 历史沿革

1958年8月,上饶师范专科学校正式成立,上饶地委第一书记黄永辉兼任

上饶师范专科学校党委书记、校长,秦生任副书记、副校长(主持工作)。

1959年4月,中共赣东北大学委员会成立,上饶地委第一书记彭协中兼校党委书记、校长,秦生、曲凤彩任党委副书记、副校长,杨志堂任党委组织部部长,马德星任党委宣传部部长兼办公室主任;6月,由秦生、曲凤彩、杨志堂、马德星、杨利薄、胡傲秋、范成、徐大宇、龙鹏霖、王文彰、吕冰、高发春、彭为佩等13人组成校务委员会,秦生任主任委员,曲凤彩任副主任委员,安仲民任秘书。

1962年8月,重办后的上饶师范专科学校仍实行党委领导下的以校长为首的校务委员会制,秦生任校务委员会主任委员,曲凤彩、黄甲梁、马德星、缪剑云、李炳默、马德标、熊步宝、占新汉、杨利薄、项振东、何嘉谷、聂小山、龙鹏霖、帅早元等为委员。

1977年10月,在上饶师范学校基础上组建江西师范学院上饶分院,上饶地区教育局局长秦生兼任党委书记和院长,赵连瑞任党委副书记、副院长(主持工作)。

1978年6月,复办上饶师范专科学校,上饶地区教育局局长秦生兼任党委书记、校长,赵连瑞任党委副书记、副校长(主持工作)。

1979年10月,王彬任上饶师范专科学校党委书记兼校长,舒月恩调任副校长。上饶地区教育局局长秦生不再兼任学校党委书记、校长。

1982年4月,王彬任党委书记,秦生任校长;6月,秦生、叶日昇任党委副书记。

1983年3月,增补张伊为党委委员。

1984年5月,经国家计委、原教育部同意、江西省人民政府赣发办〔1984〕63号文件批准,在上饶师范专科学校的基础上筹建上饶师范学院(1987年与江西师范大学联合招收本科生,开始举办本科教育);7月,学校组成新领导班子,王彬任党委书记,范成任校长,秦生任顾问,赵连瑞任党委副书记,李昌武、舒月恩、刘以康任副校长;10月,叶日昇任纪委书记。

1987年2月,王彬继任党委书记,范成继任校长,李昌武、舒月恩任副校长。

1991年7月,经江西省委、上饶地委批复,学校由吴宝炎、徐火荣、胡金发、李昌武、黄衍华、王秀章、饶祖天、刘以康、彭建华、郑日金等十位同志组成新一届党委。吴宝炎任党委书记,徐火荣任校长,胡金发任党委副书记,李昌武、黄衍华、王秀章、饶祖天任副校长,刘以康任纪委书记,彭建华任党委组织部部长、郑日金任党委宣传部部长。

1993年5月,经上饶地委同意,中国共产党上饶师范专科学校第一次代表大会召开,选举产生了由吴宝炎、徐火荣、胡金发、李昌武、黄衍华、王秀章、饶祖天、刘以康、郑日金等九人组成的新一届党委。吴宝炎任党委书记,徐火荣任党委副书记、校长,胡金发任党委副书记,李昌武、黄衍华、王秀章、饶祖天任副校长,刘以康任纪委书记,郑日金任党委宣传部部长。

1996年7月,上饶地委对学校领导班子进行调整,黄日耀任党委书记。

1997年12月,黄衍华任党委副书记、校长,王秀章任党委副书记,尹化南任纪委书记。

1998年1月,吴长庚、王德承、王胜华任副校长。

1998年3月,中国共产党上饶师范专科学校委员会第二次代表大会召开,选举产生了由黄日耀、黄衍华、王秀章、尹化南、吴长庚、王德承、王胜华、郑日金、邹毅等九人组成的新一届党委。黄日耀任党委书记,黄衍华任党委副书记、校长,王秀章任党委副书记,尹化南任纪委书记,吴长庚、王德承、王胜华任副校长,郑日金任党委宣传部部长,邹毅任党委组织部部长。

2000年3月,经教育部批准,在上饶师范专科学校的基础上融入上饶教育学院(筹)资源成立上饶师范学院。

2001年10月,曹炳根任党委副书记(主持工作),黄日耀任助理巡视员。

2002年3月,郭爱华任党委副书记、纪委书记,王胜华、王秀章、吴长庚、李润玉任党委委员;4月,王胜华、王秀章、吴长庚、李润玉任副院长,尹华南任助理巡视员,邹毅、郑日金任党委委员;8月,邹毅任党委组织部部长,郑日金任党委宣传部部长。期间,2002年3月至2003年11月,王胜华负责学院行政工作。

2003年11月,赖明谷任党委委员;12月,曹炳根任党委书记,沈谦芳任党委委员、常务副院长。

2004年3月,郑大贵任院长助理。

2004年5月,柳和生任党委副书记、副院长(主持行政工作),沈谦芳任党委副书记。

2005年4月,程瑞振任党委委员、纪委书记。

2005年9月,饶爱京任院长助理。

2008年5月,柳和生任院长(2008年5月至2010年4月期间,负责党委工作);12月,吴永明、王瑞平任副院长。

2009年9月,詹世友任副院长。

2010年4月,李友鸿任党委书记;11月,刘国云任党委委员;12月,刘国云任副院长。

2011年1月,江速英任党委委员、纪委书记;8月,詹世友任党委委员;12月,王胜华任党委副书记,王德荣任副院长。

2012年7月,赖明谷任副院长。

2013年5月,周厚丰任党委委员、副院长。

2015年1月,詹世友任党委副书记;2月,詹世友任院长。

2016年1月,詹世友暂时牵头负责学校党委工作,主持党委日常工作。

2016年9月,朱寅健任党委书记;10月,饶爱京、吴亦丰任副院长;12月,刘国云任党委副书记,郑大贵任党委委员。

2017年1月,王德荣任纪委书记,郑大贵任副院长,李培生、卢超任党委委员;3月,李培生、卢超任副院长。

2017年4月,中国共产党上饶师范学院第一次代表大会选举产生了中国共产党上饶师范学院第一届委员会委员、纪律检查委员会委员和中国共产党上饶师范学院第一届委员会书记、副书记,纪律检查委员会书记、副书记。中国共产党上饶师范学院第一届委员会由朱寅健、詹世友、刘国云、王德荣、赖明谷、周厚丰、郑大贵、李培生、卢超、郑宗仁、杨发建等十一人组成,朱寅健任党委书记,詹世友、刘国云任党委副书记;中国共产党上饶师范学院第一届纪律检查委员会委员由王德荣、夏绪仁、张善平、张文伟、柯冬云(女)、毛小平、徐军等7位同志组成,王德荣任纪委书记,夏绪仁任纪委副书记。

2018年8月,张善平、付惠敏任党委委员。

2. 组织机构

建校60年来,学校党委行政内设机构进行了两次重大调整。2000年3月,学校升格为本科院校,由副厅级专科建制的党委行政升格为正厅级本科建制的党委行政;2009年8月,根据事业发展需要和上饶市编委《关于调整上饶师范学院部分内设机构的批复》,学校对内设机构进行了一次较大调整,原来的教学系(部)调整为二级学院,同时,学校党委及时调整了党的基层组织设置,并下发了《关于上饶师范学院基层党组织机构设置的通知》。

2018年,经上饶市编委批复,学校对部分内设机构进行了调整。目前,学校设有39个正处级机构和4个副处级机构。其中,党政机构18个：党委(院长)办公室、监察室、党委组织部、党委宣传部、党委统战部、工会、团委、人事处、教务处、审计处、科研与学科建设处、学生工作处、招生就业处、保卫处(人武部)、计划财务处、后勤与基建管理处、资产管理处、国际交流与合作处(国际教育学院);教学科研机构17个：政治与法律学院、文学与新闻传播学院、历史地理与旅游学院、外国语学院、教育科学学院、经济与管理学院、数学与计算机科学学院、物理与电子信息学院、化学与环境科学学院、生命科学学院、体育学院、音乐舞蹈学院、美术与设计学院、马克思主义学院、继续教育学院、朱子学研究所、教师教学发展中心;教学辅助机构4个：教育技术与实验中心、计算机网络中心、图书馆、学报编辑部;副处级机构4个：离退休工作处、人才交流中心、档案馆、产学研服务中心。

学校党委下设15个党总支和50个党支部(含15个直属党支部)。

二、学校召开党的代表大会

建校60年来,学校召开过三次党员代表大会。

1993年5月5日,中国共产党上饶师范专科学校第一次代表大会召开。上饶地委副书记饶士圻,地委委员、宣传部部长孔宗亮和地委组织部、宣传部、地区纪委、地区教育局等相关领导同志出席会议。会上,吴宝炎作了题为《加快改革发展,培养合格人才,为地区教育经济和社会发展多作贡献》的工作报告。大会选举产生了由吴宝炎、徐火荣、胡金发、李昌武、黄衍华、王秀章、饶祖天、刘以康、郑日金等九人组成的新一届党委,吴宝炎任党委书记,徐火荣、胡金发任党委副书记;选举产生了由七人组成的新一届纪委,刘以康任书记,戴庆任副书记。

1998年3月14日,中国共产党上饶师范专科学校第二次代表大会召开。中共上饶地委副书记王际贤,地委委员、宣传部长程才金,地区纪委、地委组织部等有关领导出席大会。黄日耀作了题为《高举旗帜、坚定方向、深化改革,把充满活力的上饶师范专科学校带入二十一世纪》的工作报告。大会选举产生了由黄日耀、黄衍华、王秀章、尹化南、吴长庚、王德承、王胜华、郑日金、邹毅等九人组成的新一届党委。黄日耀任党委书记,黄衍华、王秀章任党委副书记,郑日金任党委宣传部长,邹毅任党委组织部部长。选举产生了由七人组成的新一届纪委,尹化南任纪委书记。

2017年4月19日,中国共产党上饶师范学院第一次代表大会召开。江西省教育厅副巡视员叶宝凌,中共上饶市委副书记吴井勇,上饶市纪委副书记王金福,上饶市委组织部副部长、市委老干局局长杨小灵到会指导并出席开幕式。大会的主题是:高举中国特色社会主义伟大旗帜,以马克思列宁主义、毛泽东思想、邓小平理论、"三个代表"重要思想、科学发展观为指导,深入贯彻习近平总书记系列重要讲话精神,全面贯彻党的十八大、十八届三中、四中、五中、六中全会精神和江西省第十四次党代会、上饶市第四次党代会精神,加强党的建设,推进内涵发展,以建设有特色高水平学科专业和全省一流高等师范教育为抓手,团结带领全校师生员工锐意创新、奋力拼搏,为建设上饶师范大学而不懈奋斗。朱寅健同志向大会作了题为《加强党的建设,推进内涵发展,为建设上饶师范大学而不懈奋斗》的工作报告。报告共分三个部分:过去十九年的发展成就和基本经验;未来五年的发展目标和任务;全面加强党的建设,为建设上饶师范大学提供根本保证。大会选举朱寅健、詹世友、刘国云、王德荣、赖明谷、周厚丰、郑大贵、李培生、卢超、郑宗仁、杨发建等十一人为中国共产党上饶师范学院第一届委员会委员;王德荣、夏绪仁、张善平、张文伟、柯冬云(女)、毛小平、徐军等七人为中国共产党上饶师范学院第一届纪律检查委员会委员。大会自始至终坚持民主集中制原则,充满民主、团结、求实、奋进的浓厚气氛,为学校新的发展绘制了蓝图,明确了方向和途径。

三、党组织主要活动

建校60年来,特别是学校升格以来,在中共江西省委、中共上饶市委的领导下,在省委组织部和省委教育工委的指导下,坚持以马克思列宁主义、毛泽东思想、邓小平理论、"三个代表"重要思想、科学发展观、习近平新时代中国特色社会主义思想为指导,以领导干部"三讲"教育、保持共产党员先进性教育活动、学习实践科学发展观、"创先争优"、党的群众路线教育实践活动、"三严三实"专题教育、"两学一做"学习教育和"不忘初心、牢记使命"主题教育为主线,开展了一系列党的组织建设和思想建设活动。

1996—2000年,创新"系列三讲"教育。以"系列三讲"为载体创建校园精神文明,打造校园政治生态,取得了可喜成绩,《中国教育报》《江西日报》等新闻媒体先后作了介绍和报道。

2004—2005年,深入开展保持共产党员先进性教育活动,全校党员形成了在思想觉悟上领先、学习知识上当先、业务技能上争先、工作业绩上创先的良好氛围。

从2007年开始,依次开展了"基层组织建设年""基层组织建设创新年""基层组织建设深化年""基层组织建设巩固年""基层组织建设提高年"等系列活动,不断推进党建工作项目化发展和示范性党员活动室建设,取得了良好成效。其中,化学系党总支、政法系党总支、数学与计算机系党总支、外语系党总支、学生工作处直属党支部、图书馆直属党支部、后勤管理处党总支成为学校党建工作示范点。化学系、学生工作处、后勤管理处党员活动室成为全省高校示范性党员活动室。外语系学生党支部申报的《网建支部,E起成长——网络环境下学生党员教育管理创新设计》《博客时代高校基层党组织的党员教育管理创新》两个项目分别荣获全省高校党员教育管理创新设计大赛总决赛一等奖。

2008年,四川省汶川地区发生地震,全校党员心系灾区人民,积极开展交纳"特殊党费"活动,体现了全校党员以实际行动支援抗震救灾的真情。

2009年,扎实开展学习实践科学发展观活动。中央学习实践科学发展观活动网站《学习与实践》、中国高等教育改革与发展网、省委学习实践科学发展观活动《简报》、江西高等教育网、《江西新闻联播》先后多次刊载学校特色经验报道。

2010—2012年,积极开展多种形式"创先争优"活动,涌现了一大批优秀党员和优秀党务工作者。2012年在全省教育系统创先争优活动优秀成果和"为民服务十佳标兵""为民服务十佳品牌""群众满意窗口单位"评选活动中,学校有6个项目获奖。

2013—2014年,深入开展党的群众路线教育实践活动。学校党委狠抓"学习教育、听取意见,查摆问题、开展批评,整改落实、建章立制"三个活动环节,突出"抓得早、工作细、活动实",做到高起点谋划,规定动作不走样,自选动作谋创新,取得了良好成效。

2015年,高质量开展"三严三实"专题教育。学校党委坚持把开展好"三严三实"(严以修身、严以用权、严以律己,谋事要实、创业要实、做人要实)专题教育作为当年党建和党风廉政建设的头等大事来抓,紧密结合工作实际,精心组织,扎实推进,坚持高标准、严要求,取得了良好成效。全面落实省委"连心、强基、模范"三大工程,树立"党建+"理念,以新思路、新机制、新手段谋划和推进学校基层党建工作,部署了"党建+教学改革及师德师风建设""党建+科研及申硕工作""党建+科研及申硕工作""党建+扶贫工作""党建+中国特色社会主义理论研究与传播""党建+红色资源挖掘与利用""党建+学生创业就业"等项目,推进党建创新。

2016年,开展"学党章党规、学系列讲话,做合格党员"学习教育活动,制定《上饶师范学院推进"两学一做"学习教育常态化制度化工作实施方案》,实现了"两学一做"学习教育常态化、制度化。

2017年,全面贯彻落实全国、全省高校思想政治工作会议精神和省委党建工作重点任务,积极开展基层党建工作优秀案例挖掘和遴选活动,全校共遴选出8个优秀案例,其中,美术与设计学院党总支申报的《探索"党建+勤学修德"模式推进学院党建工作与内涵建设融合发展》案例,荣获全省高校基层党建工作优秀案例一等奖;政治与法律学院党总支申报的《师生联动,追寻先烈足迹共传红色基因》案例,荣获全省二等奖;历史地理与旅游学院党总支申报的《创建"一线体悟"服务型党组织的探索与实践》案例,荣获全省三等奖,在全省地方高校中位居前列。

2018年,开展"不忘初心,牢记使命"主题教育活动。坚定不移用习近平新时代中国特色社会主义思想武装头脑,指导实践,推动工作。

高度重视党员发展工作,坚持高标准严要求,整体思路清晰,措施保障有力。从1998年至今,共发展党员1万余人。

第三节 纪律检查工作

1984年,设立上饶师范专科学校纪律检查委员会。1990年8月,与新设立的监察室合署办公。2009年8月,监察室更名为纪检监察办公室。2017年6月,撤销纪检监察办公室,设立监察室,与审计处合署办公。

校纪委在学校党委和上级纪委领导下,认真贯彻落实学校党委和上级纪委决策部署,忠诚履行党章赋予的职责,坚持全面从严治党,落实"两个责任",把纪律挺在前面,聚焦监督执纪问责,强化党内监督,持之以恒纠正"四风",坚定不移惩治腐败,深入推进党风廉政建设,为学校改革发展提供纪律保证。

一、完善制度体系,扎紧制度笼子

学校党委加强对党风廉政建设和反腐败工作的领导,落实"标本兼治、综合治理、惩防并举、注重预防"的十六字方针,加强党风廉政制度建设,扎紧制度的笼子。学校党委先后制定实施《关于贯彻落实〈建立健全惩治和预防腐败体系2013—2017年工作规划〉的实施意见》《关于落实党风廉政建设党委主体责任、纪委监督责任的实施办法》《关于落实党风廉政建设和反腐败工作任务分工的通知》《关于开展"把纪律挺在前面"工作实施方案》《关于落实把纪律挺在前面要求实施办法》等,明确党风廉政建设和反腐败工作任务和责任。先后出台《上饶师范学院教师职业道德规范》《上饶师范学院教师教学工作规范》《上饶师范学院财务制度》《上饶师范学院预算执行暂行办法》《上饶师范学院基建工程设计变更及现场签证管理办法》《上饶师范学院物资设备招标采购实施细则》《上饶师范学院艺术类专业招生考试管理规定》《上饶师范学院艺术类专业招生考试纪律暂行规定》等,严格工作程序,规范工作流程,提高工作效能,努力做到用制度管权管事管人。

建立完善《干部廉政档案》《教职工廉洁档案》填报制度。全校管理干部、全体教职工每年填报《干部廉政档案》《教职工廉洁档案》,对本人年度廉洁自律情况进行总结并作出承诺。

二、明确工作责任,抓好工作落实

按照"一岗双责"和"谁主管、谁负责"的要求,层层签订党风廉政建设工作责任书,认真落实党风廉政建设责任制。

学校党委认真履行党风廉政建设主体责任。每年上半年召开全校党风廉政建设工作会议,对学校党风廉政建设工作进行总结和部署。党委书记对党风廉政建设重要工作亲自部署,重大问题亲自过问,重点环节亲自协调,重要案件亲自督办。学校领导班子成员对分管部门的党风廉政建设工作经常指导,提出要求,督促做好相关工作。

纪委监察室积极履行党风廉政建设工作监督责任。在学校政府采购招投标、艺术类招生考试、人事招聘等现场,积极履行监督职责;督促检查学校各部门认真落实党风廉政建设工作责任。每年年底对各部门党风廉政建设工作落实情况进行考核,切实担负起党风廉政建设工作监督责任。

三、开展廉政教育,建设廉政文化

突出教育基础地位,坚持党风廉政建设"从教育抓起",结合高校特点,扎实抓好教育工作,实现干部、教工、学生廉政廉洁教育全覆盖、制度化,有效推进了校园廉政文化建设。

利用党风廉政建设工作会议、干部廉政教育专题讲座、干部廉政教育集中培训、廉政教育谈话、集中组织学习等形式开展干部廉政教育和教职工廉洁教育活动。组织党员干部和教职工重点学习《习近平关于严明党的纪律和规矩论述摘编》《中国共产党廉洁自律准则》《中国共产党纪律处分条例》《中国共产党问责条例》《关于新形势下党内政治生活的若干准则》《中国共产党党内监督条例》《高等学校教师职业道德规范》《教育部关于建立健全高校师德建设长效机制的意见》等法规文件。

四、强化监督执纪问责,保持反腐高压态势

强化监督执纪问责。始终将物资采购招标、工程项目建设、人才招聘、职称评审、招生考试等工作作为监督重点。

加强审计监督和核价监督。加强财务审计、建设工程项目审计和工程项目跟踪审计工作。2015年,启动建设项目核价工作,全年核价项目67个,核减项目经费150多万元。2016年,核价项目43个,核减项目经费140万元;完成审计项目86个,核减项目经费322万元。

认真办理信访举报。对信访举报反映的问题,坚持实事求是,及时办理。2000年以来,校纪委监察室共办理信访举报件118件,做到件件有着落,事事有回音。

严肃查处违纪违法案件。2000年以来,校纪委监察室共立案15件,给予党纪政纪处分19人。其中,党纪处分6人,政纪处分19人。

第四节 宣 传 工 作

一、1958—1964年上饶师专和赣东北大学创办时期

学校初创时期,全校师生筚路蓝缕,艰苦创业,宣传工作顺势而上,为学校营

造了良好的创业氛围。其间,学校涌现了一批先进典型和感人事迹。1958年11月,共青团中央授予马学彭"社会主义建设积极分子"称号。1959年12月,学校被评为"全省先进单位"。1960年11月,省文联授予严振洲"江西省文教先进工作者"荣誉称号。1963年12月,全校师生305人组成五个工作队,分赴茅家岭、湖墩、茶亭、昆山和岛山五个人民公社,进行了为期40天的农村社会主义教育运动,参加了农村的"四清"工作,进行了"三史"的调查,并完成了1 561个劳动日,为社员教唱革命歌曲677人次,为社会演出285个文艺节目。

二、1977—1999年上饶师专恢复发展时期

这一时期,全校师生栉风沐雨,同心协力,开创了学校发展新篇章,宣传工作进入了新阶段。宣传工作围绕学校工作中心,彰显学校办学特色,促进学校办学美誉度不断提升。1979年,学校设立广播站;1985年,《上饶师专报》创刊(1990年3月停刊);同时,分布校园公共场所的宣传橱窗逐年增设和完善,宣传平台和宣传阵地不断巩固。1980年10月15日,《江西日报》头版头条发表学校推送的《当上课铃响过之后——上饶师专尊师纪事》的新闻报道,报道通过一组典型特写,记述了拨乱反正后学校尊师重教的崭新风尚,被省市领导称为"在社会上特别是教育界新闻界产生了很好的影响"。1982年2月23日,《光明日报》头版头条以《青年编辑戴子清从景德镇启程赴新疆工作》为题,发表了中文科78级学生戴子清要求到边疆支援社会主义建设的文章。他被安排到新疆生产建设兵团石河子121团一中任教,他的先进事迹被《人民日报》《中国青年报》等多次报道。1986年8月,《光明日报》对韩钟文的《朱嘉教育思想论稿》作了报道。1989年1月22日,《江西日报》刊登了《上饶师专党委机关三让好房、甘居陋室》的报道。1990年11月21日,《江西日报》刊登了《上饶师专分层次做好知识分子工作》的报道。1997年6月24日,《中国教育报》第二版以《精神文明扎根校园》为题,用近三分之一篇幅报道了学校"系列三讲"开展的情况。随后,《江西日报》《上饶日报》等新闻媒体又对学校的"系列三讲"做了介绍和报道。1998年4月29日,《人民日报》以《教师课外洒汗水 学生勤中长本领 上饶师专师生苦练基本功》为题,对学校师生苦练教师基本功的做法作了报道,学校"三字一话"办学特色广为人知。与此同时,学校先进典型不断涌现。1984年,中文科81(1)班获全国、全省多项荣誉称号,3月,该班被团中央授予"学雷锋先进集体"称号;4月,被团省

委授予"建设社会主义精神文明先锋"称号;10 月,被中国人民解放军福州军区和江西省人民政府授予"军民共建精神文明先进单位"称号。1985 年,校团委被团省委授予"先进基层团委"称号。1989 年 5 月,学校被省教委评为"体育卫生工作优秀单位"。1990 年 11 月,中文系 89(4)班被省委宣传部、省教委、团省委授予"社会实践先进集体"称号。1992 年 1 月,校团委被团省委授予"红旗团委"称号。1992 年 12 月,学校获"江西省高等院校校风建设文明单位"称号、全省"体育课评估优秀学校"称号。1994 年 11 月,党委(校长)办公室党支部被江西省委组织部、省委宣传部、省教委党组授予"江西省高校党建工作先进基层党组织"称号。1996 年底,学校被评为全省综合治理工作先进单位。1997 年,学校在全省"两课"抽查评估中,列专科学校第一。在此期间,先后有一批干部、教师获评全省优秀团干、江西省优秀教师、江西省优秀班主任、全国优秀教育工作者、全国优秀教师、江西省优秀青年教师、江西省教书育人先进个人等等。

三、2000 年以来上饶师院跨越发展时期

2000 年学校升格为本科院校以来,各项工作实现了新跨越。学校宣传工作紧紧围绕立德树人根本任务,服从服务于学校跨越发展、科学发展、内涵式发展大局,唱响主旋律,打好主动仗,积极探索新时期宣传思想工作的新特点、新途径、新方法,进一步巩固和拓展理论宣传、新闻宣传、文化宣传、环境宣传、普法宣传及精神文明创建等主要阵地,着力增强宣传工作的针对性、时效性和吸引力、感染力。

1. **不断加强理论宣传**

学校坚持完善党委中心组(扩大)理论学习制度,每年组织副科级以上干部、民主党派负责人、教授等 100 余人参加的党委中心组(扩大)理论学习会 10 余次。学习会采取领导带头讲、邀请专家讲、干部发言讲等形式,坚持用马克思主义中国化最新成果武装党员干部,坚持用社会主义核心价值观教育师生。2000 年以来,先后安排学习了党的十五届五中全会、六中全会精神,党的十六大与十六届三中、四中、五中、六中全会精神,党的十七大与十七届三中、四中、五中、六中全会精神,党的十八大与十八届三中、四中、五中、六中全会精神,党的十九大与十九大三中全会精神,以及江西省、上饶市党代会精神与学校第一次党代会精神。党的十八大召开后,校党委中心组学习会还专题安排专家辅导学习了《习近

平总书记系列重要讲话读本》《之江新语》《习近平谈治国理政》、习近平总书记在新闻舆论工作座谈会上的讲话和在全国高校思想政治工作座谈会上的讲话等重要论述。2017年4月召开的中国共产党上饶师范学院第一次代表大会,提出"以优异的成绩接受本科教学工作审核评估为近期目标,以显著提升服务地方经济社会发展的能力和成功申硕为中期目标,以创建全省一流高等师范教育和上饶师范大学为中远期目标"的奋斗目标。党代会召开后,学校印发《关于学习宣传贯彻中共上饶师范学院第一次代表大会精神的通知》,要求抓好责任落实,鼓励改革创新,切实推进各项目标任务落到实处。10月,党的十九大召开后,学校迅速掀起学习宣传贯彻十九大精神热潮,学校成立了"学习宣传贯彻党的十九大精神宣讲团""习近平新时代中国特色社会主义思想研究中心",印发了《中共上饶师范学院委员会关于认真学习宣传贯彻党的十九大精神的通知》《上饶师范学院关于学习宣传贯彻党的十九大精神实施方案》。至2018年上半年,校领导在党委中心组学习会上每人一讲的十九大精神学习辅导的安排如期完成。

学校组织专家面向社会开展理论宣讲活动,积极参加省委省政府、市委市政府有关部门主办的理论研讨活动,并推出系列理论宣传成果。十多年来,学校派出一批批理论教师参加省市委宣讲团,赴各地宣讲党的十六大、十七大、十八大、十九大精神,《上饶日报》2007年5月19日头版头条以《让创新理论更加"可口可乐"》为题,报道了郑日金理论宣讲事迹和经验。2002—2003年,学校组织专家学者承担并完成了上饶市委市政府"建设开放文明发展的上饶""学习浙江经验,树立前沿意识,实现四个接轨""上饶工业园区建设"和"关于企业机制创新"四个重点课题研究,并参与了《市场经济知识ABC》一书的编写;组织参加了由市委宣传部、市社联、市纪委等部门联合召开的"优化经济发展环境,实现上饶在江西东部崛起研讨会""第四次邓小平理论研讨会""1+3板块经济发展研讨会"等一系列研讨活动。2004年,学校组织了一批理论工作者参加全市"纪念邓小平诞辰100周年理论研讨会""树立科学发展观,建设美好新江西——上饶在行动"专家学者论坛。2005年,学校组织了一批理论工作者参加"上饶市邓小平理论及马克思主义执政理论研讨会"。2006年,党委宣传部理论学习与研究调研文章《上饶师院发挥"五效能",加强"三项学习教育"》在中共江西省委教育工委、省教育厅2006年第19期《学校宣传思想政治简报》上重点推出。2007年,学校参加全省井冈山精神研究会和全市上饶集中营研究会等"红色资源"发掘利用研讨会等一系列活动。2008年,参加全省纪念党的十一届三中全会召开30周年理论研讨会和党建思想政治工作理论研讨表彰会,郑日金教授论文获全省纪念党的十一届三中全会召开30周年理论研讨会二等奖,并获全省高校纪念改革开放30周年理论研讨会一等奖。2009年,组织参加全市第九届邓小平理论暨科学发展观、建设和谐社会研讨会,参加全市第二届优秀理论成果奖评选和上饶市加强社会主义意识形态研讨会,取得了一批哲学社会科学理论成果。2013年,学校7位教师论文获上饶市纪念毛泽东同志诞辰一百二十周年理论研讨会优秀论文奖。

2. 全面推进新闻宣传

2000年至2018年上半年,学校先后在中央、省、市有关新闻媒体及内部刊物等外媒发表、播出、刊发报道学校新动态、新气象、新典型的各类消息、通讯、言论2 000余篇(次)。2002年,学校在《江西日报》、江西电视台播发《上饶师院教学科研两路强势进击》等4篇稿件。2005年,省委教育工委、省教育厅《学校宣传思想政治工作简报》第45期专辑推出加强和改进大学生思想政治工作经验文章《上饶师院德育做足红色资源文章》。2009年,江西卫视4月1日、2日在《江西新闻联播》推出《上饶师范学院开展深入学习实践科学发展观活动》专题报道;《江西教育》2009年第3期重点刊载学校人物访谈《好儿女潇洒走"四方"——访上饶师范学院院长、博士生导师柳和生教授》;省委学习实践活动办《高校深入学习实践科学发展观活动工作简报》第63期刊载学校特色经验报道《上饶师院用三杆标尺打造阳光招生见成效》。2012年5月11日,《光明日报》专题报道《"一句誓言横跨天山三十年"——戴子清援疆支教30年上饶师院报告会侧记》获"江西教育好新闻"三等奖。2013年12月13日,《江西日报》要闻版"转作风、看变化"专栏介绍学校"建立青年教师导师制"和"进一步加强少数民族学生立德、立志、立学成长成才教育"两项党的群众路线教育实践活动整改成果。2014年,学校在《中国教育报》发表《上饶师院兴起弘扬"方志敏精神"热潮》,在《江西日报》发表《上饶师范学院多举措培树"好老师"》。2016年,中央电视台等重要媒体联袂推出反映文学与新闻传播学院13级学生姜闽林事迹的报道《姜闽林跨国捐献造血干细胞》。2018年4月底至5月底,短短一个月时间内,《江西日报》对学校开展的以传承与弘扬中华优秀传统文化、革命文化和社会主义先进文化为主题的系列育人活动,分别以《上饶师院开展学习红色家书活动》《上饶师范学院:教师集体备课学习重要讲话精神》《一场精神的洗礼,一次思想的升华》《海峡两岸学者研讨"东南三贤"》《儿童戏剧社送戏进乡村》为题进行了报道。2018年6月12日,中国教育电视台《全国教育新闻联播》栏目,以《上饶师范学院:"三位一体"传承与弘扬方志敏精神》为题,报道了学校围绕立德树人的根本使命,深入挖掘本地红色文化资源,大力弘扬"爱国、创造、清贫、奉献"的方志敏精神,在引领青年大学生传承红色基因、争做方志敏精神传人方面的育人经验和做法。

切实加强校园网主页新闻宣传。在不断完善的基础上,校园网新闻设立"校园要闻""校园传真""媒体师院""学术讲座"四大板块,十几年来,发布新闻近万条。2003年,党委宣传部开通颇具特色的思政文化网站——"思进网",网站拥有独立域名(www.sijin.net),开通运行以来,版块内容不断调整,政策性、思想性、导向性、时效性越来越强。2006年,在全省高校大学生思想政治教育"五项示范创建"活动中,思政网"方志敏·红土地"栏目被评为"全省高校思想政治教育示范网站品牌栏目"。持续加强广播宣传,学校广播台坚持严格管理、求精求细、稳中求进,不断创新工作思路,不断更新编播手段,使节目形式、内容有新突破,让广播宣传更贴近实际、贴近师生、贴近生活。广播台科学合理安排各类广播节目,合理设置节目版块,精心组织节目内容,《校园新闻》《时讯点击》《文化沙龙》《你我大学城》《青春在线》《服务100%》《民歌新听觉》《心灵驿站》《流霞满天》《畅游乐坛》等10余个栏目有条不紊陆续推出,播报校园新闻、传递国内外时讯、剖析校园"热点"、疏导校园舆论、推介名篇佳作、放送优雅音乐,每年共播出各类节目200余期。广播台配合学校普通话教学与普通话水平测试,培养了一批有潜力、有资质、可塑性强的学生播音员后备队伍。在第九届全国推广普通话宣传周期间,广播台节目主持人、英语系03(3)班学生徐慧敏参加由江西省语委、省教育厅联合举办的江西省推广普通话形象大使选拔赛,荣获高校学生组铜奖,并被授予"江西省教育系统推广普通话形象大使"称号。2015年以来,学校推进官方网站、官方微博、微信公众号等新媒体平台资源融合,新闻宣传整体效应进一步提高。2017年8月,学校复办《上饶师范学院报》。

3.持续开展普法宣传、环境宣传

2001年以来,学校先后制定了"四五普法""五五普法""六五普法""七五普法"规划和各年度实施计划;调整和充实了普法办领导机构。2002年12月以来,每年组织一次全校副科以上干部法律知识考试,提高了干部法律素养,增强了法治思维。2014年12月4日首个国家宪法日以来,每年组织开展系列学法、尊法、用法、讲法活动,营造了浓厚的依法治校氛围。

2003年3月,出台《上饶师范学院校园环境宣传管理规定》,建立健全校园环境宣传各项规章制度,严格环境宣传许可审批和内容审查。同时,不断完善环境宣传设施,进一步加强绿色校园建设,2006年,学校被全国绿化委员会、人事部、国家林业局授予"全国绿化先进集体"荣誉称号。2012年5月、2015年5月,学校发布了《上饶师院校园环境宣传管理规定》2012年修订版、2015年修订版。2017年,学校印发《上饶师范学院净化舆论环境专项整治实施方案》,加大网上网下宣传阵地管理,校园舆论环境不断优化。

第五节 统一战线工作

一、机构设置与职能

中共上饶师范学院委员会统一战线工作部(简称"统战部"),前身是成立于1985年2月的中共上饶师范专科学校委员会统一战线工作部。2000年学校升格后,党委统战部仍单设,为正处级机构。统战部的工作职能是:组织贯彻、执行党的统一战线方针、政策,开展统战工作的理论研究和宣传;支持、帮助民主党派加强自身建设,发挥民主党派、无党派人士参政议政和民主监督作用;会同党委有关部门做好党外人才的培养、选拔、举荐工作,牵头协调学校统战工作,指导各党总支、直属党支部开展统战工作;检查、督促党的民族宗教工作、海外统战工作等方针、政策的贯彻落实。

二、统一战线建设与发展

党的统一战线是我们党的重要法宝,是中国共产党凝聚人心、汇聚力量的政治优势和战略方针。学校党委统战部支持、帮助各民主党派和社团加强自身建设,坚持将不断加强民主党派自身建设作为提升服务发展能力的根本。1985年3月,在党委统战部指导协助下,民盟上饶师范专科学校支部成立;1987年9月,民盟上饶师范专科学校总支成立。1989年9月,指导协助成立农工党上饶师范专科学校支部;同年,民盟总支和农工党支部被评为省、市先进基层单位。2003

年4月,正式成立上饶师范学院统一战线理论研究会;同年9月,上饶师范学院"三胞"眷属联谊会成立。2006年11月、12月,上饶师范学院党外高级知识分子联谊会(简称知联会)、民进上饶师范学院支部分别成立。目前,学校有民盟上饶师范学院总支、民进上饶师范学院支部、农工党上饶师范学院支部3个基层组织;有"三胞"眷属联谊会、党外高级知识分子联谊会、统一战线理论研究会3个统战社团;有民主党派成员38人,其中民革3人、民盟11人、民进8人、农工党9人、九三学社7人;有党外高级知识分子联谊会成员29人,其他无党派代表人士46人,归国留学人员44人。

2018年6月,各民主党派和知联会换届各项工作已准备就绪,九三学社上饶师范学院支社筹建工作也已经完成。

三、2000年以来学校统战工作新成就新作为

2000年以来,学校有条不紊地开展各项统战工作,不断加强制度建设和理论创新,关注人才队伍培养与发展,夯实统战工作基础,构建统战工作格局,彰显了统战工作的作为,传递了统战工作的最强音,进一步开创了统战工作的新局面。

1. 完善制度建设,强化内部管理

2003年11月,制定《上饶师范学院统一战线工作条例(试行)》。2007年,民族宗教工作联系会成立,先后出台《上饶师范学院少数民族学生管理意见》《上饶师范学院少数民族学生用膳工作预案》《上饶师范学院政法系藏族学生帮学活动方案》《上饶师范学院少数民族学生、外籍教师安全管理工作预案》。2009年3月,防范境外利用宗教向高校渗透工作领导小组成立。2010年9月,为进一步做好无党派人士思想政治工作,制定《关于建立健全无党派人士政治引导长效机制的实施细则》。2014年,印发《关于贯彻落实中共江西省委关于新形势下党外代表人士队伍建设的实施意见工作任务分工方案(试行)》。2017年10月,统一编制《上饶师范学院统一战线工作手册》,印发给学校党政班子成员、各民主党派和各统战社团负责人、各二级单位党总支统战委员。

2. 积极开展各项统战工作,推动统战理论创新发展

学校积极推进各方面统战工作,助力民主党派实现自身发展,把民族宗教工作作为统战工作的重中之重来抓,多次组织党外代表人士开展教育实践和学习考察,把关于统一战线工作新思想新观点新要求运用到实际工作中。2004—2008年,

学校连续五年被评为全省统战工作重点目标管理考核先进单位。2005—2009年,民盟上饶师范学院总支连续五年被民盟江西省委会授予"先进基层组织"荣誉称号。2008年4月,学校组织召开民族宗教工作联席会议,开展基督教专项调研和无党派人士主题教育系列活动。2009—2012年,学校在全省统战工作考核中,多次获得民族宗教工作先进单位和民主党派工作先进单位。2013年6月,指导帮助民进上饶师范学院支部举办了"1‰工程"捐助贫困学生助学金发放活动,为10名贫困学生发放助学金。2015年,党委统战部组织开展了无党派知识分子"同心·同向·同行"主题教育活动。2015年,民族宗教工作领导小组分别于4月14日、10月21日召开会议,部署民族宗教调研工作,通报全校民族宗教工作情况。2016年9月,组织全校统一战线成员20余人赴全国爱国主义教育示范基地——怀玉山清贫园开展了教育实践活动。2017年12月,组织统一战线成员赴闽南师大学习调研民主党派建设活动。

在实践创新的带领下,理论创新取得新突破。2015年2月,《高校党委与党外代表人士合作共事应处理好两对关系》荣获全省统战理论政策研究创新成果三等奖。2016年2月,《加强无党派人士政治引导工作的创新实践》被评为2015年度全省统战工作实践创新成果。2017年2月,《助力山鹰远翱翔——上饶师范学院少数民族学生工作创新纪实》获2016年度全省统战工作实践创新成果奖。

3. 加强统一战线人才培养

巩固和发展新时期统一战线,更好地服务于党和国家工作大局,关键在于培养一支结构合理、素质优良的统战工作人才队伍。加强干部队伍建设,提高干部整体素质,始终是我们加强统战部门建设、全面推进统一战线各项工作的一项带根本性的战略任务。2004年2月,学校被评为2003年度全省统战工作目标管理考核党外人士培训工作先进单位。2006年,学校知联会名誉会长应子康当选为上饶市人大常委,九三学社社员盛世明当选为上饶市政协常委,民进会员饶爱京、农工党党员吴亦丰当选为市政协副主席。2011年,上饶市人大、上饶市政协进行换届,学校有8人当选为政协上饶市第三届委员会委员,学校知联会名誉会长应子康连任上饶市人大常委,农工党支部主任吴亦丰连任政协上饶市第三届委员会副主席,民进支部主任饶爱京当选上饶市副市长。学校知联会秘书长谢旭慧教授被评为全省无党派人士先进典型,先进事迹收录省委统战部《同心同行展风采》一书。2015年,上饶市各民主党派市委会、无党派知识分子联谊会换届选举,杨咏任上饶市民盟副主委,盛世明任上饶市九三学社副主委,赖声利、谢旭慧任上饶市知联会副会长;2016年10月,饶爱京、吴亦丰任上饶师范学院副院长。

学校把培养好、选拔好、使用好党外干部作为一项重大政治任务。目前,学校党外副处以上干部17人,占比16%,其中博士8人,教授6人。

第六节　中共上饶师范学院委员会党校

中共上饶师范学院委员会党校前身为1987年成立的中共上饶师范专科学校委员会党校。2000年3月学校升格后,中共上饶师范专科学校委员会党校更名为中共上饶师范学院委员会党校。

党委党校是学校教育培训入党积极分子、党员和党员领导干部的重要阵地和主渠道,是学校马克思主义理论研究创新的重要平台。党委高度重视党校建设,定期研究提出加强和改进党校教育的措施,修订党校工作条例,充实完善校务委员,加强教师队伍建设,改善党校办学条件等。党校教学培训有计划、有总结,先后举办入党积极分子和发展对象培训班38期。党校教材建设规范,教学方法多样,有课堂讲授、专题研讨、系列主题宣讲、影视电教、教学互动、现场实践调研等方式,特别是依托上饶丰富的红色资源,构建了"开放式—体验式—研讨式"三位一体的红色教育教学模式,将课堂教学"搬进"爱国主义教育基地上饶集中营、方志敏纪念馆和怀玉山清贫园,增强教学的可视性,提高教育的感染力和说服力,取得良好培训效果。

第七节　思想政治教育工作

一、1958—1964年上饶师专和赣东北大学创办时期

上饶师专和赣东北大学在整个办学过程中,为保证党的路线、方针、政策的贯彻执行,一直把思想政治工作放在十分重要的位置。学校思想政治工作的任务是在党委领导下,在全校师生员工中宣传马列主义、毛泽东思想,宣传党的总路线,提高师生的政治思想觉悟和道德品质,使师生员工树立全心全意为人民服

务、为共产主义事业奋斗的人生观;充分调动各方面的积极性,贯彻党的教育方针,保证各项工作的顺利完成。全校思想政治工作,主要由党委宣传部、统战部、组织部和团委等部门负责。基层思想政治教育主要由各科党总支、各班团支部、班委会负责。此外,还通过工会组织教职工学习时事政治,通过学生会组织学生进行自我教育。

思想政治教育贯彻"两条腿走路"的原则:(1)领导教育与群众自我教育相结合,一方面通过领导的大会动员、报告等形式进行正面教育,另一方面在群众中开展自我教育;(2)学校教育与社会教育相结合,学校既进行系统的理论教育,又引导学生参与社会实践活动和全民运动从中受教育;(3)轰轰烈烈的教育与踏踏实实、深入细致的教育相结合,一般教育与个别教育相结合;(4)读书教育与实践教育相结合,在思想政治教育中采用了大辩论等形式进行批评与自我批评。其他做法还有:(1)每天规定一定时间进行时事政策学习,使学生及时了解国内外形势;(2)建立民主生活制度,展开社团活动,建立正常的会议制度;(3)请老同志和首长作政治报告;(4)树标兵,树典型,经常评选先进人物,培养积极分子,发挥积极分子的模范带头作用,激励后进。

赣东北大学成立后便设立了马列主义教研组,具体负责全校政治教育课的开设。在每个专业的教学计划中都安排了政治课,一方面进行思想教育和时事政治教育,另一方面传授马列主义、毛泽东思想的基本原理。1961年8月制定的《赣东北大学执行中央教学方案的几点意见(草案)》,把政治课分为马列主义基本原理(包括哲学、政治经济学、中共党史、社会学等)和思想政治教育报告(包括国内外形势、党的方针政策和共产主义品德教育)。理论课每周5学时,其中讲授和课堂讨论每周3学时,自修2学时,由马列主义教研组分年级讲授。思想政治教育课每周1学时,由校党委和科支部负责人讲授,两周进行一次。从1959年开始,为推动广大师生用毛泽东思想武装自己的头脑,投入教育大革命运动,学校根据上级指示,在全校师生中开展了学习、研究毛泽东思想的活动。要求师生通过学习毛主席著作,以毛泽东思想为纲,学会运用毛泽东思想观察问题、研究问题、指导工作,推动学校教学和生产劳动、科学研究及各项工作的全面跃进。1960—1961年度,结合当时形势,在全校范围内掀起了声势浩大的大学理论、大用理论、大写理论(以心得笔记、论文等形式进行)的学习毛泽东著作的高潮,使广大师生能紧密联系实际,用毛泽东思想来处理教学和科研工作中遇到的问题,推动思想改造、学术批判和教学改革。学习在校党委的领导下进行,以科为单位成立学习毛泽东著作小组,坚持每周学习一天。政治课以毛泽东著作为基本教材,其他各科教材也以毛泽东思想为统帅。学习过程中,每人除系统学习外,还要精读毛泽东《矛盾论》《实践论》《愚公移山》等著作。要求阅读后写出心得体会,学校还召开学习心得交流会、论文座谈会等。

1959年底,全校师生投入到了"反右倾、鼓干劲,保卫三面红旗"的运动中去,以学习教育为主,并开展充分的讨论。从1960年至1961年年初,赣东北大学师生投入到以"反贪污、反浪费、反官僚主义,整顿干部作风,提高干部思想政治水平"为内容的"三反"整风运动。第一阶段从1960年9月20日至10月15日,以深入动员、全面鸣放为中心,发动师生对全校存在的贪污、浪费、官僚主义的现象进行揭发。第二阶段从1960年10月15日至1961年1月13日,以精简机构、紧缩编制、下放干部、加强农业第一线为中心,在这个阶段,申请下放的人数达到教师总数的98%,最后20余名干部被下放;原有学校的11个委、部、处、室、科合并为4个,提高了工作效率。第三阶段从1961年1月13日至31日,以检查兑现政策、建立各种制度、做好"三反"整风鉴定、处理第一、二阶段遗留问题为中心。学校在运动中认真贯彻中央关于劳逸结合的指示,对师生生活作出了妥善安排,进一步密切了党群关系并调动了群众的积极性。作为社会主义教育运动的一部分,1963年至1964年,学校开展了一年多的增产节约和"五反"运动,党委系统总结了学校开办以来的成绩,也分析了各方面存在的错误和不足,作出了深刻检查。学校总结经验教训,提出了今后努力的方向。根据上级关于高校学生参加农村社会主义教育运动的精神,从1963年12月16日起学校组织全校师生分别到上饶市茅家岭,上饶县湖墩、茶亭、昆山、岛山五个公社进行了为期40天的社会主义教育工作,参加社教工作的学生242人,教工65人。工作队到农村后,参加大队生产队的各种会议,参加"四清"工作和集体劳动,组织群众学习。通过"社教"工作,密切了师生与群众的关系,学生们经受了实践的锻炼,培养了劳动观念,提高了工作能力。

二、1977—1999年上饶师专恢复与发展时期

学校于1977年恢复后,首要的任务就是拨乱反正,清除十年动乱所带来的影响。

1980年8月,中央政治局(扩大)会议上,邓小平同志作了重要讲话,提出了反对资产阶级思想侵蚀和肃清政治上思想上的封建余毒的历史性任务。校党委推广化学科78(1)班开展"四个一"活动的经验,在全校范围内要求同学们每人提一项建议,做一件好事,改一个坏习惯,树一种新班风。活动的开展,使全校学生的精神面貌发生了很大变化。

1981年,上饶师专党委制定了《关于加强思想政治工作的几点意见》,配备了各科政治辅导员,抓了五个专题的思想政治工作。根据中央、省、地有关精神,校党委通过多种渠道,重点抓了"加强三门补课,抓好五种活动,坚持一条方针"三个方面的工作,即:加强马克思主义基本知识的教育,补理论课;加强党的方针政策教育,补时事课;加强共产主义道德品质教育,补品德课。开展了五项活动,即学先进活动、学专业活动、学美学活动、学历史活动、学社会活动。在整个活动中,坚持疏通引导、扶正祛邪的工作方针。

1982年,学校制定了《关于本学期深入开展五讲四美活动的意见》,就宣传十二大精神,推动五讲四美活动深入持久开展,进一步解决脏、乱、差问题作出部署。全校各科各班,以"五讲四美、三热爱"为中心,开展了形式多样的思想教育活动。江西省委《教育简讯》第十期,省委宣传部《宣传工作》第二十期先后发文介绍了学校开展"五讲四美"活动的做法和经验。

1983年,学校制定了《关于开展爱国主义宣传教育活动的意见》,认为,加强对学生的爱国主义教育,是新的历史条件下一项重要的政治任务,也是改善学校思想政治工作的一项重要措施。按照党委的部署,全校各教学班开展了丰富多彩的活动,如"我爱祖国"主题班会、国旗国徽宣传教育、"江西是个好地方"征文比赛、"文明寝室"评比等。为了进一步适应新形势,加强学生工作,以利于培养德智体全面发展的人民教师,学校制定了《上饶师专班主任工作条例》,对班主任的选拔、任命、职责、待遇、考核等作出了具体规定。

1983年10月,中共十二届二中全会召开;12月,校党委提出《关于进一步清除和抵制精神污染的意见》,针对部分学生受社会不良思潮的影响,宣传"社会主义异化"理论,怀疑社会主义制度优越性等现象,提出了六个方面的要求。

1984年元月,学校清除精神污染工作告一段落。对《上饶师专学报》社科版、中文系的《春风》《紫云英》等学生刊物、41部录音录像和各种唱片等进行了全面清理,没有发现属于精神污染方面的作品和内容。9月10日,学校就改进和加强高校思想政治工作,向省委宣传部教育处提出八条意见建议。其中,建议将能否把握学生思想脉搏作为考核政工人员的重要依据,建议寓思想教育于知识传递之中,建议把加强青年教育作为当务之急来抓,对改进当时思想政治教育具有非常重要的指导意义。

1985年9月,学校制定《关于加强和改革学生思想政治工作的意见》,对思想政治工作的基本任务、根本方针、基本方法、主要途径、体制与机构、队伍建设等提出了明确要求。思想品德教研室针对政治课较枯燥、学生不感兴趣的状况,改革教学方式,采用播放电视录像、课堂讨论、专题报告、演讲等形式,改变"满堂灌"做法,收到较好效果。

1986年,校风建设深入开展。面对国内政治体制改革和经济体制改变中出现的问题,学生中思想较活跃,存在各种不同的见解,产生各种不同的议论。为了纠正部分同学有失偏颇的认识,并在同学中征求加强学校管理的意见,校党委召开了与学生的对话会,稳定了学生的情绪。

1987年,中共中央、国务院批准了国家教委《关于加强高等学校思想政治工作的决定》。新学年开始,学校组织传达、学习中央2号、3号、4号、6号文件,就如何贯彻邓小平同志在党的十二届六中全会上的讲话,反对资产阶级自由化问题开展了讨论。党委一般人认为,新学年思想政治工作的指导思想是旗帜鲜明地坚持四项基本原则、坚持改革开放,搞好校风校纪建设,形成安定团结的局面。党委通过决议:(1)建立定期与学生对话制度,每月一次;(2)建立党委领导接待制度,每周六上午接待师生来访;(3)建立党政领导定点联系各系制度;(4)建立党委成员与民主党派及党外人士交朋友制度。党委宣传部向全校各班发出通知,拟出了《全盘西化在中国行得通吗?》《人民在培养着也在选择我们这一代》等30个征文演讲参考题,举办全校性征文演讲。所拟题目都是学生热切关注积极思考的问题,力求不直接向学生灌输现成的结论,而是激励和启发学生广泛阅读,认真探求,推动学生在写稿中学习政治理论,在演讲中澄清思想认识。

1988年,学校加强了大学生的法制教育,帮助大学生知法、懂法、守法、用法,增强法制观念。校党委加强了对党委一班人及系处一级党员干部的政治理论学习,坚持周五(后改为周四)下午开展中心组学习,由纪委、组织部、宣传部牵头主办,党委领导亲自宣讲。各系总支也加强了对本系教职员工的思想政治教育。根据省委宣传部和省教委决定,学校作为试点单位,进行社会主义初级阶段理论和党的基本路线教育,用社会主义初级阶段理论和基本路线武装学校师生员工。这次教育历时两个半月,分准备动员、理论学习、实践活动、考评总结四个阶段。

1989年春夏之交,北京发生了学潮。受当时错误舆论引导,学校少数学生曾先后两次上街游行。由于校系党政领导和广大干部教师立场坚定,旗帜鲜明,极力劝阻和引导,尽管有游行事件,但学校一直维持了正常的教学和生活秩序。下半年,学校开展了为期三个多月的学习和反思。通过思想教育,同学们认清了形势,端正了态度。12月,学校制定了《上饶师专教书育人工作细则》。

1990年2月,学校召开大会,表彰在维护学校安定团结工作中涌现出来的先进集体17个,先进个人121名。并对1989年在《整顿教学秩序,建设良好校风》活动中涌现出来的先进集体进行表彰,历史系荣获全校校风建设第一名。3月,党委发出了在全校师生员工中广泛深入持久地开展学雷锋活动的通知,宣传部、组织部、纪委提出了学校《1990年度干部理论学习和党员教育工作安排意见》。

1991年,为庆祝建党七十周年,学校决定举办"91艺术节"。5月,党委批转历史系党总支《关于胡磊等同学自觉维护安定团结事迹的报告》。8月,校党委换届完成交接工作。9月,成立学校思想政治工作领导小组,党委书记吴宝炎任组长,副书记胡金发、副校长黄衍华、党委宣传部部长郑日金任副组长。历史系再获全校校风建设第一名。

1992年4月,组织全校师生学习邓小平南巡讲话。12月,全省高校校风校纪检查组来学校进行检查评比,学校荣获"江西省高等院校校风建设文明单位"称号。

1993年3月,党委先后召开离退休老同志座谈会和35岁以下青年教工座谈会,征求他们对工作、生活、学习方面的意见和要求。5月5日,中国共产党上饶师范专科学校第一次代表大会召开,党代会制定了学校今后一个时期改革发展目标:在现有基础上筹建一所以师范类专业为主,兼有工科、农科、财经专业,本专科并存的具有3 500～4 000学生规模的地方性综合大学。为落实好党代会提出的目标,学校进一步加强思想政治教育工作和校风校纪建设工作。这一年,正值毛泽东同志诞辰100周年,学校开展了"学习毛泽东,研究毛泽东"活动月活动。

1994年,学校在"七一"前夕开展了创建和评选"十个一"先进典型活动。

8月,中共中央印发《爱国主义教育实施纲要》,学校就贯彻落实《纲要》进行了周密部署,要求各系、各部门广泛动员,采取多种形式组织师生学习《纲要》,并结合学习《中共中央关于进一步加强和改进学校德育工作的若干意见》等文件精神,抓好学习教育活动的落实。11月,《邓小平文选》第三卷出版发行,学校组织师生开展了深入学习活动。

1995年,学校按照上级有关文件精神和省高校党委书记会议精神,结合学校实际,4月底出台了做好学校稳定工作的若干意见,决定由党委书记担任稳定工作第一负责人,制定实施了进一步做好学校稳定工作的十二项措施。9月,学校将原上饶师专学生工作管理小组更名为上饶师专学生工作委员会,由校长任主任,党委宣传部、学生处、教务处、总务处、团委、妇工委、德育室领导与各系分管学生工作领导为委员。

1996年9月,学校党委从讲政治的高度,联系工作实际,决定根据不同对象分四个层面开展讲政治宣传教育,首创了以"系列三讲"为主要内容的校园精神文明创建活动。"系列三讲",即在校系领导和机关行政干部中开展"讲学习、讲政治、讲正气"活动,在全体教师中开展"讲师德、讲师能、讲师魂"活动,在全体学生中开展"讲文明、讲道德、讲理想"活动,在全体职工中开展"讲敬业、讲爱生、讲奉献"活动。全校各系各部门都做"系列三讲"活动的具体布置和安排,并以此为契机,把各项工作与"系列三讲"活动有机结合起来。

1997年4月,校党委召开了"系列三讲"活动第一次汇报会,对前阶段工作进行总结,提出1997年"系列三讲"活动的重点在于有计划地推出一批先进集体和先进个人,注意发现、挖掘、培养先进典型。6月,各基层党组织相继推出本部门先进典型。经校党委遴选,下半年在全校着重推出吴波、王虔、郑莲香、刘麟魁、余昌忠等五位教师先进典型,并安排他们在校中心组学习例会上汇报先进事迹。学校以"系列三讲"为载体的校园精神文明创建活动,受到国家教委、省委宣传部、省教委和上饶地区有关领导的肯定和称赞,6月以来,《中国教育报》《江西日报》《上饶日报》等新闻媒体先后做了介绍和报道。在学生教育管理方面,开展了文明寝室流动红旗竞赛活动、"改正一项不良行为习惯"活动、"学习十五大主题班会"等活动。

1998年3月14日,中国共产党上饶师范专科学校第二次代表大会召开。党代会提出要在世纪之交向本科院校过渡的目标。在党代会精神鼓舞下,以"系列三讲"为主要内容的校园精神文明创建活动向纵深发展。学校在抓好其他三个层面"三讲"的同时,把侧重点放在学生"三讲"活动的落实上,培育和发现了一批在学生"三讲"活动中涌现出来的好典型,并于6月16日召开了事迹报告会,邓辛、黄有泉、王丽华、吴能武、黄琦、郑晓燕、李郭保等七位同学作了汇报交流发言。入夏以来,我省遭受了百年未遇的特大洪灾,特别是波阳、余干、万年、乐平、余江等地的灾情较为严重,学校近三分之一生源来自灾区。为此,学校提出要从讲政治的高度认识赈灾助学工作,积极开展了"三大工程",即"爱心工程""助困工程"和"信心工程"。为引导学生树立战胜困难的信心,德育教研室还组织"两课"教师对全校学生进行了爱国主义的伟大壮举——1998年中国抗洪抢险形势报告。由于"三大工程"的实施,学校实现了"决不让一个灾区学生因经济困难而辍学"的承诺,做到了"让党的阳光温暖每一个灾区学生"。

1999年4月15日,学校召开首届邓小平理论学习研讨会,探讨交流干部教师学习邓小平理论的经验、体会和心得,以期推动学校学习邓小平理论活动再上新台阶。这一年,是学校"创办师院年"。7月2日,校党委召开了全校科级以上干部大会。会上,党委书记黄日耀作了《全校上下齐动员,创造条件升师院》的动员报告。报告结合6月份第三次全国教育工作会议精神,全面分析了学校实际及升格的机遇和挑战,提出要举全校之力,把申办上饶师范学院的工作作为学校的头等大事,一切为升格让路,一切为升格服务,确保升格成功。这一年,学校紧密围绕升格工作,开展思想政治工作。

三、2000年学校升格实现跨越发展时期

2000年3月,学校升格为上饶师范学院。当月,校党委决定在全校开展"学校升格后,我们怎么办"的大讨论,提出要弘扬"明确目标,抓住机遇,锲而不舍,争创一流"的升格精神,坚决打好建设上饶师范学院的主动仗。升格大讨论,提升了全校师生办好本科教育的使命感、责任感、紧迫感,增强了本科教育的质量意识,为办好来之不易的本科教育奠定了思想基础。9月21日,按照中央要求和省委统一部署,学校召开"三讲"教育动员会,拉开了以"讲学习、讲政治、讲正气"为主要内容的领导班子和领导干部党性党风教育的序幕。"三讲"教育为期两个月,12月27日召开总结大会,集中教育告一段落。

2001年2月13日,党委思想政治工作联系会议召开了第一次全体成员会

议,会议传达了校党委关于建立思想政治工作联席会议制度的通知精神,宣读了联席会议组成人员名单,通过了联席会议制度。会议研究部署了即将开展的几项主要思想政治教育工作,确立把深入开展揭批"法轮功"作为当前的中心工作,从而拉开了"崇尚科学文明,校园拒绝邪教"系列活动的序幕。11月22日,由省委宣传部、省教育厅、省教育工会联合组织的"全省师德师风建设先进个人事迹报告会"在校礼堂举行,广大师生受到了一次生动的师德师风教育。

2002年3月12日,学校召开大学生深入贯彻落实《公民道德建设实施纲要》教育学习活动动员会,下发了学校关于在大学生中广泛深入开展《公民道德建设实施纲要》教育学习活动实施方案。为加强网络信息安全工作,7月12日,学校印发《关于成立计算机网络信息安全领导小组的通知》,成立以尹化南为组长的计算机网络信息安全领导小组。党的十六大召开后,学校掀起了学习贯彻十六大精神的热潮。

2003年3月后,非典疫情向全国扩散。在学校党委行政领导下,全校师生万众一心,众志成城,取得了抗击非典的胜利。7月,学校印发《上饶师范学院辅导员(班主任)工作条例》,就辅导员的配备、选聘和解聘,培养和管理,职责与要求,考核和奖惩提出了明确规定。

2004年2月14—15日,学校召开第三次评建工作会,会议号召全校教职工要与时俱进、求真务实、真抓实干,以迎接2005年教育部本科教学工作水平评估为契机,全面提高人才培养质量,推进学校建设发展。4月29日,党委宣传部、工会举办庆"'五一'师德立家"教职工演讲比赛,演讲比赛旨在"弘扬师德强素质,敬业奉献促评建",推进师德师风建设,为迎接2005年教育部本科教学工作水平评估营造氛围、凝聚力量、鼓舞人心。10月11日,学校召开教育思想大讨论动员大会,全面部署新一轮学校办学定位、办学思路、发展规划大讨论活动,活动持续一个多月,有力地促进了迎评促建工作。

2005年9月至11月,学校团委、学生会组织16个大学生社团,参加了由团省委、省教育厅、省学联联合举办的全省首届大学生社团文化节,获得了多项荣誉。10月,由省政法委、省教育厅、省公安厅等部门组成的全省"安全文明校园"创建活动评估组对学校创建安全文明校园工作进行了实地考评。12月,学校被命名为全省首批"安全文明校园"。

2006年1月,在全省高校大学生思想政治教育"五项示范创建"活动中,经专家认真评审和省委教育工委、省教育厅、团省委审定,校团委的"'带不走的浓浓爱心'毕业生捐赠活动"、大学生环保休闲运动协会的"'三九'保护母亲河,'为同一条河献同一份爱'大型环保宣传活动"被评为"全省高校校园文化创新示范活动";驻广丰县大学生社会实践基地被评为"全省大学生社会实践示范基地";大学生环保休闲运动协会被评为"全省大学生示范社团";党委宣传部的思进网"方志敏·红土地"栏目以其鲜明特色,被评为"全省高校思想政治教育示范网站品牌栏目"。4月,党委宣传部发出通知,公布了学校近年来在以评建为中心的各项工作中体现出来的"评建精神"。公布的"评建精神"为4句话16个字,即"抢抓机遇,排难而上,团结拼搏,敢于胜利"。4月下旬开始,学校党委组织部和校团委联合成立学生党员、团员学党章和树立社会主义荣辱观宣讲团,先后深入到全校十三个系的学生党员和入党积极分子中进行宣讲。11月9—10日,主题为"明荣辱、铸师魂、促和谐"师德师风建设展示竞赛在学校音乐演奏厅举行,学校20个基层工会800余名教职员工精神抖擞,高亢放歌,比试才艺,展示了学校顺利通过教育部本科教学工作水平评估后教职工积极向上的精神风貌。

2007年6月,在全市精神文明建设表彰暨创建文明城市动员大会上,学校获市委、市政府授予的"上饶市第四届(2005—2006年度)文明单位"荣誉称号。11月5—6日,以南昌大学胡伯项教授为组长的江西省高校思想政治理论课建设评估专家组一行6人来校对学校思想政治理论课建设进行评估。11月14日下午,省委教育工委、省教育厅"构建和谐校园"上饶高校座谈会在学校广信园召开。12月28日晚,学校"宣传贯彻党的十七大精神,凝聚、奋进、迎新文艺晚会"在音乐系演奏厅举行,全校副科级以上干部及部分师生400余人观看了演出。

2008年1月6日,省高校党建思想政治工作评估组抵达学校,展开了为期两天的党建思想政治工作评估检查。4月,由省教育厅、省高校思研会组织开展的全省高校思想政治教育优秀论文(专著)评选活动揭晓,学校参评的4篇论文分别获得全省高校思想政治教育优秀论文一、二、三等奖。4月8日,由共青团中央、全国青联与丰田汽车公司共同举办的"中国青年丰田环境保护奖"2007年颁奖仪式暨2008年启动仪式在北京人民大会堂隆重举行,学校大学生环保休闲运动协会获得2007年度"中国青年丰田环境保护奖"。5月,全校师生员工积极为汶川地震灾区捐款。美术系05级(2)班学生张涛把获得的"国家奖学金"8 000元悉数捐出。12月,学校举办纪念建校50周年系列活动,教育部为学校建校50周年特发贺信。

2009年3月24日,原上饶师专中文科78级(2)学生,中共新疆维吾尔自治区和田地委党校副校长戴子清,在学院图书馆学术报告厅向中文与新闻传播系学生作题为《推动社会主义文化大发展大繁荣》的专题讲座。3月20日,学校深入学习实践科学发展观活动动员大会隆重召开。为深入推进全校学习实践科学发展观活动,6—10月,学校在全体教职工中广泛开展"共铸理想信念、共促科学发展"师德师风主题教育系列活动。11月,学校分获全国教育系统、全省教育系统"祖国万岁"歌咏活动院校优秀组织奖。

2010年3月11日,校党委中心组(扩大)理论学习会专题学习中央新颁布的《中国共产党党员领导干部廉洁从政若干准则》。4月,在全省大学生网络省情知识大赛中取得优异成绩,李薇同学在众多参赛选手中脱颖而出荣获一等奖,罗琴、曾丽萍、黎琴、李小芳等四位同学荣获二等奖,吴蕾、何晶荣等获三等奖。6月5日至6日,由省委教育工委、省教育厅主办的全省大学生"唱响鄱湖"电视大赛决赛在南昌大学举行,上饶师范学院代表队在比赛中准备充分、沉着应对、脱颖而出,以实力、勇气和信心取得优异成绩,最终与赣南师范学院、南昌大学、江西师范大学分别荣获大赛团体一等奖。12月,文学与新闻传播学院选送参加2010年中华经典诵读大赛的作品《少年中国说》,经过全省范围的层层遴选,脱颖而出,成为江西省唯一入围全国大赛的大学生集体诵读作品。

2011年3月,学校获全省青少年和大学生社会主义核心价值观主题读书教育活动团体优胜奖。6月6日,在"党的光辉照我心"全省第二届青少年才艺电视大赛决赛中,学校选拔30多名音乐舞蹈学院学生组成上饶师范学院代表队参赛,荣获团体总分一等奖。6月10日,省教育厅思想政治理论课教育教学工作评估专家组一行来校评估指导学校思想政治理论课教育教学工作。当年,思政部青年教师姜文有、王樱霏在江西省高校思想政治理论课教学比赛中分别获得一等奖和二等奖。

2012年3月30日,学校召开"弘扬雷锋精神,争做文明大学生"座谈会,推进青年学生学雷锋活动常态化发展。5月2日,学校新老团员在上饶集中营革命烈士纪念碑前,参加由共青团上饶市委、上饶师院团委及共青团信州区委联合组织的"青春万岁,紧跟党走"纪念建团90周年集体宣誓仪式。5月7日,校友戴子清应邀再次回到母校,为2012届毕业生作援疆支教30年励志报告。11

月,学校举行"践行《弟子规》,力做文明人"教育活动启动仪式,文学与新闻传播学院、外国语学院作为试点学院开展试点工作。11月13日,学校举行"大学生创业导师行动"启动仪式,宋平、郑剑波、陈剑美、张有福、郑永利、周峰亮、苏留剑、谭军山等8名校友和江西筑城天家集团公司董事长饶朝伟受聘学校大学生"创业导师"。12月25日,学校召开党委扩大会,深入学习领会习近平总书记12月4日在中央政治局会议上的重要讲话和中央"八项规定"精神,传达学习教育部党组、中共江西省委有关贯彻意见,对学校各基层党组织深入学习贯彻落实"八项规定"精神进行了全面部署。12月29日,学校组织专职辅导员,集中进行了辅导员职业技能基础知识测试。

  2013年2月28日,新学期开学第二天,学校召开全校副处级以上干部会议,原原本本学习传达习近平总书记在新进中央委员会的委员、候补委员学习贯彻党的十八大精神研讨班和在第十八届中央纪律检查委员会第二次全体会议上的重要讲话,结合学习贯彻习近平总书记重要讲话精神的要求,全面部署学校新学期各项工作。继上学期末组织辅导员职业技能知识笔试初赛后,学校于3月3日,在大学生创业园举行了辅导员职业技能复赛,来自13个二级学院的13位专职辅导员参加了复赛。7月8日,学校召开深入开展党的群众路线教育实践活动动员大会,对全校开展教育实践活动进行动员部署。2013年9月27日,在中共江西省委教育工委、江西省教育厅主办的江西省大学生"我的中国梦"演讲大赛中,郭东奇、吴有昕两名同学获二等奖,学校获大赛"优秀组织奖"。10月24日,学校召开《弟子规》主题教育活动动员暨试点工作总结表彰大会,决定"践行《弟子规》,力做文明人"主题教育活动在13级新生中全面展开。11月26日,全省高校学习宣传贯彻十八大精神经验交流会在南昌大学召开,上饶师范学院、江西财经大学、江西科技师范大学、江西外语外贸职业学院等4所院校党委宣传部负责同志作交流发言。

  2014年,学校以学习践行社会主义核心价值观为主题,先后推出"纪念方志敏书法大赛""方志敏精神之旅学术报告会""可爱的中国——方志敏作品朗诵比赛"等系列活动,在全校兴起了弘扬方志敏精神的热潮。4月,团中央公布2014年学校共青团重点工作创新试点项目,学校团委申报的《探索将社会主义核心价值观转化为学生喜欢、适合普及传播的生动内容》获批立项。11月8日,由中国伦理学会主办、学校承办的"政治伦理与伦理学学科建设学术研讨会"在校图书馆举行,来自全国高校的20余名专家学者参会。11月,学校学者主编的《方志敏研究》一书由江西人民出版社出版发行,全书55万字,为纪念方志敏烈士英勇就义80周年献上了一份厚礼。方志敏的女儿方梅,方志敏的孙女、江西省方志敏研究会秘书长方丽娜等来电表示祝贺。

2015年,学校思政工作案例《上饶师范学院:践行〈弟子规〉,力做文明人》入选教育部思政司组织编写的《高校培育和践行社会主义核心价值观创新案例》(知识产权出版社,2015年3月版),在社会上产生良好反响。4月27日,校团委成立"青马工程"读书会,编印《"青马工程"经典读本》,收录《青年在选择职业时的考虑》《共产党宣言》《可爱的中国》《清贫》等经典文章,分发给学员;制定阅读计划,定期举行交流会分享学习心得,有效提升了大学生政治理论素养。5月15日,学校印发《关于在全校处级以上领导干部中开展"三严三实"专题教育实施方案》,从5月开始,在县处级以上领导干部中开展"三严三实"专题教育。9月17日晚,学校举办"抗战歌曲大家唱"活动,纪念抗战胜利70周年,700余名教职员工齐聚综合楼前广场,高唱《没有共产党就没有新中国》《保卫黄河》《在太行山上》《抗日军政大学校歌》等经典抗战歌曲,用歌声表达爱国情怀。11月7日,由江西伦理学会主办、上饶师范学院承办的"道德责任与社会道德建设暨2015年江西省伦理学会年会"在学校召开。

2016年3月7日,学校召开学习习近平总书记对新闻舆论工作指示精神座谈会。与会师生从领会"48字"(高举旗帜、引领导向、围绕中心、服务大局;团结人民、鼓舞士气、成风化人、凝心聚力;澄清谬误、明辨是非、连接中外、沟通世界)职责使命、贯彻"四个坚持"基本原则、明确高校党媒必须姓党、把握新闻人才培养方向、认识新形势下高校思想政治教育工作的重要性与迫切性等角度,纷纷谈了自己的学习体会。为推进思想政治理论课教学方法改革,增强思想政治理论课吸引力,6月30日晚,马克思主义学院主办了第一届思想政治理论课情景剧教学竞赛汇报演出。7月2日,"道德责任与人的品性"国际学术研讨会在学校召开,近40位中外伦理学家齐聚一堂,共同探讨交流道德责任、道德义务、道德判断、道德抉择、道德规范、道德价值与义务等重大伦理学命题。12月,外国语学院15级(1)班团支部荣获全国高校2016年"活力团支部"称号。

2017年3月19—21日,党委书记朱寅健率队前往河南师范大学、新乡学院、郑州大学学习考察思政工作。4月22日,由中共中央党史研究室第一研究部、江西省社会科学界联合会、上饶师范学院联合主办,江西省社联《苏区研究》编辑部、上饶师范学院社会科学界联合会、上饶师范学院方志敏研究中心承办的"纪念南昌起义、秋收起义和井冈山革命根据地创建90周年"学术研讨会在学校召开。5月4日,省委副书记姚增科同志在省社联《"纪念南昌起义、秋收起义和井冈山革命根据地创建90周年"学术研讨会会议综述》上批示"这件事办得好"。并强调指出,"应运用好会议成果,多方式,多层次,讲好发生在江西独特的红色故事"。5月8日晚,学校创编的《可爱的中国》大型主题文艺晚会在音乐演奏厅隆重推出,晚会受到现场观演的省委教育工委、省教育厅巡视员周金堂、上饶市委组织部等有关领导和省属高校处级党员领导干部第16期培训班学员的一致好评。该文艺晚会被江西省委宣传部、省委教育工委、省文联列为在我省高校广泛开展纪念"三个90周年""唱响红色经典"文艺展演节目。5月22日,教育部高校思想政治理论课教学指导委员会"毛泽东思想和中国特色社会主义理论体系概论"分教学指导委员会委员、南昌大学社科处处长胡伯项教授来校听课调研,指导思想政治理论课教学工作。6月,学校先后印发《关于成立上饶师范学院思想政治工作领导小组的通知》《关于进一步加强和改进新形势下思想政治工作的实施方案》《上饶师范学院思想政治理论课质量提升方案》。7月10日,以南昌航空大学李康平教授为组长的省委教育工委、省教育厅督查组一行来到学校,就贯彻落实全国、全省高校思想政治工作会议精神情况进行专项督查。7月28日,校党委书记朱寅健就"地方高校如何将地域特色融入思想政治工作和党建工作"这一主题接受省教育电视台《书记面对面》栏目记者专访。9月,学校"方志敏精神与赣东北经济社会发展研究中心"获批江西省哲学社会科学重点研究基地。9月14日,校党委印发《关于建立全校副处以上领导干部思想政治工作"三联系"制度的通知》,要求全校副处以上领导干部,联系1个班级、2名教师、3名学生,点对点、面对面开展思政工作,主要任务是了解实情,掌握动态;做好工作,解决问题;长期滚动,长期联系;举一反三,研究规律。10月,马克思主义学院被中共江西省委宣传部、中共江西省委教育工委、江西省教育厅批准为江西省"特色马克思主义学院"第一批建设单位。11月1日,学校成立上饶师范学院习近平新时代中国特色社会主义思想研究中心,是我省最早成立"习近平新时代中国特色社会主义思想研究中心"的高校之一。12月23日,由江西省方志敏研究会主办、上饶师范学院方志敏研究中心承办的方志敏生平事迹学术研讨会在学校举行。

2018年1月8日,党委宣传部、学生工作处、团委联合开展了大学生"青春践行十九大"主题学习实践活动。活动包括读书征文、社会调查、学雷锋志愿活动、"传承红色基因"学习参观、专业社会实践等5项活动。在读书征文活动中,各二级学院院长、党总支书记联合向本学院学生推荐了包括《习近平的七年知青岁月》《可爱的中国》等重点必读书籍在内的10部经典书籍。活动共收到各二级学院推荐参评的读书征文和实践报告261篇,评审出读书征文一等奖5篇、二等奖10篇、三等奖15篇、优秀奖21篇,社会实践报告一等奖5篇、二等奖10篇、三等奖15篇、优秀奖13篇。在3月23日的2018年寒假大学生青春践行十九大读书征文和社会实践表彰暨心得交流会上,党委书记朱寅健出席会议并讲话,与参会学生代表就大学生如何深入读书、实践进行谈心交流。2月13日,江西省高校思想政治工作领导小组办公室主办的《思政前沿》(2018年第2期)刊发学校典型经验文章《上饶师范学院:"三位一体"传承与弘扬方志敏精神》。3月6日,省委副书记、省政协主席姚增科同志在该文中批注:"上饶师院的探索好!应走在全省前列,叫响全国。"3月20日,方志敏精神与赣东北经济社会发展研究中心召开调研部署会,就落实省领导批示、再接再厉做好传承弘扬方志敏精神和服务地方经济社会发展工作进行调研和部署。4月23日,党委党校第38期发展对象培训班开班,300余名师生在朱寅健书记的领诵下,满怀深情地诵读《红色家书——革命烈士书信选编》,拉开了学校学习《红色家书》教育活动的序幕,在全校掀起了学习教育活动的热潮,《中国教育报》《江西日报》《江西教育》《上饶日报》以及各大网媒都作了报道。6月12日,中国教育电视台《全国教育新闻联播》以《上饶师范学院:"三位一体"传承与弘扬方志敏精神》为题,报道了学校围绕立德树人的根本使命,深入挖掘本地红色文化资源,大力弘扬方志敏精神,在引领青年大学生传承红色基因、争做方志敏传人方面的育人经验和做法。5月28日,学校印发《上饶师范学院创新推进方志敏精神育人工作系统化常态化长效化的实施方案》,持续深入开展方志敏精神育人工作。6月12—21日,在全省高校开展"学习新思想千万师生同上一堂课"活动中,学校作为赣东北片区讲师团牵头高校,组建了由校长詹世友教授、党委副书记刘国云教授、马克思主义学院院长余龙生教授、副院长周茶仙教授组成的讲师团,分别赴上饶幼儿师范高等专科学校、上饶职业技术学院、江西医学高等专科学校、江西中医药高等专科学校、抚州幼儿师范高等专科学校、抚州职业技术学院、东华理工大学长江学院、鹰潭职业技术学院、江西师范高等专科学校、上饶师范学院等10所高校进行巡回授课。6月23日,回望峥嵘读初心——江西高校"诵读红色家书,讲述英烈故事"巡演(上饶站)在上饶师范学院举行,获得全省高校《诵读红色家书 牢记时代使命》决赛本科学生组三等奖作品、学校文学与新闻传播学院学生创演的《方志敏在狱中致全体同志书》参加此次巡演。6月26日晚,学校思政课实践教学成果汇报演出在音乐演奏厅精彩上演,校领导和二级学院师生代表近400余人观看了演出。

第八节 工 会 工 作

校工会是校党委领导下,代表和维护教职工权益的群众性组织,是党委联系教职工的桥梁和纽带,作为教代会的常设工作机构,承担着教代会的具体组织和协调工作,在代表和维护教职工的具体利益、反映教职工各方面的意愿和要求、改善和解决有关实际问题等方面行使职权。积极履行参与、维护、建设、教育四项职能,围绕学校发展大局和中心工作,发挥组织动员、教育引导、联系服务、维护权益的积极作用,以教职工喜闻乐见、便于参加的形式和方法开展工作。坚持每年召开"双代会",坚持开展两年一次的"三育人"先进集体和先进个人评选表彰活动,坚持每年举办各种形式的活动和比赛,坚持每年春节期间走访慰问困难教职工和生病住院教职工、残疾教职工和军属,坚持每年教师节前夕慰问从事教育工作30年在岗教职工,坚持每年组织优秀教职工疗休养活动,坚持做好教职工子女就近入学工作,坚持做好传统节日的慰问工作。

1978年11月,上饶师范专科学校工会组织正式恢复。1985年,召开首届教职工代表大会暨工会二届二次会议。1989年,召开第二届教职工代表大会。1990年,妇工委成立。2004年2月,召开上饶师范学院第四届一次教代会暨五届一次工代会,制定并印发《上饶师范学院贯彻〈高等学校教职工代表大会暂行条例〉实施细则(试行)》《关于进一步深化校务公开工作的实施意见》《上饶师范学院"三育人"工作条例》等文件。《论教育工会工作的创新和发展》一文被省教育工会评为一等奖,被全国教育工会评为三等奖;《创建高校新型教工之家的路径选择》被省教育工会评为一等奖。2005年,召开第四届二次教代会暨五届二次工代会,制定《关于进一步加强师德师风建设的实施意见》,成立了师德师风建设领导小组。中国教育工会主席张宏遵一行、省总工会第一副主席兼省教育工会主席文之周一行先后莅临视察并开展转型时期工会工作的调研。工会被省教育工会评为全省教育系统先进工会。2006年3月,召开第四届三次教代会暨五届三次工代会,审议通过《上饶师范学院"十一五"规划要点》,开展主题为"明荣辱、铸师魂、促和谐"师德师风教育活动。学校工会被中国教科文卫体工会全国委员会授予第四届"全国师德建设先进集体"荣誉称号。2007年4月,召开第四届四次教代会暨五届四次工代会主席团成员(扩大)会,举办工会维权观专题学习暨工会工作先进表彰会。2008年,开始每年为在岗女教职工赠送一份幸福险。2010年,召开第四届教代会暨第五届工代会主席团(扩大)会议,开展"共铸理想信念、共促科学发展"师德师风主题教育系列活动和创建"工人先锋号"演讲比赛等活动。组织参加全省教育系统"提升质量·服务创业"主题演讲电视大赛,获本科院校组主题演讲团体金奖。2012年5月,召开第四届教代会联席会议。2013年,召开第五届教职工代表大会暨第六届工会会员代表大会第一次会议。2014年4月,第五届教代会暨六届工代会第二次会议。2015年,召开第五届教代会暨第六届工代会第三次会议,与市"双拥办"、驻饶部队联合举办"相约上饶·爱在军营"军地青年联谊活动。2016年4月,召开第五届教代会暨第六届工代会第四次会议,审议通过了《上饶师范学院改革与发展"十三五"规划》。2017年5月,召开第五届教代会暨第六届工代会第五次会议。2018年4月,召开上饶师院第六届教职工代表大会暨第七届工会会员代表大会第一次会议,选举产生了新的一届工会委员会和工会经费审查委员会,审议通过了《上饶师范学院绩效工资实施方案(修订)(草案)》。

第七章
学校体育与文体活动

第一节　概　　述

学校体育运动委员会成立于 1978 年,秦生、李昌武、王胜华、吴长庚、王瑞平、詹世友、吴亦丰先后任校体委主任。学校体育运动委员会的工作宗旨是:通过各类体育活动的开展和宣传,培养品德高尚、素质全面、体魄强健的全面发展的高素质人才,推动学校全民健身活动的开展和体育运动的普及,促进竞技运动水平的提高,活跃校园体育文化,使广大师生员工建立终身体育意识,培养勇于进取、顽强拼搏、团结友爱的优良品德和遵纪守法的观念;保障和监督《学校体育工作条例》《大学生体质健康标准》《全民健身计划实施纲要》《健康中国——2030 规划纲要》《健康中国》《体育强国》等体育管理文件的贯彻落实;协调校际及与社会各界的体育交流,并就学校重大体育决策提供可行性论证。

第二节　学 校 体 育

一、体育教学

建校之初成立体育科,后先后更名为体育系、体育学院,负责组织开展公共体育和专业体育的教学活动。经过多年的教学实践,学校的体育教学已经形成一套较为完善、行之有效的教学管理制度。通过制定科学评价体系,优化必修课,拓展选修课等多种途径,努力满足学生和社会对人才培养的多元化要求。目前开设的主要课程有篮球、排球、足球、田径、乒乓球、网球、羽毛球、定向越野、体育舞蹈、健美操、形体健美、形体与舞蹈、武术套路、武术散手、瑜伽、体育保健与按摩、体育与健康、运动生物力学、运动生物化学、运动生理学、运动解剖学、运动伤害事故处理与急救技能等 30 多门课程。

从 1978 年开始,学校每年举办一届运动会,设有田径、篮球、排球、足球、乒乓球、羽毛球、健美操、体育舞蹈、越野、迎面接力、趣味运动等比赛项目。

二、课外体育活动

根据学生的能力、兴趣不同,安排与设置课外体育活动,力争做到将体育教学内容与体育竞赛项目紧密结合,选择与体育课、学校体育竞争项目有关的活动内容,使体育教学与课外活动、运动训练、体育竞赛等相互促进,紧密结合。一些没有纳入体育教学计划,但易于组织竞赛或有利于终身锻炼的项目也被作为推行项目,供广大学生选择,如健美操、体育舞蹈、太极拳、保健气功等。1978—1998年,学校每年组织开展体育游园活动,设有30多个趣味项目。1991—2008年间开展的"公园式"晨练活动,被香港《大公报》头版头条登载为社会热点,被《中国学校体育》杂志作为封面要目公开介绍。

三、运动代表队训练和各种形式的体育比赛

常年组建了一系列项目运动代表队,由专职教师负责业余训练,提高广大师生的体育运动水平。目前,有各类体育运动项目协会24个,坚持常年训练的运动代表队17支。在此基础上,学校将各项体育竞赛制度化、多样化,把各项体育竞赛活动合理分配在全年的各个时期,定期举行竞赛活动。目前,每年固定举行田径运动会,篮球、足球、排球、乒乓球、羽毛球比赛,健美操、体育舞蹈、定向运动、春季长跑等10余项体育比赛。校运动代表队每年派队参加省级以上各类竞赛10余项。1982年,张鸿华获全国大学生运动会三级跳远比赛第三名,杨晓华获十项全能比赛第八名。1990年,学校运动代表队获全国曲棍球团体冠军。1992年,杨双燕获全国大学生运动会5 000米比赛第三名。2000年以来,获高跷竞技项目国际金奖1项,全国比赛单项奖100多项,省级比赛单项奖1 800多项,校体委获"全国群众体育先进集体"荣誉称号。2006年,获"中国蒙牛杯城市之间选拔赛"冠军。2009年,在法国举行的"国际城市之间选拔赛"中获金奖。

第三节 文体活动

工会在开展教职工文体活动中,注重发挥各基层工会和各文体协会的积极性,根据教职工需求,积极创造条件,探索形成教工气排球、女子合唱团等特色活动项目。坚持在"三八""五一""教师节""国庆节""元旦"等特定节日开展教职工

书法摄影展、桥牌赛、围棋赛、气排球赛、乒乓球赛、羽毛球赛、演讲、交谊舞比赛、拔河比赛及红歌唱响校园演唱比赛等活动。

2000年,举办"迎接新世纪曙光"教职工千人歌咏会、"迎国庆、促评建"答题竞赛活动及师德师风教育征文活动。2001年,举办教职工形象展示文艺晚会,参加省教育工会"女教职工创新实例"征集活动,3位教师获奖。2004年,组织青年教师开展"评建在我心中"主题联谊活动,首届教职工体育健身大游园活动,庆"三八""走健康之路,为评建加油"环校行和"红色之旅"等活动。2005年,开展由棋牌协会承办的"庆元旦"教职工棋牌友谊赛活动。2006年,围绕节约与和谐的主题,组织开展"共同感受运动的快乐,共同践行节约的美德"庆"三八"系列活动,被评为省高校品牌活动之一;联合市妇联、上饶医专、市人民医院、市工行组织开展以"青春牵手"为主题的庆"五一"未婚青年联谊晚会,被评为江西省高校特色活动之一;组队参加全省高校教职工乒乓球比赛和以"运动、健康、时尚"为主题的全省高校女教职工健美操比赛,健美操比赛获全省高校第四名(二等奖)。2007年,棋牌协会参加全市"天地豪情杯"桥牌邀请赛获团体第二名。2008年,组队参加全省高校"2008与奥运共舞"教职工健身交谊舞大赛,获本科组团体三等奖;举办庆祝建校50周年教工歌咏比赛,讴歌改革开放,重温红色经典,颂扬清贫精神;举办全省七所本科院校桥牌邀请赛,学校代表队获第三名。2009年5月,协办江西省教育工会直属基层领导干部"和谐杯"乒乓球比赛;12月,举办欢庆2010年元旦教职工新年晚会和乒乓球混合团体赛。2010年,获"江中杯"高校教职工桥牌锦标赛第二名。2011年,举办"劳动光荣,建功立业""欢庆五一·喜迎建党90周年"红歌唱响校园演唱比赛活动和"喜迎十八大,深情颂中华"硬笔书法比赛。2013年,举办"纪念毛泽东同志诞辰120周年全校师生书法作品展"。2014年,获市直单位"迎高铁时代,展巾帼风采"大型广场舞比赛一等奖。2015年,举办庆"五一"教职工气排球比赛、"庆元旦"教职工羽毛球团体赛和"抗战歌曲大家唱"活动。2016年4月,举办"庆五一"教职工气排球比赛、乒乓球团体赛;教职工气排球队获全省高校比赛团体冠军;校代表队获"第二届江西省高校乒乓球协会会员联赛"团体和单打冠军。2017年,学校男女队在江西省大中小学气排球锦标赛高校教工组比赛中双获冠军;10月,教师代表省教育工会参加"开行杯"2017江西产业职工乒乓球比赛,获普通干部组男子单打冠军和混合团体第一;11月,参加江西省第二届教育工会教职工气排球比赛,男女队分获冠亚军;12月,举办"不忘初心,牢记使命"2018年元旦主题晚会。2018年,获上饶市"巾帼心向党 建功新时代"广场舞大赛第一名;6月,获全国高校教职工气排球邀请赛男子组第三名。

2016年,教职工活动中心(教工俱乐部)正式对外开放,活动中心建有多功能卡拉OK厅、乒乓球室、台球室、棋牌室、羽毛球场、合唱教室、音乐学习室、书画室、健身房等设施,供全体教职工休闲、娱乐、学习、交流、健身等活动使用。

第八章
学校经费与资产管理

第一节 概　　述

学校实行统一领导、集中管理的财务管理体制。设立专门职能机构管理财务,处理学校财务日常工作。依法建立和健全财务管理和审计监察制度,确保学校资金运行安全。设立专门职能机构管理学校资产,处理资产管理的日常事务,建立健全资产管理制度,优化资产配置,提高资产使用效率。1978年,总务处下设财务科。1985年,财务科升格为财务处。1988年,改为财务科。1997年,设计划财务办公室。2002年,设立计划财务处,下设财务科、收费科。2010年,按照"分钱、用钱、收钱、付钱"四位一体、相互制约、交叉复核的模式,设置预算综合科、会计核算科、收费服务科、资金结算中心。2017年,增设采购招标中心。

为加强资产管理,1997年,成立技术物资办公室,与原世行贷款办合署办公。1999年,成立实验室评估领导小组。技术物资办公室为全校公共实验室主管部门。2000年,在技术物资办基础上增设计算机网络中心,合署办公。2009年,成立资产管理处,负责全校教学科研仪器设备设施的采购和管理工作。

第二节　事　业　经　费

学校的事业经费来源主要是财政拨款和教育事业收入。升格前,学校经费是"吃饭"财政,主要用于保证教职员工的工资发放和正常的教学科研支出,基建支出较少,仪器设备购买不多。2000年后,事业经费总量呈现较快增长,经费来源渠道逐步多元化,管理制度逐步建立和完善。

2000年,年末资产总计0.28亿元,负债0.005亿元,净资产0.275亿元,全年收入3 316万元,全年支出2 910万元。

2001年,年末资产总计0.36亿元,负债0.004亿元,净资产0.356亿元,全年收入3 333万元,全年支出3 341万元。

2002年,年末资产总计0.54亿元,负债0.026亿元,净资产0.514亿元,全年收入5 065万元,全年支出4 950万元。

2003年,争取到省教育厅、省计委、省财政厅年终补助仪器款275万元。年末资产总计1.61亿元,负债0.53亿元,净资产1.08亿元,全年收入5 441.81万元,全年支出6 174万元。

2004年,争取到市财政200万元专项支持,教育部基建补助300万元,省教育厅、省发改委、省财政厅补助160万元。继续加大教学投入,比上年增加760.12万元。年末资产总计2.36亿元,负债1.15亿元,净资产1.21亿元,全年收入7 140.56万元,全年支出5 428.81万元,结余1 711.75万元。汇总编制《财务制度汇编及报账指南》。

2005年,争取到市财政给予的每人每月100元生活补贴,以及在职人员13个月奖金、正常调资、外籍教师经费等共计261.45万元;教育部师范补助图书馆基建专项300万元;省财政划拨"国家奖学金、学生生活补贴"专款118.8万元。事业收入比年初预算增941.08万元。年末累计资产3.04亿元,负债1.53亿元,净资产1.51亿元。全年收入9 198.94万元,全年支出8 828.17万元,结余370.77万元。

2006年,在经费非常紧张的情况下,学校从总收入中挤出800万元优先用于归还仪器设备及图书购置款,并从浦发银行贷款1 000万元用于支付校园网络建设。年末资产总计3.55亿元,负债总计1.89亿元,净资产总计1.66亿元,全年收入7 742.68万元,全年支出8 010.44万元,超支267.76万元。

2007年,积极筹措资金,争取到省财政追加的70万元仪器补助款;获得上海远东租赁有限公司融资款2 000万元,确保学校的正常运转。年末资产累计5.94亿元,负债累计1.91亿元,净资产累计4.03亿元,全年收入12 163.25万元,全年支出12 374.18万元,超支210.93万元。

2008年,年末资产累计6.16亿元,负债累计1.89亿元,净资产累计4.27亿元,全年收入10 013.27万元,全年支出7 994.6万元,结余2 018.67万元。

2009年,年末资产累计6.33亿元,负债累计1.71亿元,净资产累计4.62亿元,全年收入11 160.45万元,全年支出10 563.31万元,结余597.14万元。

2010年,制定《上饶师范学院预算执行暂行管理办法》和《上饶师范学院差旅费管理办法》,实行"零基预算、部门预算、项目预算"编制办法改革。向上海恒信金融租赁有限公司贷款4 000万元。全年收入14 995.4万元,全年支出13 877.25万元,结余1 118.15万元。

2011年,完善"零基预算、部门预算、项目预算"编制办法。推行学费由银行批量代扣。全年收入16 486.06万元,全年支出15 962.79万元,结余523.27万元。

2012年,努力争取财政支持,开源节流,保证教职工个人收入有较大幅度的提高。全年收入25 957.97万元,全年支出24 301.35万元,结余1 656.62万元。

2013年,争取到中央财政和省财政厅专项资金1 000余万元,在职教职工绩效工资比2010年增长122.70%,离退休人员生活补贴比2010年增长240.71%,"三公"经费比上年下降29.02%,还清了农行、中行的贷款本息,学校债务整体化解,资产负债率已下降到3.64%。全年收入23 706.47万元,全年支出20 819.53万元,结余2 886.94万元。

2014年,修订《上饶师范学院差旅费管理办法》。实行全面预算改革。正式启用学校综合金融服务中心。"三公"经费比上年下降21.63%,资产负债率下降至2.47%。全年收入24 843.02万元,全年支出24 706.73万元,结余136.29万元。

2015年,实行100万元以上项目资金绩效评价。开展职业年金制度改革。争取中央财政与地方三个共建项目专项资金900万元。学校资产总值比2010年增加2.07亿。全年收入27 301.59万元,全年支出27 297.91万元。结余3.68万元。

2016年,按照省教育厅、省发改委文件精神调整普通高校收费标准。争取到中央与地方五个共建项目资金1 200万元。为每位教职员工增购意外伤害保险和综治保险。全年收入30 718.66万元,全年支出28 989.16万元,结余1 729.50万元。编印《上饶师范学院财会服务指南》。

2017年,制定《上饶师范学院采购招标管理办法》。下放二级单位财权及审批权限。完善绩效工资总量、预算和政策"三个控制"的改革,落实了在职教职工午餐补助经费安排。实行公务卡制度改革。年末资产累计11.77亿元,负债累计0.66亿元,净资产累计11.11亿元,全年收入38 075万元,全年支出36 282.65万元,结余1 792.35万元。

2018年1—6月,制定《上饶师范学院会议费管理办法》《上饶师范学院培训费管理办法》《上饶师范学院劳务费发放管理规定》,修订完善《上饶师范学院差旅费管理办法》,执行《上饶师范学院公务卡管理暂行办法》。截至2018年6月,资产累计 11.08 亿元,负债累计 0.72 亿元,净资产累计 10.36 亿元,1—6 月收入 12 003 万元,支出 18 166 万元。

第三节 资产管理与实验室管理

一、管理制度

先后制定和修订了《上饶师范学院教学仪器设备购置实施细则》《上饶师范学院大型精密仪器设备管理办法》《上饶师范学院教学仪器设备报修报废管理办法》《上饶师范学院材料及低值易耗品管理规定》《上饶师范学院教学科研物资设备管理办法(试行)》《上饶师范学院物资设备招标采购实施细则》等管理规章制度。

按照资产管理规章制度,资产管理处及时更新学校实验室仪器设备资产管理数据库,安装使用网络版的信息数据库,实现管理信息化数字化。

二、仪器设备购置情况

1998 年,学校仪器设备总值仅 710.72 万元。1998—2004 年,学校累计投入 2 000 余万元添置仪器设备。2005 年,为迎接教育部本科教学工作水平评估,投入 1 000 余万元添置仪器设备。2006—2008 年,累计投入约 1 766 万元添置仪器设备。

表 8-1 为学校 2010—2017 年期间设备值变化情况,其中大部分设备都是为教学实验室与科研实验室购置的仪器设备。

表 8-1　上饶师范学院 2010—2017 年设备值变化情况

年　度	设备总值(元)	年增长值(元)	年增长率(%)
2010	45 444 503		
2010	47 890 197	2 445 694	5.11
2011	49 012 182	1 121 985	2.29
2012	54 509 187	5 497 005	10.08
2013	60 540 895	6 031 708	9.96

(续表)

年　度	设备总值（元）	年增长值（元）	年增长率（%）
2014	65 818 160	5 277 265	8.02
2015	76 968 597	11 150 437	14.49
2016	92 562 249	15 593 652	16.85
2017	121 511 799	28 949 550	23.82

近年来，学校加大了内涵建设力度，较好地改善了各专业实验教学条件，基本满足了教学科研的需要。2016年，新增教学科研仪器设备总值达4 082万元，增添了核磁共振波谱仪、扫描电子显微镜、高性能计算设备等一大批先进的实验室设备设施，率先在省内建成具有远程互动、高清录播功能的沉浸式教室，保证了引进网络课程的教学和校本MOOCS建设的需要。2017年，学校筹集资金，建设覆盖全校且具备承载学校教学科研任务的校园无线网络；建设首批30个集智能管控、互动教学、可视化于一体的智慧教室，实现教室状态信息采集、远程巡课巡考、课堂常态录播、教学互动等功能；投入近300万元建设一批高等级的语言实验室和多媒体教室教学设施；投入300万元解决外文数据库偏少的问题。

为适应学校发展的需要，学校计划在"十三五"期间每年继续投入3 000万元左右添置教学科研所需的仪器设备，改善实验实训教学条件并调整教学实验室布局。

第四节　审　计　工　作

2004年10月，学校设立审计办公室，挂靠校监察室。2009年12月，审计办公室更名为审计处（正处级），下设内审科。2012年4月，出台《上饶师范学院内部审计工作暂行规定》，明确规定审计处的主要职责。2017年6月，审计处与监察室合署办公。

2004年至今，审计处完成工程决算审计420项，其中内审323项，外审84项，二审13项，送审金额约3.66亿元，核减金额约4 345万元。

2005年3月，对后勤服务总公司下属的广信园2004年4月18日至2005年3月1日期间的经营情况和财务状况进行审计。

2009年之后,根据《教育部办公厅关于做好2009年教育审计工作的通知》和江西省教育厅《关于开展教育专项大额资金内部审计工作的通知》精神,审计处每年例行对学校财务及后勤服务管理处餐饮中心财务收支情况进行审计。

2011年,开始引入建设项目全过程跟踪审计,并成功在逸夫文科大楼、公租房、理化实验楼及艺文楼等新建项目中实施运用。

2012年下半年,对附属中小学财务收支进行内部审计。

2013年6—9月,对学校各部门2009—2012年签订的租赁合同履约情况进行专项审计;12月,与团委、学生工作处联合成立审计组,对学校13个二级学院学生班费上交部分使用情况进行专项审计。

2014年9月,对学校科研经费进行专项审计。

2017年10月,对广信园宾馆2016年1月至2017年9月间的财务收支情况进行专项审计;11月,印发《上饶师范学院领导干部经济责任审计实施办法(试行)》,制定《2017—2018年经济责任审计实施方案》。2017年11月至2018年7月,依序对15位离任干部开展离任经济责任审计工作。

第九章
校园建设与校园文化

第一节 概 述

校园建设是一个长期和动态变化的过程,学校在不断发展的过程中,秉承环境特性与时代精神交融、传统文化与现代风格共生、综合服务向智能化发展的校园建设思想理念。1958年建校之初,学校占地不足百亩只有几栋土坯房子。赣东北大学时期,先后建成两栋教学大楼。1977年复校到1999年,校园面积和校舍建筑面积有所扩大。2000年升格以后,学校逐年加大校园基本建设投入,累计投资校建项目4.5亿元。目前,校园占地总面积近1 500亩(其中规划面积500亩),总建筑面积达到42.1万平方米。

校园文化是一所学校经过长期发展积淀而形成共识的一种价值体系,即价值观念、办学思想、群体意识、行为规范等,校园文化建设主要包括物质文化建设和精神文化建设。长期以来,学校注重基本设施建设,加强校园物质文化建设。校园精神文化建设是校园文化建设的核心内容,也是校园文化的最高层次,具体体现在校风、教风、学风和班风建设上,积极开展一系列服务于学生成长成才的校园文化活动。

第二节 基本设施

一、基建历程

1977年复校后,基建工作由总务处管理,下设基建科。1985年,成立基建处,负责校园基本建设工作。1987年,基建处与总务处合并。1991年,总务处复设基建科。2013年,基建科从后勤处划出,再次单独成立基建处。2018年,为适应学校的建设与管理,成立新的后勤与基础管理处。

学校复办时,校园总面积不足300亩,总建筑面积不足20 000平方米,只有2栋教学楼、2栋学生宿舍和1栋简易的膳厅兼礼堂。从1977年学校复办到1992年,学校先后新建和扩建教学用房28 389平方米、学生宿舍12 242平方米、教工宿舍32 331平方米、行政用房1 515平方米、各类生活用房10 369平方米,学校总建筑面积达到85 096平方米。2000—2005年,学校处于升格初期和接受教育部本科教学工作水平评估迎评促建时期,校园基本建设取得了长足发展。2017年,学校提出了建设上饶师范大学的总体目标,对照申办大学必须具备的七项办学指标,规划在"十三五"期间完成新的田径训练场、理化实验楼、艺文楼(校史馆)、新的图书馆、学生公寓、综合体育训练馆、博士过渡住房、大学生创新创业中心、大学生艺术中心、学生饮食生活服务中心等十大建设项目,项目总建筑面积约17万平方米,建设资金约为8亿元。

二、教学用房

1981年,投资建设化学楼,面积5 380平方米。1986年,建成6 770平方米的图书馆。1987年,对教学主楼进行扩建加层工作,改建后的教学主楼共六层,建筑面积10 028平方米。1990年,开工建设物理楼,建筑面积4 000平方米,新建了2 000平方米的体操房。1998年,新建政法楼,建筑面积1 478平方米。教学用房基本满足当时的教学需要。

2000—2005年,新建实验教学楼,建筑面积4 650平方米;新建综合教学楼,建筑面积25 427平方米;新建音乐楼,建筑面积9 181平方米;新建美术楼,建筑面积8 835平方米;新建图书馆,建筑面积17 240平方米;同时还新建行政办公楼、后勤办公楼、基建办公楼等。2011年,开工建设逸夫文科教学楼,2015年竣工并投入使用,建筑面积25 538平方米。2017年,开工建设理化实验楼,建筑面积19 215平方米,建成后教学行政用房建筑面积将达到150 000平方米。

三、场馆建设

升格前,学校只有400米煤渣跑道田径场1个,6块水泥地面篮球场,泥土地面曲棍球场1块,老体育馆(兼体操馆)1个。升格后,为满足教学需求,大力加强体育场馆建设,目前建有400米塑胶跑道标准田径场2块,面积45 000平方米;篮球排球场29块,网球场6块,面积约为5 000平方米;综合体育馆1幢,面积约为10 000平方米;综合训练馆1幢,面积约为15 000平方米;体操馆1幢,面积约为2 500平方米;门球场2个,面积约为3 000平方米;老年活动中心1幢,面积约为4 000平方米;2017年,对篮球排球场进行硅PU改造,面积约为

15 600平方米。目前,学校体育场馆面积达到100 000平方米,拥有了一批环境优美、设施条件较先进、功能较齐全的体育教学、体育训练、体育比赛场所。

四、学生公寓

1984—1999年期间,随着办学规模的不断扩大,原有学生宿舍已不能满足学生住宿需要,学校先后投资兴建了4栋学生宿舍,总建筑面积15 526平方米,有学生寝室600余间,可容纳4 800余名学生住宿。

2000—2013年期间,学校兴建学生公寓19栋,总建筑面积108 842平方米,可容纳15 500余名学生入住。现有的学生宿舍全部实行公寓化管理,每间住4~6人,每层设有活动室和开水房,每间寝室均有电话、网络、电风扇、衣柜、书桌、热水供应设备、卫生间、阳台等设施。

五、教职工住宅楼

1974年,原上饶师范学校曾建成两栋教工宿舍。1978—1986年,学校陆续建成六栋教工宿舍,建筑面积约1 500平方米。为方便教工生活,1989—1992年,学校在水南街滩头先后建成三栋教工宿舍,建筑面积5 998平方米。2000年和2005年,学校先后在校内兴建两栋六层教职工楼,建筑面积11 500平方米。2016年,学校建成七栋456套公租房,建筑面积23 537平方米。目前,教工宿舍建筑面积约70 000平方米。

六、餐饮及其他生活服务设施

目前,学校建有学生食堂1栋,建筑面积4 000平方米;学生餐饮中心1栋,建筑面积12 000平方米。同时,各类生活服务设施齐备,有少数民族餐厅、特色小吃店、生活超市、无负压供水房、快递服务点、书店、音乐演奏厅、书画展厅、图书馆、驾校和驾校练习场、银行办事处,建有消防、监控、有线和无线网络、广播、电视电话等设施,添置了一卡通、学生公寓门禁身份识别等系统。

第三节 图书馆与图书

1977年底,复建学校图书馆和中文、数理化等专业资料室。随后,相继建成英语、政教、历史专业资料室。1987年6月,建成面积6 770平方米的图书馆。2005年10月,建成面积17 240平方米的新图书馆。

从复校建馆以来,图书资料建设得到快速发展,从复建时馆藏图书2万余册始,发展到目前,纸质馆藏图书151余万册、电子图书158万余册、中外文纸质报刊1 243余种。有中外文电子资源《中国期刊网》《万方数据库》《书生之家》《超星数字图书》《新东方多媒体学习库》《人大复印资料》《网上报告厅》《职业培训库》及万方外文期刊(NSTL)、Springer、WorldSciNet、Ebsco等数据库,已经形成了包括人文科学、社会科学和自然科学的多种类型、多种载体的综合性馆藏体系。

第四节　校园网络建设

1999年,校园网通过Chinanet连入Internet。2000年,建教工宿舍子网。2001年,出口带宽增至2M。2002年,接入Chinanet的带宽升至100M并以2M带宽接入Cernet,学校投入61万元,添置一批交换机服务器。2003年,启动"数字校园"建设规划。2004年,投入745万元实施"数字校园"建设项目。2005年,"数字校园"建设项目完成。2006—2011年,不断优化网络结构,更新核心设备,增加网络应用。2012年,新办公软件OA投入使用。2013年,逸夫楼无线网应用建设。2015年,提升电信出口带宽至2G。2016年,开始智慧校园建设调查和研究。2017年,提升教育网出口带宽10M,公租房网络建设调试投入使用。

校园网现拥有网站集群软件、数字图书馆系统、教务管理系统、科研管理系统、办公自动化系统、人事管理系统、电子邮件系统、统一身份认证系统、上网行为管理系统、网络计费系统、财务管理系统和网络管理平台、智能电表管理系统等。

第五节　校园文化建设

校园文化是一所学校综合实力的反映,校园文化的核心竞争力主要表现在文化的凝聚力和创造力,优秀的校园文化能赋予师生独立的人格、独立的精神,激励师生不断反思、不断超越。学校坚持开展以形势政策、爱国主义主旋律教育为主要内容的各种报告、讲座、红色寻根之旅等活动,积极引导学生投身"三下乡"社会实践活动,经常性举办知识讲座、辩论赛、社团嘉年华、演讲比赛、征文比赛、青马工程、科技文化节、学术讲座等活动。

一、大学生科技文化节

2003年,举办首届科技文化节,之后每年举办一届,迄今已成功举办16届。文化节围绕思想引领、学术科研、创新创业、国学传承、生活服务等多方面内容,累计举办百余场文化科技活动,打造了"大学生学术科技项目竞赛""谷雨诗会""成语英雄大会""主题文化作品比赛""寝室美化设计比赛""大学生院际辩论赛"等校园品牌文化项目,丰富了在校生的课余生活。

二、社团文化建设

大学生社团是学生依据兴趣爱好自愿组成,按照自身章程自主开展活动的群众性学生组织。1984年12月,学校成立第一个学生学术社团——"灵山学社"。2002年,团委举办第一届"社团文化节"。2005年,在全省首届"大学生社团文化节"中,大学生环保休闲运动协会荣获"全省大学生示范社团"称号,1名指导教师被授予"全省优秀大学生社团指导老师"称号,4名同学被授予"全省大学生社团工作先进个人"称号。此后,在省级以上社团活动评比中,共有9名指导老师、14名社团负责人、13个社团、4个集体获得表彰。

2008年4月,大学生环保休闲运动协会获2007年度"中国青年丰田环境保护奖"事迹表彰奖,是全国唯一获此殊荣的高校。

2013年11月,举办第一届"社团嘉年华"。

2016年,制定《上饶师范学院大学生社团管理暂行办法》。

目前,学校成立36个大学生社团,拥有注册会员8 000余人。

三、主题教育活动

以理想信念为核心,通过举办"青马工程"培训班、班级主题团日活动、演讲比赛、征文比赛、知识抢答竞赛、专家讲座、读书会、微博大赛等形式多样的活动,围绕"中国梦""社会主义核心价值观""四进四信""一带一路""一学一做"等主题,深入开展爱国主义教育、道德教育和素质教育,加强青年学生的思想引领工作。为积极响应团中央"走下网络、走出宿舍、走向操场"大学生主题群众性课外体育锻炼活动的号召,精心筹划了包括足球赛、篮球赛、羽毛球赛、校园吉尼斯、拔河比赛、"奔跑吧青年"等学生喜闻乐见的各项文体活动。

四、红色文化和传统文化教育

学校立足地方文化特色,开展"与信仰对话""读红色经典,抒爱国情怀"方志敏经典作品诵读大赛、红色经典故事会、五四红歌大合唱、《可爱的中国》读后感征文比赛和《可爱的中国》《清贫》主题书法作品征集、谷雨诗会、成语大赛等活动。

第六节 教风与学风

一、教风建设

学校先后制定《上饶师范学院"三育人"工作条例》《上饶师范学院关于进一步加强师德师风建设的实施意见》《上饶师范学院教师资格认定实施办法》《上饶师范学院教师职业道德规范》等文件,把师德师风纳入二级单位年度考核、教师岗位聘任、专业技术资格评定的重要内容,对于违反师德师风建设有关规定的行为采取"零容忍"和"一票否决制"。

积极探索师德师风教育形式,先后开展以"共铸理想信念、共促科学发展"和"明荣辱、铸师魂、促和谐"为主题的师德师风建设活动。同时,学校把师德师风建设工作纳入教师岗前培训计划,开设"高校教师职业道德修养"等课程,聘请各级各类教学名师开设"教学名师论坛",为新教师传经送宝、讲授为师之道。

发挥模范教师的示范作用,树立典型,引领师德师风建设。学校有"全国优秀教师"1人,"全国教育系统职业道德建设标兵"1人,"江西省先进工作者"1人,"江西省师德先进个人"2人,"江西省模范教师"1人。

二、学风建设

制定《上饶师范学院学生考勤管理规定》《上饶师范学院学生综合素质测评实施办法》《上饶师范学院学生奖学金评定办法》《上饶师范学院学生纪律处分规定》《上饶师范学院学生评优办法》等管理文件,构建学风建设长效机制。实行学籍学位预警制,实行升留级制度,使学生教育管理有章可循,有据可依。

2000年起,每年开展的"无违纪稳定月"竞赛评比活动,弘扬优良学风考风。2004年开设《大学生文明修身实践课》,通过规范自身文明行为,促进文明习惯和文明行为的养成教育。截至2018年6月,已有14届43 800余人完成大学生文明修身实践课程。

各学院建立各具特色的学风建设方案,坚持学校和二级单位领导听课制度,加强学生党团组织建设,充分发挥自我教育和自我管理作用。2004年,印发《关于成立学风建设检查考评工作组的通知》,全面实施学风建设工作督查制度。2017年,学校成立"校风学风督查大队",加强校风校纪督查。2017年,印发《上饶师范学院学生工作"一院一品"实施办法》,凝练各二级学院学生工作特色,打造学校学生工作品牌。

第十章
继续教育与社会培训

第一节 概　　述

1994年,学校成立上饶师范专科学校培训中心。1995年,成立夜大学。1998年,成立上饶师范专科学校成人教育处及成人教育中心。2002年,成立上饶师范学院成教处和上饶师范学院成教分院。2009年,成立上饶师范学院继续教育学院。

二十多年来,继续教育学院先后开设了22个本科专业、24个专科专业的成人函授教育和自学考试,为社会培养毕业生21 580人(其中成人函授毕业生8 962人,自考毕业生12 618人;授予1 119人学士学位)。组织32 402人次参加全国计算机等级考试。培训养老护理员175人、大学生紧急救护员1 600人、教职工紧急救护员90人。红色教育培训153人。中小学教师国家级培训计划(简称"国培计划")5 601人,"省培计划"1 312人。2004年,被评为"江西省高等教育学历证书电子注册管理先进集体"。2007年,被评为江西省自学考试"优秀主考学校"。2009年,被评为江西省自学考试开考25周年"优秀主考学校"。2011年,被评为江西省自学考试"优秀助学单位"。

第二节　成人高等教育

学校的成人高等教育创办于1994年。目前,学校成人高等教育有函授和业余两种教学形式,高达专、高达本、专升本三个办学层次,成人高等教育在校生共3 268人。截至2018年7月,授予成人高等教育本科毕业生663人学士学位。

表10-1　1998—2018年成人高等学历教育规模

年　份	招生数(人)	毕业生数(人)	年　份	招生数(人)	毕业生数(人)
1998	—	34	2001	962	45
1999		35	2002	1 555	76
2000		47	2003		107

(续表)

年 份	招生数(人)	毕业生数(人)	年 份	招生数(人)	毕业生数(人)
2004	1 825	838	2012	806	365
2005	653	1 279	2013	536	420
2006	612	154	2014	755	297
2007	648	1 445	2015	571	513
2008	389	502	2016	969	469
2009	430	530	2017	969	668
2010	484	420	2018	1 527	539
2011	320	179	合计	14 011	8 962

第三节 自学考试

学校自学考试工作始于1995年9月。1999—2011年停止招生。2005年,正式成为自学考试主考学校。自开设自考以来,共有62 800余人次参加考试,毕业学生12 618人。截至2018年7月,授予自学考试本科毕业生456人学士学位。

表10-2　2005—2017年自学考试毕业生人数

毕业时间	毕业生数(人)	毕业时间	毕业生数(人)	毕业时间	毕业生数(人)
2005年6月	29	2009年12月	766	2014年6月	326
2005年12月	85	2010年6月	551	2014年12月	588
2006年6月	380	2010年12月	1 060	2015年6月	123
2006年12月	282	2011年6月	547	2015年12月	352
2007年6月	532	2011年12月	1 244	2016年6月	123
2007年12月	460	2012年6月	638	2016年12月	166
2008年6月	828	2012年12月	963	2017年6月	57
2008年12月	564	2013年6月	433	2017年12月	34
2009年6月	473	2013年12月	995	2018年6月	19

第四节　全国计算机等级考试

2006 年,经江西省自学考试委员会批准,学校正式成为全国计算机等级考试(NCRE)考点。截至 2018 年 3 月,共组织 25 次全国计算机等级考试,累计报名人数 32 402 人次。

第五节　各级各类培训

社会培训是继续教育转型发展的重要内容。目前,继续教育学院主要开展了养老护理员培训、紧急救护员培训和方志敏"可爱的中国"红色培训等项目。中小学教师国家级和省级培训计划项目(分别简称为"国培计划"和"省培计划")工作已于 2018 年划归继续教育学院。

养老护理员培训工作。2015 年 10 月,学校成为江西省首批养老护理员培训基地。2016 年 8 月,举办第一期"上饶市初级养老护理员培训及鉴定班";11 月,举办了"景德镇及周边地市养老护理员入职培训班"。2017 年 5 月,举办第二期"上饶市初级养老护理员培训及鉴定班"。目前,已对 175 名基层民政所、公办和民办养老机构及居家养老服务中心的养老护理员进行了培训。

紧急救护员培训工作。2017 年 5 月,举办第一期紧急救护员培训班,目前,已培训 17 期,培训学生紧急救护员 1 600 人,教职工紧急救护员 90 人。

红色培训工作。2018 年 4 月 10—17 日、5 月 8—15 日,153 名来自柳州市鱼峰、城中、柳南、柳北四个城区的政协主席、副主席、常委和机关工作人员分两期参加了以"可爱的中国"为主题的培训班。红色培训在教学形式上,采用专题授课、情景教学、分组讨论等,并深入到弋阳县方志敏纪念馆、玉山县怀玉山清贫园、横峰县闽浙皖赣苏维埃革命根据地旧址群等地进行现场教学。

行业培训工作。2017 年 9—10 月,与上饶市城乡规划局合作,联合举办上饶市村镇规划管理人员培训班,培训学员近 500 人。

"国培计划"工作。2013 年,学校正式开始承训"国培"计划项目。2016 年 4 月,成立国培工作领导小组,詹世友任组长,下设国培办公室,负责统筹全校"国培计划""省培计划"工作。2013 年,开始承训江西省第一批农村幼儿教师短期培训集中项目,培训幼儿园教师186人。2014年,承训江西省农村新入职幼儿教师短期集中培训和送教到县2个项目。2015年,幼师国培项目培训513人,中西部项目培训907人。2016年,幼师项目培训619名幼儿园教师,中西部项目培训1 288名中小学教师。2017年,中西部项目培训1 149名中小学教师,培训582名幼儿园教师。2018年3月,"国培计划"工作划归继续教育学院,成立国培科。

"省培计划"工作。根据《江西省万名乡村音体美教师培训实施方案》精神,学校承接上饶市乡村音体美教师培训工作。2016年,培训656名乡村音体美教师,其中乡村美术教师210名、乡村音乐教师221名、乡村体育教师225名。2017年,培训701名乡村音体美教师,其中乡村美术教师229名、乡村音乐教师237名、乡村体育教师235名。

第十一章
国际交流与合作办学

第一节　概　　述

国际交流与合作是新时代社会主义大学办学的五大职能之一。实施高等教育国际化发展战略是提高大学高等教育质量、提高创新能力和提高国际影响力的重要途径。由于上饶处于原军事管理区，上饶师范学院国际交流与合作工作起步较晚。随着2011年军事管理区的开放，学校逐步重视国际交流与合作工作，坚持国际化办学战略，走开放办学之路。

上饶师范学院国际交流合作处（国际教育学院）前身是上饶师专外事办，2002年更名为外事处，2009年更名为国际交流处，2017年更名为国际交流与合作处（国际教育学院），2018年正式被确定为正处级职能部门。现设综合科、留学生及外教管理科。国际交流与合作处（国际教育学院）是上饶师范学院负责外事工作的职能机构，是学校执行国家外交政策和教育外事政策、处理全校外事工作和对外教育合作的归口部门，肩负着外事政策把关、外事管理和国际教育合作等多项职责。

近年来，学校积极开展多渠道、多层次、全方位的国际合作与交流。目前，已经与美国、加拿大、英国、韩国、泰国等国家的十余所高等学校和办学机构签署了合作协议或谅解备忘录，与多所高校建立了常态化的合作关系。通过联合学位教育等形式，开展了教师与学生的国际培养。每年都有国外专家、学者来校任教、短期讲学。每年选派部分师生到世界各地开展国际学术交流和短期游学。广泛密切的国际合作与交流，促进了学校的建设与发展，丰富活跃了校园文化氛围。

第二节　国　际　交　流

一、来访接待

近年来，共接待来自加拿大荷兰学院、美国督尤维尔学院、美国中阿肯色大学、美国尼亚加拉大学、泰国武里南大学、墨西哥南方大学、韩国圆光大学等国

(境)外来访团组20批154人次。

二、因公出国

严格遵守中央"八项规定"精神和上级有关通知文件精神，对因公出访的管理实施归口管理及多部门联动审批制度，近年来，派出12批40人次因公出访。

近年来，校级领导出访的主要国家和大学有：

2015年10月22—29日，赖明谷副校长应邀率团出访美国、加拿大。先后访问了美国蒙东娜大学、督优维尔学院和加拿大荷兰学院。

2016年12月，赖明谷副校长率团对泰国武里南皇家大学进行了为期5天的访问。《亚洲日报》刊登了赖明谷副校长访泰的消息。

2017年12月15—20日，应墨西哥南方大学和美国尼亚加拉大学的邀请，校长詹世友率团出访上述两所大学。

2018年4月27日—5月4日，应泰国武里南皇家大学校长马尔妮·褚特帕玛女士、马来西亚拉曼大学校长蔡贤德高级院士的邀请，朱寅健书记率团先后赴泰国武里南皇家大学、拉曼大学参加国际学术研讨会，进行访问考察。在泰期间，访问了素辇泰中友好交流协会、培华学校，受到了当地华人华侨的热烈欢迎。《亚洲日报》刊登了朱寅健书记率团访问的消息。

三、校际合作

2013年6月，学校与加拿大荷兰学院合作举办学前教育专业专科学历教育项目通过省教育厅批复。

2014年6月，学校与加拿大荷兰学院合作举办会计电算化专业专科学历教育项目通过省教育厅批复。

2016年6月，与美国督尤维尔学院达成"2＋2＋1"本硕连读项目合作协议；12月，与泰国武里南皇家大学签订学生互换项目协议。

2017年3月，与美国尼亚加拉大学达成"3＋1＋1"本硕连读项目协议；与墨西哥南方大学签订语言教育交流项目协议。6月，与泰国武里南皇家大学签订学生互换、教师交流等项目合作协议。12月，与美国尼亚加拉大学签署旅游管理专业"3＋1＋1"本硕合作协议。

2018年5月，与爱丁堡龙比亚大学达成合作学生交流交换项目协议。6月，与韩国圆光大学达成教职员工交流进修项目协议。

四、国际学术会议

近年来,学校加大了国际学术交流力度,主办了一系列国际会议。

2016年7月,与美国价值与哲学研究会共同主办"道德责任与人的品性"国际学术研讨会。来自印度、美国、加拿大、意大利等国的13位外国学者和来自国内高校、科研院所的20余位专家学者出席研讨会。

2018年4月,与泰国武里南皇家大学联合举办"全球化背景下人文社科发展机遇与挑战"的国际学术研讨会。来自全球12个国家、地区,17所大学的40多名专家学者出席会议,发表论文119篇。

2018年6月15—18日,体育学院举办建系(院)以来首次国际交流会——"中菲高校大学生学术交流会"。来自菲律宾卡斯迪国立大学的博士、硕士研究生10人,国内高校的博士生、硕士生、本科生100余人,国内武术拳种代表44人参会。会议内容包括武家学派及其体系构建研究专题报告、中菲武术交流表演、武家学派课程体系教材评审、《散手道教育项目指南》评审,以及杨氏八形掌16式教学实践等。

五、学生交流

2016年7月,学校派出12名学生组成"中国江西省—全罗南道中韩青少年友好交流访问团",赴韩国全罗南道进行为期8天的教育交流访问。11月,韩方派出来自韩国全罗南道多所高校的24名大学生对学校进行为期8天的回访。

2016年12月,与泰国武里南皇家大学签署合作协议,约定两校每年互派10名留学生开展短期语言文化培训。2017年6月,学校迎来了泰国武里南皇家大学第一届汉语言文化培训班留学生,学校精心遴选了优秀专业教师为泰国武里南皇家大学的留学生授课,课程涵盖汉语口语、中国文化、综合汉语、中国书法等语言教学及中国传统文化内容,该期培训班为期10天。11月,学校6个专业9名学生应邀回访泰国武里南皇家大学,接受了为期10天的泰国语言文化培训。2018年5月,泰国武里南皇家大学第二届汉语培训班留学生来校交流。两校还就2020年正式派遣学历留学生等项目达成意向。

2017年5月,经济与管理学院中加合作班学生黄筠博、周婉赴加拿大荷兰学院参加为期两周的游学活动。

第三节 合作办学

2012年3月,学校取得由教育厅颁发的接受国外留学生的资格证书,包括短期进修生和学历生。11月,与加拿大荷兰学院签署学前教育专业专科教育合作办学协议书。2014年开始招生。截至2018年6月,已招收四届学生共110名。选派3批共6名学前教育专业教师赴加拿大进行为期三个月的专业培训。荷兰学院每学期选派专业教师到学校为学生进行短期授课。

2013年,与加拿大荷兰学院签署会计电算化专业专科教育合作办学协议书。2014年开始招生。截至2018年6月,已招收四届学生共110名。选派3批共6名会计电算化专业教师赴加拿大进行为期三个月的专业培训。荷兰学院每学期选派2名专业教师到学校为学生进行短期授课。

2016年6月,与泰国武里南皇家大学签署交换学生项目协议,双方每年各选派一定数量的学生到对方学校进行为期两周到一学期的学习。同时签署英语双学位合作项目协议,开展联合培养工作,为双方合作院系的参与学生颁发两个学校的学位,并就在武里南皇家大学开设孔子课堂及孔子学院的建设事宜进行探讨。与美国督尤维尔学院签署了"2+2+1"本硕连读合作办学协议,约定学校外国语学院商务英语、英语、翻译专业学生,经济与管理学院国际经济与贸易专业学生,可以"2+2+1"方式在督尤维尔学院商务管理或国际商务专业进行本硕连读,毕业时获得两校学士学位证书及督尤维尔学院硕士学位证书。

2017年3月,与墨西哥南方大学签订语言教育交流项目协议,约定两校将通过开展语言教育合作交流项目、师生互换项目等多种形式的合作进一步促进双方学术研究和增强学生教育交流。12月,与美国尼亚加拉大学达成"3+1+1"本硕连读合作办学项目协议,约定学校历史地理与旅游学院旅游管理专业学生,可以"3+1+1"形式在尼亚加拉大学旅游管理专业进行本硕连读,毕业时获得两校学士学位及尼亚加拉大学国际酒店和旅游管理商业管理硕士学位(MBA)。

2018年5月,与爱丁堡龙比亚大学达成合作备忘录,约定两校将鼓励双方教职员工进行合作与交流,其中包括两校之间互访、教师培养、学术刊物出版,以及教育合作等方面,并就合作办学("2+2"或"3+1"模式)、科研合作、学生交换等项目达成合作意向。美国杰克逊维尔州立大学克莱顿教授一行来校,就中美"3+1"模式合作办学事宜进行洽谈。

2018年6月,与韩国圆光大学达成友好合作交流协议,约定两校在教学、科研等方面进行合作,就交换生、教职员工交流进修、留学生互派、学术合作等事宜达成意向。

第四节　外籍教师管理

国际合作与交流处(国际教育学院)是全校外籍教师聘请工作的归口管理部门,负责审核各类外籍教师项目的聘请计划,审定聘请对象,办理聘请手续;负责外籍教师日常管理工作;协调教务处和外语学院对外籍教师的教学工作作出合理安排。

1992年以来,学校已先后聘请了30多名来自美国、英国、加拿大和新西兰等英语国家外籍教师。前期,学校外教由南京爱德华基金会选聘。2002年以来,由学校外事处负责外教的选聘与管理。

为加强对外籍教师的管理,根据国家外国文教专家管理工作的政策、法规及规章制度,从聘用规程、教学管理和日常生活管理等三方面制定详尽的管理条例。严格按照有关程序为外籍教师办理各种证件。要求外籍教师按我国的教育方针、政策、法规开展教育教学活动,并严格执行学校教学计划,确保教学质量。制定了《上饶师范学院外籍教师突发事件应急预案》,明确外籍教师遇突发事件时各部门工作管理流程,做好外籍教师的应急处理和风险防范工作。

第十二章
后勤服务与安全保卫

第一节 概　　述

后勤服务与安全保卫工作是学校整体工作的重要组成部分。学校党委行政一直重视后勤服务与安全保卫工作。1958年上饶师范专科学校刚成立就设置了总务处,全面负责学校的基本建设、物资采购、物资分配与管理、财务及其他工作,是当时学校设立的三个职能处室之一(另外两个为教务处和办公室),属于大后勤工作职能。随着学校事业的发展壮大,后勤服务管理职能和范围几度调整变化,1985年由总务处拆分设立四个职能处:总务处、财务处、基建处、劳动生产处。1987年又将以上四处重新合并为总务处。2002年根据教育部、省教育厅关于后勤改革的意见和要求,学校将总务处分为甲乙两方,甲方后勤管理处行使的是行政管理和监督职能,乙方后勤服务总公司行使的是经营职能。2010年甲乙双方又重新合并为后勤服务管理处。2013年基建工作独立设处。2018年基建处撤销并入后勤服务管理处,重新调整为后勤与基建管理处。虽然分分合合,但后勤人初心不变,努力服务好学校教学、科研、学生和党建等各项工作。

安全保卫工作肩负着学校政治安全、财产安全和师生生命安全的责任,承担着学校稳定和综合治理等各项工作。随着时间的推移,事业的发展,学校安全保卫工作的职能和组织机构也适时做了相应调整。学校成立时,没有单独设立保卫工作专门工作部门,隶属于学校办公室职责范围,1978年复校后在学校办公室下设了保卫科。1980年单独设置保卫科,隶属学校办公室,但相对独立开展工作。1998年保卫科升格为保卫处,作为学校职能处之一。1989年经上饶市公安局批准同意成立师专派出所。无论是早期隶属于学校办公室的保卫科,还是独立设置的保卫处,一代代保卫工作人员都为学校的改革稳定发展作出了应有的贡献。

第二节　后 勤 服 务

一、发展历程

1977年,后勤管理机构沿用原上饶师范学校总务处的体制。师专恢复后至

1985年,总务处下设行政科、基建办、财务科、卫生所;1985年至1987年,后勤管理机构作了相应的调整,原总务处划分为四个处:总务处、财务处、基建处和新增设的劳动生产处,在总务处下又设总务科、膳食科、水电科、园林科、车队、医务所;1987年,四处合并为总务处,下设财务科、总务科、膳食科、水电科、园林科、医务所和车队,增设劳动服务公司;1991年,总务科改称行政科,复设基建科,撤销园林科和水电科,同时将车队划出,归由校长(党委)办公室管理;1992年,对总务处再次进行调整,车队复归总务处行政科管理,将财务科划出作为校直属科,增设宿管科;2002年,组建成立了后勤管理处(甲方)与后勤服务总公司(乙方),实行后勤管理职能与经营服务职能的规范分离,后勤服务总公司成为自主经营、独立核算、自负盈亏、自我约束、自我发展的服务实体;2010年,按照现代大学管理模式,后勤管理处(甲方)与后勤服务总公司(乙方)正式合并,组建成立后勤服务管理处,下设综合科、维修科、水电科、饮食服务中心、宿管科、校医院。经营管理服务范围覆盖学校饮食、住宿、物业、生活、水电、维修、医疗等多个领域;2013年,复设基建处,基建科撤销;2018年,后勤服务管理处与基建处合并,成立后勤与基建管理处,下设综合科、饮食服务中心、宿舍管理科、水电管理科、校医院、工程监审科、基建维修科、校园管理科。

二、主要工作

1978年,学校新校舍的基建工作正式开始。学校在总务处设立基建办,具体负责学校基建工作的计划、实施和监督。到1993年,先后兴建和扩建教学用房28 389平方米,学生宿舍12 242平方米,教工宿舍32 331平方米,生活用房5 709平方米,行政用房1 515平方米,其他用房4 660平方米,总建筑面积85 096平方米,总投资1 031.47万元。1994年,学校占地面积300亩,校舍面积100 028平方米。1995年,对教学主楼进行维修和加层改造。1996年,学校对后勤管理提出"围绕一个中心,抓好四个改革、放开一个政策"的改革目标。1997年,建成学校食堂光电卡售饭菜管理系统;1998年,学校研究制定了后勤发展5年规划。1999年,积极服务"创办师院年";2000年,为升格提供了优质后勤服务保障。2001年,积极参与学校"学校升格后,我们怎么办"大讨论。2002年,面向内部实行全员竞聘上岗,岗位易动率达20%。2003年,建立了膳管委全程监督饮食工作制度,开辟了少数民族学生用膳专窗。2004年,成功承办了2004年江西省高校伙食管理专业委员会年会。2005年,完成了教育部本科教学工作水平评估服务保障任务。2006年,成功承办了江西省高校宿舍管理专业委员会赣东北片2006年年会。2007年,学生新食堂被评为"江西省卫生等级A级单位"。2008年,修订完善《上饶师院民族宗教工作联系会工作方案》。2009年,参加了省教育厅高校公寓文化建设成果展示,论文《"创新—亲情服务—育人"宿管新模式的思考与实践》获一等奖,活动图片获三等奖。2010年,引资近800万元建设了学生公寓供热系统。2011年,校园面积从983亩增加到1 586.1亩(含规划使用面积)。2012年,引资638万元建设了"数字后勤"系统。2013年,学校最大联体学生公寓第18、19栋建成,建筑面积1.4万平方米,可容纳2 480名学生住宿。2014年,利用300万元的中央财政资金,建设了学生公寓区、教学区、教工住宅区、商业网点区的电表智能计量控制系统。2015年,投资300万元建设了二次供水系统,彻底解决了校内各楼栋高层用水困难。2016年,学校被评为上饶市2016年度公共机构节能工作优秀单位,制定了《后勤服务管理处"十三五"规划》。

2017年以来,后勤服务管理处牢固树立"把师生员工当'家人',把师生意见当'家书',把后勤事业当'家业'"的服务理念,全方位做好后勤管理服务工作。11月22日,学校获得了上饶市"公共机构节水型示范单位"授牌;11月29日,人民网、江西日报、上饶之窗、今日头条报道了《上饶师范学院"家合"后勤兴》,这是后勤近20年来在《江西日报》刊发的第一篇文章,实现了后勤宣传工作的新突破,充分展现了后勤改革创新的新理念、新作为、新成效;12月,学校被评为上饶市2017年度公共机构节能工作优秀单位;12月12日,学校与上饶投资控股集团有限公司合作方案获得市政府常务会审议通过,7个亿的合作项目陆续落地,学校办学条件将得到极大提升。

2018年3月,学校获批"国家级节约型示范单位创建"资格,制定了《后勤服务管理处2018—2020年改革创新实施方案》;5月,江西教育网等8家主流媒体对学校食品安全宣传月活动开展情况进行了深度报道;6月,新浪网、江西手机报、上饶电视台等10家主流媒体对2018年学校"节能宣传周"启动仪式进行了头条报道;6月,搜狐网、中国江西网、江西手机报等22家主流媒体对学校最美后勤人"温馨送一程"——2018届毕业生文明离校免费送站服务活动启动仪式竞相进行了报道。

三、社会影响

后勤服务管理工作锐意进取,开拓创新,师生满意度日益提高,先后受到各级各类表彰数十次。1982—1984年,学校连续三次被评为省、市绿化先进单位。2003年,学校被省教育厅评为"抗非典先进集体"。2004年、2005年,后勤管理处被省高校后勤研究会评为先进集体。2006年3月,学校被全国绿化委员会评为"全国绿化先进单位"。2006年7月,后勤管理处被中共上饶市委评为"先进基层党组织"。2010年6月,学校被江西省教育厅评为"全省高等学校后勤管理工作先进集体"。2012年7月,后勤管理服务处被省教育厅评为"党建示范点"与"党建示范活动室"。2010—2017年,后勤管理服务处连续被校综治委评为"综治工作先进单位"。2017年12月,学校"五个一"的环境整治工作被省教育厅评为"平安校园建设"优秀成果二等奖。2018年4月,后勤管理服务处被全国教育后勤协会评为"2017年度全国教育后勤系统信息宣传先进单位"。

第三节 安 全 保 卫

一、发展历程

保卫处成立于2002年8月,其前身为1980年11月成立的保卫科。1989年10月,成立上饶市公安局师专派出所。1998年6月,保卫科更名为保卫处。2008年5月,师院派出所从保卫处分出。2009年12月,成立武装部,与保卫处合署办公。2002年9月,学校成立上饶师范学院社会治安综合治理委员会暨安全稳定工作领导小组,下设办公室挂靠保卫处。多年来,学校保卫处在学校安全管理、大学生安全教育、维护校园稳定、平安校园建设等方面做了大量的工作,取得了优异的成绩。

二、主要工作

学校在做好人防、物防、技防工作的基础上,注重安全保卫制度建设,从制度入手,以制度管人管事。先后制定和修订《上饶师范学院门卫制度》《上饶师范学院保卫处工作制度》《上饶师范学院保卫处考勤制度》《上饶师范学院保卫处政治业务学习制度》《上饶师范学院保卫处人员培训制度》《上饶师范学院保卫处治安巡逻、巡查制度》《上饶师范学院保卫处安全联络员制度》《上饶师范学院消防安全管理实施细则》《上饶师范学院校园交通安全管理暂行规定》《上饶师院矛盾纠纷排查调处制度》《上饶师院社会治安综合治理工作考核评比制度》《上饶师院社会治安综合治理工作督查督办制度》《上饶师院社会治安综合治理工作责任查究制度》《上饶师院社会治安综合治理工作一票否决制度》《上饶师范学院贯彻落实社会治安综合治理领导责任制实施细则》《上饶师范学院反恐怖主义工作责任制实施细则》等20多项管理制度，为建立长效机制打下了坚实基础。

2002年以来，根据安全保卫工作职能的扩大和工作需要，先后成立上饶师范学院综合治理委员会暨安全稳定工作领导小组、上饶师范学院国家安全工作领导小组、上饶师范学院消防安全工作领导小组、上饶师范学院反恐怖主义工作领导小组，全面落实综治安全稳定工作"一岗双责"和"一票否决"制度。层层签订责任书，落实各部门二级学院安全稳定工作责任。为做好学校安全稳定工作、推进平安校园建设提供了坚强的组织保障。学校非常注重校园安全设施建设，先后投入500余万元建设校园视频监控系统，共安装网络高清视频监控摄像头1 000余个。实现了校园视频监控全覆盖并与市公安局天网工程联网，对维护学校稳定、加强校园安全管理提供了强大的技术保障。学校还先后投入近100万元建设校园道路安全设施和大门门禁系统，投入200余万元建设维护学校各类消防安全设施。学校各类安全设施进一步完善，校园安全治安事故逐年下降，校园更加和谐稳定，师生安全感逐年提升。

三、社会影响

2000年，保卫处被省公安厅授予集体三等功。2000—2004年，保卫处连续四年被省教育厅评为"全省高校安全保卫工作先进集体"，连续多年获得全省大学生安全知识竞赛组织奖。2000—2004年，学校连续五年被上饶市公安局评为全市经济文化领域国保工作先进单位。2005年，学校被省教育厅授予首批"全省高校安全文明校园"称号。2010年，学校被上饶市国家安全局评为"国家安全人民防线先进单位"。2015年度，学校被上饶市政府、上饶军分区评为"征兵工作先进单位"。

2002年以来，学校多次被信州区综治委评为"社会治安综合治理目标管理先进单位"。2010—2012年,学校连续三年被上饶市综治委评为"社会治安综合治理目标管理先进单位"。2013—2017年,学校连续五年被省综治委评为"社会治安综合治理(平安建设)先进单位"。

第十三章
校友会与校友工作

第一节 概　　述

校友是指凡在学校各个历史时期毕业、结业、肄业或培训学习的学员,在学校工作过的教职员工,学校名誉教授、客座教授、兼职教授等。为进一步做好校友工作,充分发挥校友在学校建设与发展中的重要作用,2009年1月,学校成立校友会,挂靠党委(院长)办公室。2018年成立校友办,为党委(院长)办公室下属科级机构。多年来,校友会依照国家有关规定及章程开展活动,并通过组建各地校友分会及多种形式,联系和服务校友,积极为学校事业发展争取社会资源。

目前,已成立北京、南昌校友分会,嘉兴、深圳、上饶等地校友分会正在筹建中。

第二节　校友会活动

2009年1月18日,经上饶市民政局批复,同意成立上饶师范学院校友会。校党委副书记、校长柳和生担任上饶师范学院校友会首任会长,王秀章任常务副会长,赖明谷任秘书长,黎刚任副秘书长。

2009年3月9日,吴长庚一行赴广东普宁,走访考察普宁育英中学等九所学校,看望在普宁工作的48位毕业生。

2009年3月24日,中文科78(2)班校友,中共新疆维吾尔自治区和田地委党校副校长戴子清回到学校作题为《推动社会主义文化大发展大繁荣》的学术报告。

2009年11月23日,中文系83级校友、北京市威龙文化公司董事长陈剑回到学校作题为《自学超越》的专题报告。

2010年3月4日,吴长庚一行赴嘉兴看望校友。

2010年5月15日,中文系88(1)班校友,中国散文家、冰心散文奖获得者范晓波回到学校作题为《像石头一样飞》的生涯规划专题演讲。

2012年3月21日,《光明日报》刊载人物通讯《戴子清:三十年基层壮歌》,

报道学校优秀援疆校友戴子清矢志不移扎根边疆、建设边疆的事迹,引起广大师生热烈反响。5月7日,戴子清再次应邀回到学校,为2012届毕业生作援疆支教30年励志报告。

2012年9月28日,物理系校友、国务院学位办副主任、教育部学位管理与研究生教育司副司长孙也刚博士应邀回到学校作专题报告。

2012年10月4日,中文系92届校友、江西电视台著名主持人贾珍珍回到学校,看望恩师。

2012年11月2日,《中国工农红军第十军》作者、校友张建华回到学校作题为《血战东南铸丰碑——介绍中国工农红军第十军》的学术报告。

2012年11月12日,中文系93(3)班校友周亚鹰回到学校,看望恩师,并向文传学院师生签名赠书。

2013年1月11日,曹炳根、吴长庚一行赴嘉兴走访慰问学子。

2013年4月14日,江西电视台著名主持人金飞校友,江铜集团铜板带有限公司党委书记徐国彬校友回到学校举办题为《中国梦、创业梦——徐国彬、金飞与大学生纵谈人生传奇》第六期创业沙龙。

2014年5月20日,华东师范大学教授、博士生导师李文侠校友回到学校作学术报告。

2016年5月12日,中文系97届校友、大江网副总编辑王宣海受邀回到学校做客名师讲坛,作题为《新媒体发展趋势》的学术报告。

2016年5月13日,史地系校友、著名节目主持人、江西广播电视台社教部主任金飞应邀回到学校做客名师讲坛,作题为《90后大学生的自我认同和社会认同》的学术报告。

2017年5月,在上饶师范学院校园网开通校友会网页。

2017年7月16日,赖明谷一行赴深圳看望校友,召开深圳校友恳谈会。

2017年7月24日,赖明谷一行赴嘉兴、上海等地走访看望校友。

2017年8月17日至20日,校党委书记朱寅健一行赴新疆阿克陶县,走访当地政府和教育部门,慰问2017届7名毕业生。

2017年12月15日,黎刚等赴深圳看望校友,组织召开深圳校友分会第二次筹备会。

2018年1月5日,赖明谷主持召开建校60周年纪念活动推进会。朱寅健出席会议并讲话。

2018年1月28日,赖明谷主持召开纪念建校60周年工作推进会。

2018年4月3日,学校召开建校60周年纪念征文和校友信息采集推进会。

2018年8月11—12日,校党委书记朱寅健一行专程赴上海、嘉兴走访校友,召开座谈会,听取对学校工作意见建议。

第三节　各地校友分会情况简介

1. 北京校友分会

2009年12月1日,上饶师范学院校友会北京校友分会成立。外语系81级校友黄伟民当选为第一任会长。王秀章出席成立大会并宣读贺信,校友会副秘书长黎刚参加成立大会。

2. 南昌校友分会

2012年4月8日,上饶师范学院校友会南昌校友分会成立。李友鸿、柳和生、王秀章、黎刚等出席成立大会。77级校友王占铭担任南昌校友分会会长,92级校友李国峰、85级校友胡雪梅、83级校友林素君担任副会长,83级校友黄立峰当选秘书长,92级校友林承杰、98级校友彭承当选副秘书长。

3. 嘉兴校友分会(筹)

从1999年开始,一大批应届毕业生在学校的推荐下赴嘉兴市各级中学就业。据不完全统计,目前在嘉兴(南湖区、秀洲区、嘉善县、平湖市、海宁市、海盐县、桐乡市)各领域就业、创业的校友超过200人。

嘉兴校友的联系不断加强,上饶师范学院校友会嘉兴校友分会(筹)的组织网络初具雏形。

4. 深圳校友分会(筹)

2017年7月16日,深圳校友召开恳谈会,推选成立深圳校友分会筹备小组,由英之明任组长,姚雷任副组长,祝晓军任顾问,冯国平任秘书长,金胜荣、方立忠、俞朝新、许正兴、黄斌等校友为成员。

2017年12月15日,召开深圳校友分会第二次筹备会。推举吴晓明、姚雷、祝晓军、鄢红华、黄厚维、余晴等为轮值会长人选,王龙凑、甘忠海、陈国珍等校友加入理事会。

截至2018年3月,深圳校友分会由2017年的数十人快速发展到约550人,分别通过3个微信群开展交流与活动。先后组织了"新年第一跑"、校友生日宴、春游等活动,安排优秀企业家校友返校为在校生分享创新创业经验。2018年1月26日,开通了微信公众号。

5.上饶校友联谊会(筹)

上饶校友联谊会筹建于2016年11月,目前共建有校友群5个,在群校友1 000余人。徐金华任联谊会秘书长。

第十四章
二级学院史略

第一节 概　　述

二级学院是学校重要的组织机构,是支撑教学、科研、学生管理的坚实骨架,是组成一所高校的基本元素。学校各二级学院是在原教学科(室)、系的基础上发展而来的,主要经过了以下几个发展阶段:

1958年创办之初的上饶师范专科学校,只设有文史、数理两个专业;1959年赣东北大学时期调整为中国语言文学、数学、政治教育、机械制造工艺及设备、河川枢纽及水电站建设等专业;1962年赣东北大学停办,调整恢复上饶师范专科学校时设有政治教育、中国语言文学、数学、化学等专业。

1977年复校后设六个教学科,分别为中文科、艺术科、数学科、物理科、化学科、体育科;1979年增设英语科;1980年艺术科停止招生;1983年增设政教科;1984年筹建上饶师范学院时,设置中文、数学、物理、化学、政教、英语、体育七个教学科。1985年3月,教学科更名为教学系,增设历史系。1993年,艺术系恢复招生;1998年,原艺术系分设为美术系和音乐系。升格前夕,学校设10个教学系,分别为中文系、政教系、史地系、英语系、数学与计算机系、物理系、化学系、体育系、美术系、音乐系。

2000年学校升格后,二级教学单位也作过多次增设和调整。2001年设立教育科学系,2002年设立生命科学系,2003年设立经济学系。2009年在教学系的基础上,设立二级学院。2016年增设马克思主义学院。目前,学校设数学与计算科学学院、物理与电子信息学院、化学与环境科学学院、文学与新闻传播学院、外国语学院、政治与法律学院、历史地理与旅游学院、体育学院、美术与设计学院、音乐舞蹈学院、教育科学学院、生命科学学院、经济与管理学院以及马克思主义学院、继续教育学院等15个二级学院。本章只介绍设置本科专业的二级学院。

第二节　政治与法律学院

一、历史沿革

政治与法律学院的前身是上饶师范专科学校政教科。1983年,在马列主义教研室基础上设立政教科,政教科与原马列主义教研室,一套人马,两块牌子。设有党支部、行政科,下设哲学教研组、政治经济学教研组、中共党史教研组和历史教研组。教师总人数为20余人。政教科除担任全校的政治理论公共课教学外,还招收首届三年制政治教育专业专科生。

1984年,除招收普通大专班外,招收了教师班,学制二年。1985年招收教师班和干部班。1985年历史教研组划入新成立的历史系。1988年政教系下设哲学、政治经济学、中共党史、马列原著四个教研组,另成立电大办公室。除继续招收政教专业大专普通班学生,还开办了电大班。

1990年,马列主义教研室和政教系分开,学校将马列主义教研室和德育教研室合二为一,一套人马,两块牌子,至此,政教系不再承担全校的政治理论公共课教学。1993年,为适应社会发展需要,政教系除继续招收政治教育专业专科生外,增招经济管理专业专科生。1994年,政教系改为政法系,并增招法律专业专科生。

2000年学校升格后,政法系被列为第一批招收本科生的教学系,开设思想政治教育专业,同时招收政治教育、经济管理两个专业的专科生,并开始招收以上专业的本、专科成人教育函授班。2002年,开始招收法律专业本科生。2003年,开始招收公共事业管理专业本科生。2003年学校成立经济学系,经济管理专科专业划入经济学系。

2009年8月,政法系与思政部合并成立政治与法律学院。2016年1月,思政部与政法学院分离,单独成立马克思主义学院。2017年,学院在办好思想政治教育与法学两个本科专业的基础上,增设行政管理本科专业并开始招生。

二、学院概况

学院现有专兼职教师40人,其中教授5人,副教授11人;博士9人、硕士20人;取得律师资格证12人。学院设有思想政治教育、法学和行政管理三个本科专业,下设思想政治教育教研室、法学教研室和行政管理教研室等三个教研室。建有省重点学科"伦理学"和省级优质课程"马克思主义哲学原理""毛泽东思想概论",思想政治教研室为江西省高校教学团队。设立上饶市人大常委会地方立法研究基地、上饶仲裁法学研究中心、上饶市政府行政规章及规范性文件研究基地。现有全日制在校生876人。

三、教育教学

办学以来,学院根据地方经济社会发展的需要,围绕"宽口径、厚基础、强能力、重创新"的应用型、复合型高素质人才培养目标,科学制定人才培养方案,精心设置专业课程和实施各专业教学计划。思想政治教育专业继续保持思想政治教育专业的师范特色,法学专业坚持以服务法治江西建设和地方经济社会发展的需要为目标。学院不断加强教学设施建设,办学条件持续改善。学院于2015年建成能容纳100余人的模拟法庭,具有承担庭审观摩、模拟实习、辩论赛和专家讲座等多项功能。2016年学院购买了法学案例教学平台软件、法律文书写作软件、法律诊所平台软件、司法考试模拟系统软件、法律人职业技能测评软件,这些软件的应用有利于提升学生的综合能力。此外,学院与20多家校外单位签订合作协议,建立校外实践基地。

政法学院与马克思主义学院共同拥有图书资料室,藏书8千余册,有思想政治教育和法学类期刊20余种,与专业相关纸质图书15万余册、中文数据库12个。

学院重视学生专业素养和专业技能的培养,形成了良好的教风学风,教师爱岗敬业,教书育人;学生勤奋学习,全面发展。毕业生就业形成了通过公务员等考试实现就业的显著特色。近年来,毕业生就业率大幅提升,其中,考取硕研、公务员、大学生村官、三支一扶、中小学教师、事业单位人数约占毕业生总人数70%,毕业生创业人数名列全校前茅。法学专业毕业生参加全国司法考试通过率高于全国平均通过率。毕业生升研率在全校各学院名列前茅。建院以来,共培养毕业生4 000余人。

四、科研工作

近年来,学院教师完成省级教改课题10项,发表教改论文10余篇。发表科研论文130余篇,科研项目立项40余项,其中国家级项目4项,省部级项目30余项。

第三节 文学与新闻传播学院

一、历史沿革

文学与新闻传播学院源于1958年上饶师范专科学校建校之初创办的文史

专业。1959年3月赣东北大学成立后设立中国语言文学科,招收二年制师范专科生。1962年5月重办上饶师范专科学校,保留中国语言文学科直至1964年9月撤校,并改学制为三年。其间,中国语言文学科前后输送五届毕业生共计400余人。

1977年10月成立江西师范学院上饶分院,1978年4月上饶师范专科学校复校,均设中文科。1985年3月中文科更名为中文系,1998年中文系开始招收本科生,2003年中文系更名为中文与新闻传播系,2009年更名为文学与新闻传播学院。

二、学院概况

学院有文学和艺术学两大学科门类,目前下设文学、语言学、教师教育、传媒4个教研室,以及汉语言文字研究所、辛弃疾研究所等研究机构。现有汉语言文学、新闻学、播音与主持艺术、广播电视编导4个本科专业和语文教育1个专科专业。学院现有教职工68人(含兼职教师7名),其中教授7人,副教授22人;博士13人,硕士38人;江西省高校中青年学科带头人1人,江西省高校中青年骨干教师4人,2人入选江西省"百千万人才工程"。现有全日制在校本专科学生1 511人。

三、教育教学

学院坚持"对内激活、对外拓展"的办学理念,围绕"成人、成才、成师"的综合性、持续性教学提升策略,形成"人才培养、教学科研、学科建设"三位一体的融通型学科体系,培养适应地方经济社会发展的高人文素养、高业务水平的文教人才。

学院以培养地方应用型人才为目标,以汉语言文学专业为依托,以新闻学专业为特色,以播音与主持艺术、广播电视编导专业为优势,夯实专业基础,发展专业素质,重视内涵建设,培养实践能力,形成了找准办学定位、多学科交融互补、强化科研支撑能力、注重培养学生创作与实践能力的鲜明特色。汉语言文学专业有"中国古代文学""语言学"两个省级重点学科,其中"中国古代文学"是省"十一五""十二五"重点学科;新闻学专业是"省高校特色专业"及"省卓越新闻人才教育培养基地";"中国古代文学""现代汉语"是省级精品课程。教学成果荣获江西省高等教育第十一批省级教学成果一等奖。

学院具有较先进的教学硬件设施，教学设备总值 600 余万元，有小型演播厅 1 个、化妆室 1 个、摄影实验室 1 个、影视后期制作室 1 个、形体房 1 个。学院重视校外实习实训工作，在省市多家企事业单位建立了大学生实践教学基地。

学院注重增强学生的专业技能，提高学生的专业素养，组织开展教师基本功大赛、卡拉 OK 大赛、中华古典诗词对抗赛、古诗词创作大赛、主持人大赛、微电影大赛、摄影比赛、辩论赛、莎士比亚戏剧节、五四合唱比赛、谷雨诗会等校园文化主题活动。支持鼓励创建各类学习小组，如以播音班同学为主的话剧社，以学习视频拍摄后期制作的"西洲映像"，以锻炼新闻写作采访能力的"新传青年"。

四、科研工作

"中国古代文学"学科近五年连续获得 8 项国家社会科学基金项目，10 余项江西省各类科研项目，出版学术专著 15 部，多人次获得省级和校级科研成果奖；学科内设的"辛弃疾研究所"先后 5 次与中国词学会、中国李清照与辛弃疾研究会联合举办"辛弃疾与词学"国际学术研讨会，在国内外都具有一定的影响力。"语言学"学科近年来获 3 个国家级项目，多次举办各类学术会议，在省内具有一定的知名度。

第四节　历史地理与旅游学院

一、历史沿革

1958 年上饶师范专科学校成立时，设有文史、数理两个两年制专科专业（1959 年成立赣东北大学时，文史专业改为中国语言文学科）。1985 年增设历史系，设三年制历史教育专科，1986 年改为两年制专科；1988 年在历史系增设两年制地理教育专科。1991 年历史系恢复三年制专科，该年招收的学生兼学历史、地理。1992 年历史系更名为史地系，一直招收历史、地理两个专科专业的学生。1999 年增设旅游管理专科专业。

2001 年史地系开始地理科学、历史学本科专业招生，2003 年开始旅游管理本科专业招生。2009 年史地系更名为历史地理与旅游学院。为拓展专业领域，2010 年 9 月学院招收历史学专业人文教育方向本科；2012 年挂靠播音与主持艺术专业招收空中乘务本科;2012年为推动校企联合办学,招收了旅游管理专科(厦门天鹅酒店班);同年,在地理科学专业中开设了城乡规划方向。2017年招收空中乘务专科专业。目前,学院形成了以本科教学为主、本专科结合的办学格局。

二、学院概况

学院拥有一支素质较高,梯队合理,教学和科研能力兼备,奋发有为,积极进取的师资队伍。学院现有教职工49人,其中专任教师44人。专任教师中有教授5人、副教授14人;博士15人、硕士12人;外聘教授10人。在这支教师团队中,有江西省教学名师1人,入选江西省"百千万人才工程"1人,省高校中青年骨干教师6人。3人次曾获江西省优秀班主任、江西省优秀辅导员、江西省优秀团干等荣誉称号,1人获江西省高校优秀基层组织书记荣誉称号。他们成为引领学院教学科研发展和进步的带头人和骨干力量。

学院现有全日制本专科在校生992人。截至2018年7月,学院共培养了4 800多名本专科毕业生,分布于全国各地,为国家基础教育和企事业单位输送了大批优秀人才。其中许多毕业生在教育战线上辛勤耕耘,多数已成为省内外各级学校的教学骨干;部分毕业生选择考研深造;有的毕业生自主创业业绩喜人;有的毕业生在政界、商界工作,建树颇丰。

学院长期注重学生综合素质培养,全面提升其在学术、实践等各方面的能力,取得了丰硕成果。在近五年全省师范生教师基本功竞赛中,2人次荣获二等奖,8人次荣获三等奖。在2014年江西省大学生科技创新与职业技能展示活动中,学院学生获得本科理科组多媒体课件制作银牌1项;获得本科文科组多媒体课件制作、本科文科组教学设计、本科组旅游专业技能、专科组旅游专业技能铜牌4项。2015年,在第十四届"挑战杯"全国大学生课外学术科技作品竞赛江西赛区终审决赛中获得哲学社会科学类本科组三等奖1项;获得新丝路模特大赛赣东赛区十佳模特奖1项;获得"大美上饶"2015年中国旅游小姐全球大赛暨上饶市旅游文化形象大使二十强1项;获得"金驹杯"世界大学生摄影展十佳平面模特奖1项。在2017年省旅发委主办的江西省导游大赛中,学院学生分别荣获英文组和中文组第一名并获得团体优秀组织奖佳绩。近年来,学生主持国家级创新创业训练计划项目11项,发表学术论文10篇,近30人次在各级各类文体竞赛中获奖。旅游管理专业学生90%以上考取了全国导游人员资格证。

三、教育教学

学院的办学宗旨是为基础教育培养品德优良、专业扎实和本领过硬的优秀中学教师;为政府机关、文化产业及其他企事业单位培养政治坚定、视野开阔、实践能力突出的应用型人才。学院人才培养践行"尊重的教育""创造的教育"的办学理念。为了实现跨学科跨专业间的交融和渗透,强化学生专业基础,学院重点加大了旅游专业的建设和投入,取得了明显成效。2008年旅游管理专业被评为江西省特色专业,2011年又获批省级应用型旅游人才培养模式创新实验区,2015年获批省级专业改革综合试点专业。在历史学和地理科学专业中,学院重点建设了"世界通史""中国古代史""专门史""人文地理学"等基础课程。目前,"专门史"是江西省重点学科,"世界通史"和"中国古代史"为江西省精品资源共享课程。

学院具有较先进的教学硬件设施,各专业和所属科研机构拥有2 000余册专业图书资料,朱子文化数据库,方志敏研究中心数据库都在建设中,资料室总建筑面积为200余平方米;拥有与相关学科相配套的2个实训基地(航空模拟舱、3D模拟导游实训室),拥有地理基础实验室、地质学实验室、植物标本陈列室、遥感与GIS实验室、前厅实验室、客房操作实验室、餐饮操作实验室、咖啡酒吧与茶艺实验室等实践操作场所。基本能满足学生资料查阅和实验、实训的需要,达到加强学科建设和提高教学质量的目的,也奠定了特色专业建设与发展的基础。

学院重视实践教学,形成了课内实验与课外实践相结合、大二至大四逐层递进的立体实践教学模式。先后与20多家企事业单位和中学建立了长期合作关系,这些校外实训和实习基地的建设为人才培养提供了多维平台。学院还成立了以学生为主体的历史文化旅游协会、地理协会、公共关系协会等,为培养学生创新实践能力提供了有力保障。学院不断与时俱进,转变教育理念、改革课程体系。坚持课程设置与课程内容的基础性,培养学生的核心知识、核心能力;坚持知识、能力和素质的协调发展,为学生的终身学习与发展奠定宽厚基础。

四、科研工作

学院教师立足上饶,求真务实,刻苦钻研,在朱子学研究、方志敏研究、中华民国史研究、赣东北旅游文化研究、三清山植物研究等方面形成了自己的研究特色和优势。学院教师1999年获全国当代历史教学优秀论文评选一等奖1项；2005年、2010年获得省教学成果二等奖两项（第四获奖人1项；第一获奖人1项）；2005年获第十一次社会科学优秀成果三等奖1项；2008年省高等院校第四届优秀多媒体教学课件大赛三等奖1项；2009年获省教育工会师德论文评选二等奖1项；2010年获省厅级高校辅导员优秀论文评选三等奖1项；2011年获第十四次社会科学优秀成果三等奖1项；2013年1人获省社会科学先进工作者；2015年获上饶市经济社会发展和人文社会科学课题研究优秀课题奖1项；2016年获江西省大学生科技创新与职业技能竞赛"优秀指导老师"荣誉称号1项；2017年获江西省导游大赛"优秀指导老师"荣誉称号2项。

学院始终以提高质量为生命线，教学科研水平逐年提升。2008年以来，学院科研团队建设成绩斐然，教师科研创新能力持续增强，重大科研项目申报取得突破，科研经费有了大幅增加，科研成果的数量和质量有了很大提高。学院教师在省级以上刊物发表论文200余篇，其中核心期刊论文40余篇，出版教材论著8部；主持国家社会科学基金3项和国家自然科学基金1项，教育部课题2项，主持省、厅级立项或结题课题40余项。以学院科研师资为基础创办有朱子学专业期刊《朱子学刊》。

历史地理与旅游学院将抓住高校"双一流建设"契机，树立以人为本，注重提高教育教学质量、科研水平和社会服务能力；注重建设在省内具有重要影响的师范教育和科研创新人才培养基地；完善学院内部管理机制，提升各项育人效能，加大产学研协同创新力度，增强服务地方经济社会发展能力。

第五节　外国语学院

一、历史沿革

1978年筹建上饶师范专科学校英语科，1985年英语科更名为英语系，1998年大学外语教研室从英语系剥离后改为外语系，2009年与大学外语教学部合并建立外国语学院。1979年开始招收三年制英语教育专科，1986年改为两年制专科，1989年恢复三年制专科。1994年招收商务英语专科专业，2000

年开始招收英语本科专业,2014 年增设翻译本科专业,2015 年增设商务英语本科专业。

二、学院概况

现有英语、翻译、商务英语 3 个本科专业和 1 个英语教育专科专业。有专任教师 70 人,其中教授副教授 21 人;外聘兼职教授 2 人,英美加籍外教 3 人;博士 4 人、硕士 50 人;校"教学十佳"3 人。学院现有全日制本专科学生 1 200 余人,已向社会各行各业输送毕业生 6 600 余人。

三、教育教学

学院依托师范类优势学科,注重师范特色,实行宽口径大类培养,加大学科交叉力度,把通识教育与专业教育相结合,把理论教学与实践教学相结合,把共性要求与个性培养相结合,培养"厚基础、宽口径、强能力、高素质"创新型人才。目前有"综合英语""英语语言学""大学英语"等省级精品课程和省级精品资源共享课程。2015 年 9 月与美术与设计学院共同设立书法实验班,选拔 25 名学生实行特色培养。学院对课堂教学抓紧抓实,突出基础与文化;对"二课"活动出新出彩,突出能力与创新。教师治学严谨,教学水平不断提高,在 2014 年新增翻译本科专业、2015 年新增商务英语本科专业后,学院进一步突出学生实践能力的培养;与校外机构合作,建立实践基地;抓住一切机会,组织学生参与在我市举办的各类涉外赛事和中外交流的志愿者活动;学生好学上进,学风优良,近年来升研率持续稳定,一直居省内同类院校前列;开展翻译志愿者和外语援教服务,与周边中小学合作,定期开展英语援教。2015 年起相继承担 CBSA 中式台球世锦赛、"金驹奖"世界大学生摄影展、"道德责任和人的品性"国际学术研讨会等多项外事活动志愿翻译服务。

学院先后与美国、泰国两所高校签订合作协议。

学院学生在"外研社杯"全国英语(演讲、写作、阅读)(江西赛区)大赛等各项赛事中多次获奖,2014 年代表 CCTV 杯江西赛区一等奖获得者参加中央电视台"希望之星"英语风采大赛决赛。2015 级翻译(1)班获 2016 年度全国高校"活力团支部"荣誉称号;徐志玲同学获 2016 年度"全国自强之星"提名奖。2015 年,两名教师分别获"外教社杯"教学比赛一等奖和二等奖。

四、科研工作

学院教师在《外语界》《外语学刊》《华东师范大学学报》《中山大学学报》《外语教学》和《外语学科》等专业类或综合类核心期刊公开发表论文 200 余篇,其中在 CSSCI 期刊上发表论文 10 多篇,在中文核心期刊上发表论文近 40 篇。出版专著、译著、教材近 40 部。主持国家科研基金项目 2 项,主持江西省社科规划项目、江西省高校人文社科项目等 30 余项。

第六节 数学与计算机科学学院

一、历史沿革

数学与计算机科学学院前身为 1958 年上饶师范专科学校建校时的数理专业,为二年制师范类专业。1959 年 3 月更名为数学科,1959 年 4 月赣东北大学成立后沿用数学科。1962 年 8 月赣东北大学撤销后重办上饶师范专科学校,保留了数学科,为三年制师范类专业。1964 年数学科随学校停办而停办,1977 年随学校复校而复办,1985 年更名为数学系,1987 年开始与江西师范大学联合招收数学教育四年制本科生,2000 年独立招收本科生,1995 年更名为数学与计算机科学系,2009 年 8 月与大学计算机教学部合并建立数学与计算机科学学院。

二、学院概况

学院现开设数学与应用数学、计算机科学与技术、信息与计算科学、信息管理与信息系统、应用统计学、经济统计学、电子商务、数据科学与大数据技术等 8 个本科专业,数学教育、计算机应用等 2 个专科专业。现有教职工 60 人,其中教授 7 人,博士 14 人,硕士 42 人,硕士生导师 5 人;享受国务院特殊津贴 2 人,享受省政府特殊津贴 2 人,江西省高校中青年学科带头人 3 人,1 人入选江西省"百千万人才工程",江西省高校中青年骨干教师 5 人,江西省教学名师 1 人,上饶市"信江英才 866 工程"领军人才 2 人。现有全日制本专科学生 1 400 余人,已培养本专科毕业生 6 000 余人。

学院"应用数学"为江西省"十五""十一五""十二五"省级重点学科,并于

2011年获得中央专项250万元的经费资助。

学院拥有计算机软件实验室2个,计算机网络及硬件实验室1个,数学与统计建模实验室1个,概率统计实验室1个,电子商务实验室1个,移动互联实验室1个,微格教室1个,图书资料7万余册。

三、教育教学

学院重视教学工作,教学质量稳步提高,复合型人才培养取得较好效果,在本科生考研、学生教师教学基本功训练和学生实践动手能力培养等三个方面成效显著。

"数学与应用数学"专业2010年入选国家特色专业,2013年入选江西省普通本科高校专业综合改革试点项目;"计算机科学与技术"专业为江西省特色专业和江西省品牌专业,并于2012年入选江西省普通本科高等学校卓越工程师教育培养计划项目,获省财政专项资金资助160万元;计算机应用技术为江西省高职高专教育示范专业。"数学分析"为省级教学团队,"数学分析""数据结构""概率论与数理统计""计算机文化基础"4门课程为省级精品资源共享课。

学院建立以学校周边中小学为主、覆盖全市的教育实训、实习基地网。在北京千峰、IBM软件产品实训基地华点软件学院(嘉兴)、安博教育集团(昆山)服务外包产业园、苏州软件园、上饶市中科云计算中心大数据研究院等机构和企业建立了实训就业和校企合作人才培养基地。

学院学生参加教学基本功竞赛多次获国家三等奖和省一等奖,在数学建模竞赛中也多次获得国家一等奖和省一等奖,计算机科学与技术等专业在创新创业类比赛中多次获得省级一等奖。目前已有500余人考取硕士研究生和博士研究生。

四、科研工作

学院先后主持国家自然科学基金项目13项,省自然科学基金项目30项,省教育厅科技项目26项,省教改项目35项;科技成果获江西省高校科技成果二等奖2项、三等奖1项。在《中国科学》《数学学报》《应用数学学报》《数学年刊》《计算机学报》等国内期刊和国外SCI收录等学术期刊上发表论文700多篇,出版学术著作和教学参考书30余部。

第七节 物理与电子信息学院

一、历史沿革

物理与电子信息学院的前身为1958年9月创建的上饶师范专科学校的数理专业,1959年3月上饶师专、上饶工专、上饶医专合并成立赣东北大学,设立机械科和水电科。1978年复校后设物理科,1985年3月更名为物理系,2005年3月更名为物理与电子信息系,2009年更名为物理与电子信息学院。2000年9月开始招收全日制本科生。

二、学院概况

现有专任教师58人,其中教授8人,副教授14人,讲师24人;博士32人,硕士17人;博士生导师2人,硕士生导师5人;3人入选江西省"百千万人才工程"。近年来,学院教师围绕国家基础教育政策,紧扣社会和企业需求,先后承担国家级课题、省部级课题以及企业横向课题,其中国家自然科学基金6项,江西省自然科学基金等省级项目20多项,多项科研成果被鉴定为国内先进水平。

学院教师的总体教学水平较高。在2016—2017学年学校的四项教学质量评估中,18人次当选"我最喜欢的任课教师",28人次当选"我心目中师院的好教师",6人次当选"课堂教学优秀教师",32人次当选"教学质量位居前40%的教师"。近年来,有3名教师当选为学校的"教学十佳";在全省物理青年教师教学水平竞赛中,有2位教师获二等奖。

学院现有江西省重点实验室1个,江西省工程中心1个,省级人才培养模式创新试验区1个,省级特色专业1个,省级实验教学示范中心1个,省级精品课程3门。设有物理学、电子技术、数字媒体与教师教育、光信息科学与技术四个教研室。有电工电路、信号与系统、通信原理、电子技术、模拟电路、数字电路、高频电路、传感技术、机电、单片机技术、光电子技术、EDA、DSP、应用电工实训、电子技能训练、金工、摄影技术、非线性编辑、中学物理等各类实验室56个,计算机房2个,各类仪器设备总值1 600余万元,其中有X射线衍射仪、微波等离子体实验仪、激光拉曼光谱仪、电子衍射仪等大型精密仪器。2011年该院还获中央财政支持地方高校建设项目资金300万元。

三、教育教学

学院现有物理学、教育技术学、电子信息科学与技术、光电信息科学与工程4个本科专业，跨越了理、工、教育三大门类。经过多年的建设和发展，物理与电子信息学院逐步走出一条特色鲜明的发展之路，即以物理学类专业为依托，以电子信息科学与技术专业的卓越工程师为品牌，以教育技术学和光电信息科学与工程专业为支撑，强调夯实专业基础，发展专业素质，培养实践能力，形成了"理工交融、多科交叉，复合型人才培养；服务社会，实践教学，高素质应用型人才培养"的办学特色。

在专业建设过程中，学院紧密联系地方经济和社会发展的实际，开展实践教学工作。物理学和教育技术学紧盯师范教育特色发展趋势，强化学生通识教育和综合实践能力养成，构建"四年不断线"的教师技能培养体系，严格执行"教育实习8证书"准入制度，严格规范教育实习工作，为欠发达地区输送了大批复合型优秀中学师资。另外，这两个专业做精学术型人才培养，每届都有一批毕业生考取了硕士研究生，不少被211、985高校录取，升研率一直位居全校前列。电子信息科学与技术和光电信息科学与工程专业紧盯上饶和周边地区的经济社会发展需求，创造条件开设有关专业方向，为赣东北地区、浙江和上海等地的很多公司、企业、研发机构输送了大批高素质应用型人才。为了服务地方支柱型产业和新经济需要，全面对接上饶市"两光一车"的产业发展，已经与晶科能源公司开展合作，"晶科能源光伏班"于2017年9月开始招生50名；"电动汽车智能化工程中心"已经与多家汽车企业对接，开展相关项目的合作研究。

近几年，学院各专业积极申报教学质量工程项目。目前，有省级专业综合改革试点（电子信息科学与技术专业）、省高校特色专业（物理学）、省级人才培养模式创新实验区（欠发达地区一专多能物理教育人才培养模式创新实验区）、省级精品资源共享课（大学物理实验、数学物理方法）、省级实验教学实验示范中心（基础物理实验教学示范中心）、省级卓越工程师（电子信息科学与技术专业）等省级质量工程项目。学院教师承担了一批与企业合作的研究课题，吸收高年级本科生参与课题研究，教师把课题分解，作为本科生毕业论文选题供学生选择。要求大学四年级学生带着课题到中学实习，在指导老师指导下完成教改论文；到企业一线,完成毕业论文和毕业设计。围绕教学质量工程项目和横向课题,学院不断改革创新人才培养模式,培养了大批接地气应用型的技术人才。

四、科研工作

学院在物理、电子、材料制备及成型等学科领域的科学研究取得丰硕成果,尤其是在塑料制备成型研究、物理学一流学科建设方面特色鲜明。近年来,先后获批国家自然科学基金 6 项、江西省自然科学基金等省级项目 20 多项,承担"赣鄱 555 人才培养计划"项目、"江西省高校科技创新团队"项目等人才及团队建设项目 7 项,各类项目资助经费总额达到 600 万元。发表高水平学术论文 260 多篇,其中 SCI、EI 收录 60 多篇。出版专著、教材 18 部,获授权专利 10 项。

近年来,学院坚持产学研相结合,协同创新人才培养模式,主动融入地方经济建设,社会服务不断加强,产学研工作取得了新的进展。学院先后与晶科能源控股有限公司、江西速成科技有限公司、杭州迈可行通信股份有限公司、江西聚力新能源科技有限公司、中国联通上饶分公司等多家企业签订产学研合作协议,到账项目经费达到 300 余万元,转化专利多项。为主动服务上饶"两光一车"地方经济社会发展,学院成立了量子信息交叉研究中心,获批了江西省电动汽车部件智能化工程技术研究中心、江西省塑料制备成型重点实验室等。

第八节　化学与环境科学学院

一、历史沿革

化学与环境科学学院的前身是 1958 年成立的上饶工专化工科。1959 年 3 月上饶工专和上饶师范专科学校合并组建赣东北大学,化工科撤销。1962 年 5 月,赣东北大学改为上饶师范专科学校,设化学科,当年有学生 71 人,由原赣东北大学机械科 61 级学生 48 人和原赣东大学物理科 23 人转入。1964 年,上饶师范专科学校撤销,化学科 62 级 52 人转入江西师范学院化学科继续学习到毕业(仍为专科)。1977 年组建江西师院上饶分院化学科,当年招生 56 人。1978 年上饶师范专科学校复校,化学科也同时恢复,1985 年更名为化学系,2009 年 8 月更名为化学化工学院,2016 年 12 月更名为化学与环境科学学院。

1977年到2000年期间,除设立化学教育专业外,还先后设立过商品检测、化学工程、环境工程三个专科专业。1997年和1999年与江西师范大学合作培养招收化学专业本科生。2000年开始独立招收化学专业本科生。2003年以来,还先后设有应用化学、环境科学、材料化学等本科专业。

2002年招收生物教育专业(专科)85人,2002年成立生命科学系后,生物教育专业学生及5位生物专业教师一并转入生命科学系。

2003年,与南昌大学合作招收硕士研究生(应用有机化学研究方向,郑大贵兼任南昌大学硕士生导师)。

二、学院概况

学院现有化学、应用化学、环境科学、材料化学4个本科专业和1个化学教育专科专业。下设无机化学与教师教育教研室、有机化学与应用化学教研室、分析化学与环境科学教研室、物理化学与化工基础教研室等四个教研组。学院现有在职教职工57人,其中教授12人,副教授10人,高级实验师1人;博士25人,硕士22人;硕士生导师4人,享受国务院特殊津贴1人,江西省高校中青年学科带头人1人,江西省高校中青年骨干教师3人,江西省教学名师1人,4人入选江西省"百千万人才工程"。学院党总支2008年被评为"上饶市先进基层党组织",2009年被评为"全省高校先进基层党组织",2010年被评为"江西省师德建设先进集体"。

三、教育教学

学院重视教学工作。有机化学、无机化学为江西省精品资源共享课。2005年,应用有机化学实验室获批江西省高等学校重点实验室,2008年,基础化学实验教学中心获批江西高校实验教学示范中心。2014年,经江西省科技厅批准,与广丰县合信康宁生物医药科技有限公司合作成立江西省靶向药物工程技术研究中心。2004年,化学专业被列为江西省高等学校本科品牌专业。2009年,化学专业获批教育部、财政部第四批高等学校特色专业建设点。2012年化学专业获批"省级专业综合改革试点"项目。

学院现有核磁共振波谱仪、扫描电镜、红外光谱仪、高效液相色谱等一大批贵重精密仪器以及各种常规实验仪器设备,价值1 800余万元,能基本满足教学科研的需要。

从 2004 年到 2018 年，本科生毕业人数 1 923 人，考上研究生 645 人，考研录取率年平均为 33.54%，最高年份录取率达到 44.94%。

近三年来，学生参加江西省大学生实验技能竞赛、全国师范院校师范生教学技能竞赛、全国高等院校化学专业师范生教学素质大赛、"挑战杯"全国大学生课外学术科技作品竞赛等获得各类一、二、三等奖 37 项。

四、科研工作

学院重视科研工作。2000 年至 2018 年 6 月，先后获批国家自然科学基金项目 9 项，其他省级各类项目 77 项，横向课题 7 项，项目经费达 1 000 余万元。教师在各类学术期刊发表科研论文近 700 篇，获授权专利 21 项。获省教学成果奖 4 项，科研成果奖 1 项，出版教辅教材 6 部，自编讲义多部。

第九节　体　育　学　院

一、历史沿革

体育学院是 1978 年复校以来首批成立的科室之一，当时称体育组、体育科，后成立体育系，主要面向上饶、鹰潭及景德镇地区招收体育教育专业学生，并负责全校公共体育与群众体育活动的开展，1985—1993 年承办江西省体育局上饶运动班（田径、曲棍球项目），为国家队及省队输送了大量人才，并获得"曙光杯"全国青少年曲棍球比赛冠军。1993 年，体育系拆分为体育系与公共体育部，体育系负责体育专业学生的教育教学，公共体育部负责公共体育与全校群体活动，同年体育系增设体育保安专业（非师范），为上饶、鹰潭、景德镇公安系统培养出一批人才。1999 年增设社会体育专业（非师范），2001 年面向全国招收第一届体育教育专业本科生，2009 年增设体育艺术专业，包含体育舞蹈与健美操两个方向，同年，体育系与大学体育部合并成立体育学院。

二、学院概况

学院现有体育教育、社会体育、体育艺术三个本科专业，其中体育教育专业规模在江西省高校中位居前列。下设体育理论、田径、球类、体操、武术、体育艺术、公共体育、军事理论等8个教研室。现有教师67人,其中教授4人,副教授25人;博士12人,硕士30人;博士生导师1人,硕士生导师5人;江西省高校中青年学科带头人1人,江西省高校中青年骨干教师3人,1人入选江西省"百千万人才工程"。学院外聘客座教授29人,其中教育部体育教学指导委员会委员5人,博士、硕士学位点评审专家5人,博士生导师5人,硕士生导师21人,省中青年学科带头人15人,省教学名师10人。目前学院在校学生1 261人。

学院先后荣获"江西省群众体育先进单位"、省"学雷锋先进集体"、省"五四红旗团总支"等荣誉称号,2007年被国家民委、国家体育总局授予"全国民族体育先进集体"荣誉称号。

学院关心帮助困难学生,设立"和喜来"奖学金等由社会各界人士捐赠的奖助学金。

三、教育教学

学院紧跟社会经济发展,着眼于社会的实际需求,优化本科办学质量,不断深化人才培养模式,改革课程结构,秉持"一专多能"的复合性人才培养的办学定位,致力于打造富有体育精神,既能服务于体育教学,又能服务于体育产业发展的人才培养模式,以优质的人才输出彰显社会价值。有省级精品资源共享课1门。

学院积极更新教学理念,体育理论与实践技能并举,创新教学手段,教学中应用了情景模拟法、案例分析法、对分课堂、微格教学等丰富多样的教学手段措施。推进"以赛代考""阳光考试"考核方法改革,积极开发新兴课程,新增跆拳道、网球、定向越野、体育舞蹈、瑜伽等广受社会欢迎的课程。狠抓竞赛训练,以赛促教,以赛促学,组建有定向越野队、跆拳道队、网球队等18支训练队,定期参加全省和全国的各类赛事,让多数学生有机会参加高水平赛事。积极外聘高水平专家学者,已有985高校和专业体育院校的29名教授接受聘请,不定期给学生带来高质量的学术报告。

学院具有较为完备的教学硬件设施,设有运动解剖实验室、运动生理实验室、运动保健实验室。建有体育馆2座,标准田径场2片,室外篮球场22片、排球场7片,网球场6片,老年活动中心门球场2片。

四、科研工作

近几年,学院承担省社会科学规划课题 16 项,省高校人文社科课题 15 项,省教育科学规划课题 10 项,省教学改革课题 12 项。出版教材论著 10 部。发表专业学术论文 270 余篇,其中中文核心期刊论文 50 余篇,SCI、SSCI 期刊论文 12 篇,CSSCI 期刊论文 20 多篇,EI、ISTP 收录论文 8 篇。获得省级社科优秀青年成果一等奖 1 项、省社科优秀成果二等奖 1 项、省级教学成果二等奖 1 项。

学院近年来还承担省教育科学规划办横向课题 1 项,承担上饶市级有关部门和企业横向课题 4 项,项目经费达 300 多万,为地方经济发展提供了智力支撑。

第十节　音乐舞蹈学院

一、历史沿革

音乐舞蹈学院前身为上饶师范专科学校音乐系,创办于 1977 年,是江西省内较早设立音乐专业的高校之一。音乐专业创立之初,委托上清师范学校培养。1993 年,艺术系成立,下设音乐和美术两个专业。1998 年,艺术系分为音乐系和美术系,音乐系下设音乐理论教研组和声乐教研组。1999 年与江西师范大学合作招收首届音乐学专业本科学生,2001 年独立招收音乐学本科专业。2009 年 8 月,在音乐系基础上成立音乐舞蹈学院。

二、学院概况

学院现有音乐学、舞蹈学、戏剧表演三个专业,设立音乐舞蹈理论及教学法、声乐、键盘、管弦乐、基础技能、艺术实践、舞蹈等 7 个教研室和 1 个弋阳腔研究所。《声乐》为省级精品课程。

学院现有教职工 53 人,专任教师 43 人,其中教授 3 人、副教授 6 人;博士 1 人,硕士 16 人;江西省高校中青年骨干教师 2 人。现有全日制在校生 960 人。

学院教学设施较全,拥有数码钢琴教室 2 间,配有数码钢琴 41 台;舞蹈练功房 3 间、普通教室 10 间、琴房 128 间。有专业的音乐欣赏教室、多媒体教室、MIDI 音乐制作教室、服装保管室、乐器保管室、合唱教室(含合唱排练厅)、管乐和民乐排练室、小剧场、椭圆形音乐厅等,教学使用面积达万余平方米。

创办音乐专业以来,为赣东北地区培养了大量的音乐师资和音乐表演人才。2000年开始面向全国招生,至今为全国各地培养音乐舞蹈专业人才4 000余人。

三、教育教学

学院为适应中小学音乐教师"能唱、能跳、能奏、能讲、能教"的全面发展要求,开设了基础声乐、基础钢琴、形体与舞蹈、钢琴即兴伴奏、中学课外活动组织、中小学实用乐器演奏与教学、中小学鼓号队训练等课程。重视艺术实践,在全市范围设立了8个教育实习和专业实训基地,组织了合唱团、舞蹈团、民乐团、管乐团、话剧团等艺术社团,并把赣东北民间舞蹈、赣东北民间音乐融入到课堂教学中,充分挖掘本土文化资源,形成地方高校音乐教育发展的特色。

近年来,民乐团自行创作的民乐合奏《梦想曲·花闹台》获得第八届江西省大学生艺术展演三等奖,话剧《生死场》获第五届中国校园戏剧展演"观众最喜爱剧目"。为弘扬方志敏精神而创编的大型专场主题晚会《可爱的中国》被列为2017年全省思政文化宣传的三个展演节目之一。合唱《在灿烂阳光下》获得由江西省委宣传部主办的"颂歌献给党,爱我新江西"全省大型歌咏比赛合唱一等奖,男声表演唱《清贫颂》获得由江西省教育厅主办的省大学生艺术展演声乐类节目一等奖,2016届学生代表队参加江西省第三届音乐学专业教师基本功大赛获团体总分第一名等。

四、科研工作

学院扎根于地方音乐文化研究,基本形成了弋阳腔研究、赣东北根据地红色文化研究和赣东北民间音乐研究的三大体系。弋阳腔研究所承接了2项国家教育部人文社科研究项目和多个省级研究项目,出版学术专著2部。教师发表论文近100篇,其中CSSCI期刊论文10余篇、北大中文核心期刊论文10余篇、其他一般期刊发表论文70余篇,课题34项,著作4部。

第十一节 美术与设计学院

一、历史沿革

美术与设计学院的前身为1977年组建江西师院上饶分院所设的艺术科,

1993年成立艺术系，1998年独立设置美术系，开办美术教育、美术装潢设计2个专科专业。2000年设立美术学、艺术设计本科专业和美术教育、美术装潢设计专科专业。2006年停办专科专业。2009年8月，美术系更名为美术与设计学院。2012年教育部本科专业调整后，艺术设计专业分为视觉传达设计专业和环境设计2个专业，2011年增设动画专业，2013年增设书法学专业。

二、学院概况

学院现有美术学、视觉传达设计、环境设计、动画、书法学五个本科专业，设立了油画教研室、书画教研室、视觉传达设计教研室、环境设计教研室、动画教研室、理论与教师教育教研室等6个教研室。现有教职工59人，专、兼职教师54人。其中，教授2人，副教授20人；博士1人，硕士35人；中国美术家协会会员3人，中国书法家协会会员4人，江西省高校中青年骨干教师2人。现有全日制在校生1 386人。

三、教育教学

学院拥有一栋9 000平方米的教学大楼，设有电脑机房、基础写生创作室、艺术设计室、多媒体教室、版画实验室、雕塑实验室、视觉传达实验室、环艺与室内设计实验室、建筑装饰材料实验室、书画实验室、油画实验室、动画实验室、电窑、汽窑、700平方米展厅等，教学实践设施齐全。

美术学设有中国画、油画、版画、雕塑四个专业方向；视觉传达设计设有平面设计、影视广告两个专业方向；环境设计设有景观设计、室内设计两个专业方向；动画设有动画设计、数字影像两个专业方向；书法学设有书法教育、书法国际传播两个专业方向。美术学专业2010年被评为省高校特色专业。

学院积极推进专业建设，不断优化人才培养模式。加强教学团队建设，提高教师整体素质，探索"工作室制"。构建"艺工结合"，加强实践教学，着眼于提升学生的美术、书法创作、欣赏及教育教学能力，建立和完善见习、试教、实习等制度，加强野外写生、艺术考察等专业实训，推进人才培养与生产劳动和社会实践相结合，形成"掌握基础、强化应用、启发个性、面向市场"的培养机制。

近五年来，学院连续三届荣获省普通高校美术学专业学生基本功比赛本科组团体三等奖。参加省级以上展赛20余次，其中获一等奖或金奖作品6件、二等奖或银奖作品23件、三等奖或铜奖作品36件。2017届毕业生中,考取硕士研究生21人。2013年被评为"全省高校思想政治教育工作先进集体"。建院以来,为社会输送各专业合格毕业生3 600余人。

四、科研工作

2014年以来,学院教师获国家授权专利1项,省级科研课题立项13项,承担多项企业委托的横向课题,发表论文50余篇,主编出版教材论著8部。

第十二节　教育科学学院

一、历史沿革

1977年上饶师范专科学校复校时,设立教育理论教研组,负责全校教育学和心理学两门公共课的教学任务。1984年4月,学校成立高师研究室。1985年,教育理论教研组、高师研究室和原挂靠在鹰潭师范的艺术教研组合并组成高师教育研究室。当时有教师24人,设有行政办公室、心理学教研组、教育学教研组和艺术教研组。1993年艺术教研组分离成立艺术系,高师教育研究室更名为教育理论教研室,承担全校教育学和心理学两门公共课的教学任务,2000年招收学前教育专科学生77名。2001年更名为教育科学系,2009年8月更名为教育科学学院。

学前教育专业于2000年9月正式招生,为3年制专科,共招生77名学生;2004年9月招收4年制本科学生;2009年招收学前教育艺术方向学生,为4年制本科,2014年停招,共招收5届学生;2014年招收中加班(与加拿大合作办学)学生,为3年制专科。本专业专任教师14人,其中教授1人,副教授3人;博士1人,硕士9人。

心理学专业于2002年9月正式招生,为3年制专科;2003年9月招收4年制本科生。该专业有专任教师10人,其中副教授5人;硕士9人,博士在读1人。

2004年申报四年制本科小学教育专业和三年制专科初等教育专业,当年专科初等教育专业开始招生(2010年停招,共招生5届);2005年本科小学教育专业开始招生。该专业共有专任教师 13 人。其中教授 2 人,副教授 4 人;博士 4 人,硕士 6 人。

二、学院概况

学院现有学前教育、心理学、小学教育三个本科专业和学前教育专科专业。下设心理学、小学教育、学前教育、公共教育理论课程 4 个教研室和一个实验室中心。学前教育专业为教育部特色专业,有省级精品课程 1 门。现有教职员工 40 人,专任教师中教授 3 人,副教授 10 人;博士 5 人,硕士 20 人;江西省教学名师 1 人,江西省高校中青年学科带头人 1 人,江西省高校中青年骨干教师 1 人,1 人入选江西省"百千万人才工程",硕士生导师 4 人。现有全日制在校生 1 000 余人。

学院办学条件优良,教学科研设施先进,专业资料室有数万册专业图书资料,有学前教育实验室 5 个、心理学专业实验室 1 个、钢琴 37 台、舞蹈练功房 2 个。建有学术报告厅、心理实验室、舞蹈房、数码钢琴教室、钢琴房、蒙台梭利教学实训室、奥尔夫音乐教室、儿童绘本阅读室、环境创设室等,完全能够满足教学及学生练习需要。

三、教育教学

作为全校唯一仅设师范类专业的学院,始终坚持"实践性、多样性、地方性、艺术性"的专业特色,培养能主动适应基础教育需要,基础宽厚、德技兼通、教研双能、综合素质较强,有一定学习能力、实践能力与创新能力,能胜任基础教育教学工作,并能从事教学管理的应用型师范类人才。

学院重点建设教育学、普通心理学、发展心理学、教师教育类课程等基础课程。学前教育专业获教育部"本科教学工程"地方高校第一批本科专业综合改革试点,"心理学"和"教育学"是省级精品课程,心理学教研室是省级教学团队,多次获省级教学成果奖一等奖和二等奖。

学院努力加强学生自学能力和创新能力的培养,采用课堂讲授、案例讨论、情景模拟、社会调查、实验实训、专家讲座等多样教学方式与方法,将课堂讲授与学生独立思考讨论相结合,增强了教育教学效果。同时通过指导学生参加省级教学技能大赛和大学生创新创业大赛、开办前沿学术讲座课程、吸收学生参加教师科研课题研究等途径和方法,实现教学与科研的有机结合。

2014年、2015年、2016年分别获江西省教育厅师范生教学技能展示大赛模拟课堂教学、教学设计、多媒体课件制作(文科类)一等奖,在"江西省大学生乒乓球比赛"女子单打、女子双打以及混合双打比赛中分别获第五名、第二名和第三名,小组唱《节日欢歌》在江西省第八届大学生艺术节获二等奖。2017年舞蹈《茉莉花开》在江西省第九届大学生艺术节获二等奖。

四、科研工作

近年来,主持完成教育部世界银行贷款"师范教育改革"项目2项,国家社会科学基金教育学一般项目3项,省哲学社会科学研究课题、教育科学规划研究重点项目20多项,并获江西省第十二届、第十四届、第十五届、第十六届、第十七届社会科学优秀成果二等奖和三等奖多项;主编、参编高等师范院校教材18部。在《心理科学》《高等教育研究》《复旦教育论坛》《教育评论》等专业核心期刊发表科研论文110余篇,部分论文被《中国人民大学报刊复印资料》《全国高校文科学报文摘》等转载转摘。目前在研的省级以上科研、教改课题12项。

第十三节 生命科学学院

一、历史沿革

生命科学学院前身为2002年创建的生命科学系。2003年开始招收生物科学本科和生物教育专科两个专业。生命科学系第一届生物教育专业学生2002年入校,2003年在化学系完成一年学业后转入本系学习。2005年增设园艺本科专业和生物技术及应用专科专业,2007年增设生物技术、园林两个本科专业。2009年正式更名为生命科学学院。

2002年上饶市农业科学研究所成建制并入,与生命科学系合署办公。

二、学院概况

学院现有理学、农学两大学科门类,下设1个实验中心以及上饶市农业科学研究所、赣东北特色农林研究院、赣东北生态农业技术基地。

学院现有教职员工51人，其中教授6人，副教授23人；博士14人，硕士18人；江西省高校中青年骨干教师3人，硕士生导师2人。现有全日制在校本科生855人。

三、教育教学

学院设有生物科学、生物技术、园林、园艺四个本科专业和生物科学、生物技术及应用两个专科专业。现有生物科学与教师教育、生物技术、园林园艺3个教研室。学院强化专业建设，不断加大教学投入，在人才培养模式与课程体系改革、教学团队建设、课程与教学资源建设、教学方式方法改革、实践教学环节、教学管理改革等方面投入较大精力和财力。

学院坚持围绕"宽口径、厚基础、强能力、重创新"，把学生培养成为适应国家新型城镇化发展需要，服务于区域经济社会发展，且能胜任生物科学、生物技术、园林园艺等方面发展需要的复合型、应用型高素质人才。

学院坚持教学中心地位，重视教学改革与创新，在本科教学工程项目建设方面取得一定成效。生物科学实验中心被评为省级实验教学示范中心，植物生物学为省级精品资源共享课程。

学院现有省级生物科学实验教学示范中心1个，生物标本室2个，设有生物化学、遗传学、无菌培养、生物技术等12个实验室。在杭州、苏州、上海建立了园林、园艺实践教学基地，在福建武夷山野生动植物自然保护区、上饶灵山、三清山等地设立了动植物野外实践教学基地。科研条件和仪器设备良好，配有便携式光合作用测量系统、体视显微镜、气相色谱仪等仪器设备，仪器设备总值达1 200万元。收集珍藏了数百件珍稀动植物标本，为开展生命科学及相关领域研究创造了良好条件。

依托省实验教学示范中心，学院不断完善专业实践教学体系，建设稳定优良的核心课程实践平台和综合实训平台，实施包括专业课程实习、综合实践、产学研项目开发、科技竞赛和考研培训在内的多层次实践教学体系，提高学生实践动手能力。学院高度重视学生创新创业能力培养。学生获得国家级、省级和校级大学生创新创业训练计划项目38项。近年来学生在全省"挑战杯"等各类竞赛中获得省级以上奖励19项；学生参与发表学术论文70余篇；本科毕业生平均升研率达23.7%。

学院毕业生1 700余人,为国家培养和输送了大量优秀人才。

四、科研工作

近年来,学院教师共承担科研课题35项,其中国家自然科学基金项目3项。主编教材2部,发表核心期刊论文165篇。多次承办省级学术会议。学院充分发挥科技和人才资源优势,在农产品研发合作、高新技术园区打造等方面提供智力支持,与地方联手破解企业发展中遇到的各种技术难题,实现校地协同发展的多赢效果。

第十四节　经济与管理学院

一、历史沿革

经济与管理学院前身为经济学系,成立于2003年,创办之初与社科部合署办公,只有国际经济与贸易1个本科专业。2005年,经学校专业调整,会计本科专业、会计电算化专科专业及经济管理专科专业划入。同年,开办市场营销本科专业。2008年,开办财务管理本科专业。2009年,公共事业管理本科专业划入。2011年,开办工商管理本科专业。

2009年8月,社科部整体划出,经济学系更名经济与管理学院。2012年开始,国际贸易专业、会计专业、公共事业管理专业开办辅修双学士学位。2014年,会计电算化专科专业与加拿大荷兰学院合作办学,课程设置与国际接轨。同年,学院作为学校试点单位,开始探索地方高校转型发展新路径,为学校改革发展积累经验。2018年,学院被确定为学校首个应用型人才培养模式综合改革试点单位。

二、学院概况

经济与管理学院有经济与管理两大学科门类,下设国际经济与贸易、会计学、工商管理、市场营销4个教研室,拥有国际经济与贸易、会计学、财务管理、市场营销、工商管理、公共事业管理6个本科专业和1个会计电算化专科专业。政治经济学为省级重点学科,公共事业管理为省级特色专业,政治经济学为省级精品课程。设有经济社会学术工作室。

学院现有教职工 50 人,其中教授 2 人,副教授 13 人;博士 2 人,硕士 34 人。另有外聘兼职教授数名。学院现有在校学生 1 297 人。

三、教育教学

经济与管理学院一直秉持培养复合性、创新性、开放性的应用型经济与管理专门人才的办学定位,努力建构三堂融合、六课一体的培养体系,致力于宽口径、厚基础、强技能的经济与管理人才的培育。

学院已形成以本科教育为主体,辅修双学士学位教育和国际合作教育为两翼的多层次育人体系。将经济与管理两大类学科知识相互交融和渗透,着力强化学生的专业基础及自学能力、创新能力与实践能力。在实际教学过程中,采用课堂教学、案例讨论、情景模拟、企业实训、社会调查、专家讲座等多种教学方式方法,增强教育教学效果。同时通过指导学生参加学术科技竞赛和专业技能竞赛、开设前沿学术讲座、吸收学生参与教师科研课题调查和研究、指导学生写作发表学术论文等途径和方法,促进科研与教学的深度融合。

学院具有较先进的教学设施,设有教学实验实训中心,拥有会计、国际贸易、市场营销、工商管理等多功能实验模拟机房 7 间。学院重视校外实习实训工作,与上饶及浙江、福建、深圳、苏州等地江西商会名下的一大批企业建立了战略合作关系,拥有较为完善的教育教学实习实践基地,培养了大量优秀人才。

教师秉承"学高为师、身正为范"的校训,坚持教书育人,为人师表。教师中有"江西省教学名师"1 人,江西省高校中青年学科带头人 1 人,江西省高校中青年骨干教师 6 人,2 人获得全省优秀"两课"教师称号。

2003 年以来,学院获得全市"先进基层党组织"、全省教育系统创先争优活动"先进基层党组织"、全省教育系统"群众满意窗口单位"、全省"工人先锋号"等荣誉称号。教师中 1 人获得全省高校"思想政治工作先进个人"和全省"优秀团干部"称号,1 人获得全省"优秀党支部书记"称号,1 人获得全省"三八红旗手"称号。

学院关心帮助困难学生,助力学生成才,设立国泰奖学金等由社会各界人士捐赠的奖助学金。

四、科研工作

截至 2017 年,经济与管理学院教师先后承担国家社会科学基金课题 2 项,省部级课题项目包括:教育部教育规划课题 2 项,江西省社会科学规划课题 25 项,江西省高校人文社科课题 42 项,江西省教育科学规划课题 28 项,江西省教学改革课题 12 项。出版教材论著 8 部,发表专业学术论文 260 余篇(其中核心期刊 50 余篇,CSSCI 期刊 35 篇)。获得省级以上科研成果奖 9 项。

学院服务社会成效显著。承担地方政府规划、企业发展对策咨询等方面横向课题 20 余项,主持起草了横峰县、弋阳县经济与社会发展"十三五"规划,上饶市工业、科技、物流保税"十三五"规划。与政府、企业建立了良好的合作关系,3 名教师担任政府、人大专家顾问团成员,3 名教师担任地方商业银行的独立董事,1 名教师担任多家单位的法律顾问。

附 录

附录

附录一 上饶师范学院党委系统现行机构示意图

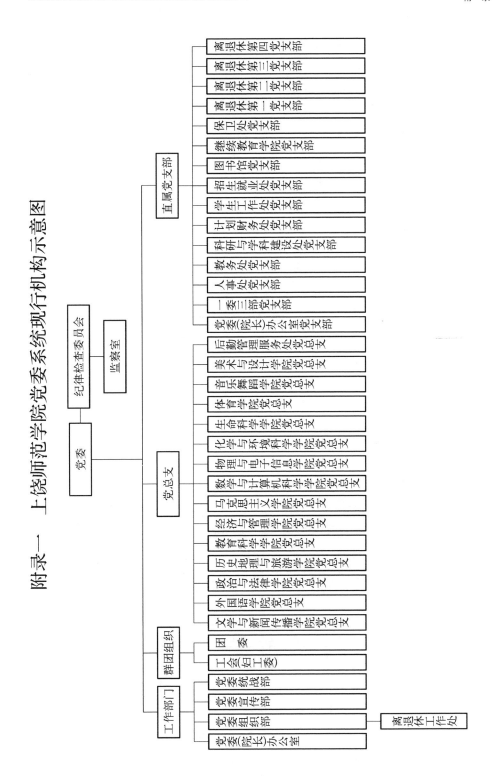

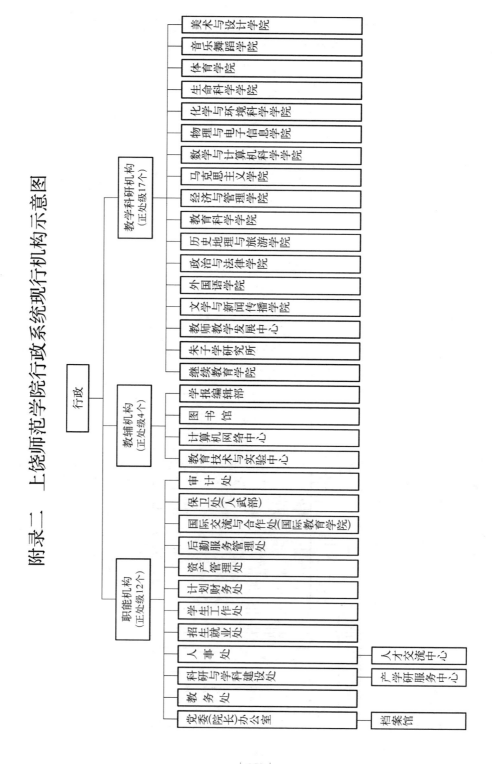

附录二 上饶师范学院行政系统现行机构示意图

附录三　历届校党政班子领导成员

一、1958—1986年，上饶师范专科学校时期（期间1959—1962年为赣东北大学）（正县级事业单位）

序号	职　　务	姓　名	任　职　时　间
1	党委书记、校长（兼）	黄永辉	1958.08—1959.04
2		彭协中	1959.04—1962.08
3	党委副书记、副校长 校务委员会主任	秦　生	1958.08—1964.07
4	党委副书记、副校长 校务委员会副主任	曲凤彩	1959.06—1964.07
5	党委副书记	谢永昌	1962—1964.07
6	党委委员、组织部部长	杨志堂	1959.04—1964.07
7	党委委员、宣传部部长	马德星	1959.04—1964.07
8	分院党委书记、院长（兼）	秦　生	1977.10—1978.06
9	分院党委副书记、副院长（主持工作）	赵连瑞	1977.10—1978.06
10	党委书记，校长（兼）	秦　生	1978.06—1979.10
11	党委副书记、副校长	赵连瑞	1978.06—1984.07
12	党委书记、校长	王　彬	1979.10—1982.04
13	校长	秦　生	1982.04—1984.07
14	顾问	秦　生	1984.07—1989.12
15	党委书记	王　彬	1984.07—1986.05
16	党委委员、校长	范　成	1984.07—1986.05
17	党委副书记	秦　生	1982.06—1984.07
18		叶日昇	1982.06—1984.10
19		赵连瑞	1984.07—1986.05
20	纪委书记	叶日昇	1984.10—1986.05
21	副校长	舒月恩	1979.10—1986.05

(续表)

序号	职　务	姓　名	任　职　时　间
22	副校长	刘湘庭	1981.12—1984.07
23		李昌武	1984.07—1986.05
24		刘以康	1984.07—1986.05

二、1986—2000年，上饶师范专科学校时期（副厅级事业单位）

序号	职　务	姓　名	任　职　时　间
1	党委书记	王　彬	1986.05—1991.08
2		吴宝炎	1991.08—1996.07
3		黄日耀	1996.07—2001.10
4	校长	范　成	1986.05—1991.07
5		徐火荣	1991.07—1998.01
6		黄衍华	1997.12—2002.03
7	党委副书记	赵连瑞	1986.05—1988.09
8		徐火荣	1991.07—1996.01
9		胡金发	1991.07—1996.12
10		黄衍华	1997.12—2002.03
11		王秀章	1997.12—2002.04
12	纪委书记	叶日昇	1986.05—1991.07
13		刘以康	1991.07—1997.12
14	党委委员、纪委书记	尹化南	1997.12—2002.04
15	副校长	舒月恩	1986.05—1991.07
16		李昌武	1986.05—1999.08
17		刘以康	1986.05—1991.07
18		黄衍华	1991.07—1997.12
19		王秀章	1991.07—1998.01
20		饶祖天	1991.07—1997.11

(续表)

序号	职务	姓名	任职时间
21	党委委员、副校长	吴长庚	1998.03—2002.04
22		王德承	1998.03—2002.04
23		王胜华	1998.03—2002.04
24	党委委员、党委宣传部部长	郑日金	1998.03—2002.08
25	党委委员、党委组织部部长	邹毅	1998.03—2002.08

三、2000—2018年,上饶师范学院时期(正厅级事业单位)

序号	职务	姓名	任职时间
1	党委书记	曹炳根	2003.12—2008.03
2		李友鸿	2010.04—2016.01
3		朱寅健	2016.09—
4	院长	柳和生	2008.05—2014.09
5		詹世友	2015.02—
6	党委副书记	曹炳根	2001.10—2003.12（主持工作）
7		郭爱华	2002.03—2003.04
8		沈谦芳	2004.05—2006.08
9		柳和生	2004.04—2008.05
10		柳和生	2008.05—2010.05（负责党委工作）
11		柳和生	2010.05—2014.07
12		王胜华	2011.12—2016.08
13		詹世友	2015.01—
14		刘国云	2016.12—
15	党委委员、纪委书记	郭爱华	2002.03—2003.05
16		程瑞振	2005.04—2009.07
17		江速英	2011.01—2015.05

（续表）

序号	职　　务	姓　名	任职时间
18	党委委员、纪委书记	王德荣	2017.01—
19	党委委员、副院长	沈谦芳	2003.12—2004.05（常务副院长）
20		柳和生	2004.05—2008.05（主持行政工作）
21		王胜华	2002.04—2003.11（负责行政工作）2003.11—2011.12
22		王秀章	2002.04—2016.12
23		吴长庚	2002.04—2009.07
24		李润玉	2002.04—2012.11
25		詹世友	2011.08—2015.01（党委委员，2011.08—2015.01）
26		刘国云	2010.12—2016.12
27		王德荣	2011.12—2017.01
28		赖明谷	2012.07—
29		周厚丰	2013.05—2017.06
30		郑大贵	2017.01—（党委委员，2016.12—）
31		李培生	2017.03—（党委委员，2017.01—）
32		卢　超	2017.03—（党委委员，2017.01—）
33	副院长	吴永明	2008.12—2011.01
34		王瑞平	2008.12—2011.12
35		饶爱京	2016.10—
36		吴亦丰	2016.10—
37	助理巡视员	黄日耀	2001.11—2003.06

(续表)

序号	职务	姓名	任职时间
38	助理巡视员	尹化南	2002.04—2008.05
39	院长助理	郑大贵	2004.03—2017.01
40		饶爱京	2005.09—2011.11
41	党委委员、党委(院长)办公室主任	赖明谷	2003.11—2012.07
42	党委委员、党委宣传部部长	郑日金	2002.08—2009.06
43	党委委员、党委组织部部长	邹毅	2002.08—2009.06
44	党委委员、计划财务处处长	郑宗仁	2017.04—2017.06
45	党委委员、后勤服务管理处处长	郑宗仁	2017.06—2018.07
46	党委委员、后勤与基建管理处处长	郑宗仁	2018.07—
47	党委委员、党委组织部部长	杨发建	2017.04—
48	党委委员、党委宣传部部长	张善平	2018.08—
49	党委委员、党委统战部部长	付惠敏	2018.08—

附录四　历届纪律检查委员会组成

时间	机构名称	书记	副书记	委员
1993年5月	上饶师范专科学校第一届纪律检查委员会	刘以康	戴庆	
1998年3月	上饶师范专科学校第二届纪律检查委员会	尹化南	戴庆　程启炎	尹化南、戴　庆、程启炎、饶　鉴、赖明谷、余国林、吴务南
2017年4月	上饶师范学院第一届纪律检查委员会	王德荣	夏绪仁	王德荣、夏绪仁、张善平、张文伟、柯冬云、毛小平、徐　军

附录五 享受政府特殊津贴教师

编号	姓　名	类　　别	时　间	颁 发 单 位
1	王胜华	国务院特殊津贴	1993 年	国务院
2	吴长庚	国务院特殊津贴	1998 年	国务院
3	郑大贵	国务院特殊津贴	1998 年	国务院
4	詹世友	国务院特殊津贴	2004 年	国务院
5	柳和生	国务院特殊津贴	2008 年	国务院
6	李永明	国务院特殊津贴	2012 年	国务院
7	谭国律	江西省政府特殊津贴	2008 年	江西省人民政府
8	吴永明	江西省政府特殊津贴	2008 年	江西省人民政府
9	李永明	江西省政府特殊津贴	2011 年	江西省人民政府
10	王顺贵	江西省政府特殊津贴	2014 年	江西省人民政府
11	徐公喜	江西省政府特殊津贴	2016 年	江西省人民政府
12	李永明	上饶市政府特殊津贴	2009 年	上饶市人民政府
13	谢维营	上饶市政府特殊津贴	2009 年	上饶市人民政府
14	卢　青	上饶市政府特殊津贴	2011 年	上饶市人民政府
15	叶　青	上饶市政府特殊津贴	2011 年	上饶市人民政府
16	张一兵	上饶市政府特殊津贴	2012 年	上饶市人民政府
17	黄先恺	上饶市政府特殊津贴	2012 年	上饶市人民政府

附录六 正高职称人员名单

序号	姓　名	性　别	学历或学位	专业技术职称	获资格年月
1	柳和生	男	博士研究生	教授	1995.04
2	李昌武	男	本科	教授	1995.04
3	邹安华	男	本科	教授	1995.04

(续表)

序号	姓名	性别	学历或学位	专业技术职称	获资格年月
4	饶祖天	男	本科	教授	1995.04
5	刘以康	男	本科	教授	1995.04
6	陈光定	男	本科	教授	1996.05
7	王胜华	男	博士	教授	1996.05
8	吴深德	男	本科	教授	1996.05
9	张玉奇	男	硕士研究生	教授	1996.05
10	刘孝学	男	专科	教授	1996.05
11	吴长庚	男	专科	教授	1997.06
12	熊华平	男	硕士研究生	教授	1997.06
13	蒋有经	男	本科	教授	1997.06
14	侯仁恩	男	本科	教授	1998.08
15	沈谦芳	男	博士研究生	教授	1999.08
16	徐方炎	男	本科	教授	1998.09
17	黄日耀	男	本科	教授	1998.09
18	郑大贵	男	硕士研究生	教授	1999.07
19	敖运忠	男	专科	教授	1999.07
20	徐启斌	男	本科	教授	1999.07
21	马达才	男	本科	教授	1999.07
22	王接枝	男	本科	教授	1999.07
23	范安平	男	硕士	教授	2000.11
24	何长水	男	硕士	研究员	2000.11
25	黄衍华	男	本科	教授	2000.11
26	樊明亚	男	硕士研究生	教授	2000.11
27	谢维营	男	本科、学士	教授	2000.11
28	揭新华	男	本科、学士	教授	2000.11
29	詹世友	男	博士研究生	教授	2001.07
30	王维汉	男	本科、学士	教授	2001.09

(续表)

序号	姓　名	性　别	学历或学位	专业技术职称	获资格年月
31	徐　健	女	本科、学士	教授	2001.09
32	黎爱平	男	研究生	教授	2001.09
33	张一兵	男	硕士研究生	教授	2001.09
34	肖国飞	男	本科、学士	教授	2001.09
35	胡松柏	男	博士研究生	教授	2001.09
36	魏洪丘	男	专科	教授	2001.09
37	王俊奇	男	本科	教授	2001.09
38	张　兴	男	本科	教授	2001.09
39	王瑞平	男	博士研究生	教授	2001.12
40	熊　艰	男	硕士研究生	教授	2002.11
41	吴晓东	男	本科、学士	教授	2002.10
42	谢国豪	男	本科、学士	教授	2002.10
43	任春晓	女	博士研究生	教授	2002.10
44	张志荣	男	本科、学士	教授	2003.10
45	谭国律	男	硕士	教授	2003.10
46	张淑梅	女	本科、学士	教授	2003.10
47	程继红	男	本科、学士	教授	2003.10
48	韩顺任	男	本科	教授	2003.10
49	郑日金	男	专科	教授	2003.10
50	饶爱京	女	博士研究生	教授	2004.08
51	叶　青	女	本科、学士	教授	2004.08
52	项建民	男	本科、学士	教授	2004.08
53	陈晓芳	女	本科	教授	2004.08
54	章秋枫	女	本科	教授	2004.08
55	徐润润	男	本科	教授	2004.08
56	刘睦清	男	本科	教授	2004.08
57	章新传	男	硕士研究生	教授	2005.08

(续表)

序号	姓　名	性　别	学历或学位	专业技术职称	获资格年月
58	赖明谷	男	本科	教授	2005.08
59	张文伟	男	硕士	教授	2005.08
60	谢建鹰	男	本科、学士	教授	2005.08
61	程肇基	男	硕士	教授	2005.08
62	汪继南	男	本科、学士	教授	2005.08
63	童吉灶	男	研究生	教授	2005.08
64	戴德翔	男	本科	教授	2005.08
65	邹　毅	女	学士	教授	2005.08
66	吴永明	男	博士研究生	教授	2005.11
67	吴务南	女	本科、学士	教授	2006.08
68	汪应乐	男	本科、学士	教授	2006.08
69	徐公喜	男	本科、学士	教授	2006.08
70	余秀华	女	本科、学士	教授	2006.08
71	孙　营	女	本科、学士	教授	2006.08
72	陈晓芸	女	硕士	教授	2006.08
73	余和生	男	本科	教授	2006.08
74	谢旭慧	女	本科、硕士	教授	2006.08
75	龚婉敏	女	本科、学士	教授	2006.08
76	陈苏赣	男	本科	教授	2006.08
77	徐艳萍	女	本科、学士	教授	2006.08
78	李亚英	女	本科	教授	2006.08
79	卢　青	女	硕士	研究员	2006.11
80	周　虹	女	本科	教授	2007.10
81	汪明旗	男	本科、学士	教授	2007.10
82	陈广大	男	本科	教授	2007.10
83	张文广	男	博士研究生	教授	2007.10
84	汲　军	女	学士	教授	2007.10

(续表)

序号	姓 名	性 别	学历或学位	专业技术职称	获资格年月
85	曹南洋	男	本科	教授	2007.10
86	吕福松	男	本科	教授	2007.10
87	王德承	男	专科	教授	2007.10
88	李永明	男	硕士研究生	教授	2008.11
89	王艾平	男	本科、学士	教授	2008.11
90	毛杰健	男	专科、学士	教授	2008.11
91	盛世明	男	博士研究生	教授	2008.11
92	廖云儿	女	专科	教授	2008.11
93	刘国云	男	本科、学士	教授	2009.10
94	何奕娇	女	本科	教授	2009.10
95	谢爱理	女	博士研究生	教授	2009.10
96	杨建荣	女	博士研究生	教授	2009.10
97	李未醉	男	博士研究生	教授	2009.10
98	李润玉	女	本科	教授	2009.10
99	祝宝满	男	专科	教授	2009.10
100	余龙生	男	硕士	教授	2010.10
101	黄剑玲	女	本科、学士	教授	2010.10
102	苗天慧	女	专科	教授	2010.10
103	彭小平	男	本科	教授	2011.11
104	杨 咏	女	本科学士	教授	2011.11
105	袁 平	女	硕士	教授	2011.11
106	王顺贵	男	博士研究生	教授	2012.10
107	邵兴华	女	博士研究生	教授	2012.10
108	李友鸿	男	研究生	教授	2013.11
109	余国林	男	本科	教授	2013.11
110	张婉佳	女	本科、学士	教授	2013.11
111	张 灵	男	硕士	教授	2013.11

(续表)

序号	姓 名	性 别	学历或学位	专业技术职称	获资格年月
112	徐卫红	女	本科、学士	教授	2013.11
113	余乐书	男	博士研究生	教授	2014.11
114	徐和清	男	博士研究生	教授	2014.11
115	王秀章	男	本科	教授	2014.11
116	黄姣玲	女	本科	教授	2014.11
117	金姝兰	女	硕士	教授	2014.11
118	周茶仙	女	硕士	教授	2015.11
119	胡久荣	男	博士研究生	教授	2015.11
120	徐 兵	男	博士研究生	教授	2015.11
121	赖鑫生	男	博士研究生	教授	2015.11
122	李超英	女	本科	教授	2015.11
123	吴 波	男	本科	教授	2015.11
124	叶红德	男	博士研究生	教授	2016.11
125	冯会明	男	本科、学士	教授	2016.11
126	汪小明	男	博士研究生	教授	2016.11
127	陈宗保	男	博士研究生	教授	2016.11
128	洪森荣	男	硕士研究生	教授	2016.11
129	聂洪辉	男	硕士研究生	教授	2016.11
130	程水栋	男	博士研究生	教授	2016.11
131	于秀君	男	本科、学士	教授	2017.11
132	邓接楼	男	硕士	教授	2017.11
133	朱小阳	男	硕士	教授	2017.11
134	张来军	男	博士研究生	教授	2017.11
135	赖文斌	男	硕士研究生	教授	2017.11
136	颜 清	女	本科	教授	2017.11
137	卢 超	男	博士研究生	教授	2009.11
138	李培生	男	博士研究生	教授	2009.11
139	杨垂平	男	博士研究生	教授	2011.12

附录七 教师职称结构简表(2000 年至今)

年度	教授(人)	副教授(人)	讲师(人)	助教(人)	合计(人)
2003 年	26	122	133	65	346
2004 年	41	145	112	82	380
2005 年	38	140	221	100	499
2006 年	46	156	208	95	505
2007 年	55	157	203	100	515
2008 年	60	158	216	93	527
2009 年	60	165	237	89	551
2010 年	60	172	231	91	554
2011 年	62	187	230	78	557
2012 年	61	194	240	83	578
2013 年	59	197	234	84	574
2014 年	63	199	245	90	597
2015 年	61	196	254	98	609
2016 年	63	195	256	117	631
2017 年	65	205	296	175	741

附录八 来校工作的博士人员一览表(2000 年至今)

序号	姓名	性别	出生年月	毕业时间	学历	学位	毕业院校及专业	引进方式
1	詹世友	男	1963.10	1999.07	研究生	博士	中国人民大学,哲学	委派
2	饶爱京	女	1969.04	2006.07	研究生	博士	厦门大学,高等教育学	培养

(续表)

序号	姓名	性别	出生年月	毕业时间	学历	学位	毕业院校及专业	引进方式
3	李培生	男	1969.08	2006.06	研究生	博士	华中科技大学,热能工程	委派
4	卢超	男	1971.10	2009.08	研究生	博士	中国铁道科学研究院,载运工具运用工程	委派
5	王安春	男	1969.07	2008.06	研究生	博士	福建师范大学,中国近现代史	培养
6	葛新	男	1968.07	2009.06	研究生	博士	上海师范大学,语言学及应用语言学	培养
7	吴凑春	男	1978.11	2011.06	研究生	博士	复旦大学,中国现当代文学	培养
8	张小丽	女	1977.01	2006.06	研究生	博士	陕西师范大学,汉语言文字学	培养
9	程皖	男	1971.02	2008.07	研究生	博士	华东师范大学,世界史	培养
10	彭永春	女	1968.02	2004.07	研究生	博士	华东师范大学,世界史	培养
11	喻晓	男	1981.12	2010.07	研究生	博士	浙江大学,数学	引进
12	涂虬	男	1972.06	2010.12	研究生	博士	华中科技大学,信息与通信工程	培养
13	胡久荣	男	1971.11	2011.06	研究生	博士	南京大学,化学	培养
14	谢爱理	女	1959.02	2006.06	研究生	博士	浙江工业大学,工业催化	培养
15	叶红德	男	1968.11	2010.09	研究生	博士	南京大学,化学	培养
16	张文广	男	1963.05	2009.02	研究生	博士	华东师范大学,学科教育	培养
17	余乐书	男	1972.04	2007.10	研究生	博士	南京大学,物理化学	引进
18	张来军	男	1977.05	2010.06	研究生	博士	南京大学,化学	培养
19	盛世明	男	1968.10	2004.06	研究生	博士	北京师范大学,教育经济与管理	培养
20	邵兴华	女	1969.10	2005.06	研究生	博士	浙江大学,植物营养学	引进

(续表)

序号	姓名	性别	出生年月	毕业时间	学历	学位	毕业院校及专业	引进方式
21	徐兵	男	1969.12	2005.07	研究生	博士	中科院生物物理研究所,生物物理学	引进
22	何笑	男	1974.04	2009.06	研究生	博士	江西财经大学,政治经济学	培养
23	徐和清	男	1971.03	2009.06	研究生	博士	浙江工商大学,企业管理	培养
24	黄益宾	男	1978.10	2011.06	研究生	博士	南昌大学,材料加工工程	培养
25	贾凌昌	男	1977.01	2012.06	研究生	博士	南昌大学,思想政治教育	引进
26	邱忠善	男	1974.06	2012.07	研究生	博士	北京大学,外国哲学	培养
27	夏时华	男	1969.03	2012.06	研究生	博士	陕西师范大学,中国古代史	培养
28	王丽耘	女	1976.08	2012.06	研究生	博士	福建师范大学,比较文学与世界文学	培养
29	陈宗保	男	1978.09	2012.06	研究生	博士	福州大学,药物分析学	培养
30	杨建荣	女	1966.01	2012.04	研究生	博士	上海交通大学,理论物理	培养
31	郑劼	男	1984.06	2011.07	研究生	博士	中科院广州化学研究所,高分子化学与物理	引进
32	董添文	男	1978.08	2013.01	研究生	博士	南昌大学,机械设计及理论	培养
33	李波	男	1978.10	2011.07	研究生	博士	首都师范大学,基础数学	培养
34	张梅	女	1966.12	2013.06	研究生	博士	广西师范大学,中国古代文学	培养
35	张世敏	男	1982.04	2013.06	研究生	博士	华中师范大学,中国古典文献学	引进
36	吴红涛	男	1984.07	2013.06	研究生	博士	浙江大学,美学	引进

(续表)

序号	姓名	性别	出生年月	毕业时间	学历	学位	毕业院校及专业	引进方式
37	杨流赛	男	1985.11	2013.07	研究生	博士	中科院福建物质结构研究所,物理化学	引进
38	王伟杨	男	1982.09	2013.01	研究生	博士	中科院合肥物质科学研究院,凝聚态物理	引进
39	杨彦春	男	1983.04	2012.06	研究生	博士	北京理工大学,应用化学	引进
40	郭 文	男	1982.01	2013.06	研究生	博士	南京大学,哲学	引进
41	罗年华	男	1982.01	2012.06	研究生	博士	中山大学,有机化学	引进
42	刘影春	女	1966.03	2013.12	研究生	博士	华中师范大学,国际政治	培养
43	赖鑫生	男	1972.03	2014.06	研究生	博士	华南理工大学,计算机应用技术	培养
44	成 伟	男	1975.11	2009.09	研究生	博士	浙江大学,农业资源利用	引进
45	薛苹苹	女	1980.09	2014.06	研究生	博士	南开大学,生态学	引进
46	钟志翔	男	1985.03	2014.07	研究生	博士	上海大学,中国古代文学	引进
47	相中启	男	1979.08	2014.06	研究生	博士	华中师范大学,基础数学	引进
48	许永福	男	1983.01	2014.06	研究生	博士	上海大学,中国古代文学	引进
49	翟 朋	男	1981.10	2014.06	研究生	博士	南开大学,中国古代文学	引进
50	张高阳	男	1982.05	2014.06	研究生	博士	福建农林大学,作物遗传育种	引进
51	周安西	男	1987.04	2014.06	研究生	博士	兰州大学,有机化学	引进
52	邓万玉	女	1987.03	2014.03	研究生	博士	德国埃森大学,病毒学	引进
53	方立青	男	1985.09	2014.06	研究生	博士	上海大学,凝聚态物理	引进

(续表)

序号	姓名	性别	出生年月	毕业时间	学历	学位	毕业院校及专业	引进方式
54	杨 萍	女	1986.01	2014.07	研究生	博士	中科院成都生物研究所,动物学	引进
55	倪宇洋	男	1983.11	2014.02	研究生	博士	韩国国立忠南大学,分子生命工程	引进
56	章 凯	男	1980.04	2015.01	研究生	博士	南昌大学,材料加工工程	引进
57	张释元	女	1971.06	2013.06	研究生	博士	西南大学,课程与教学论	引进
58	许 磊	男	1986.11	2014.01	研究生	博士	中国科学院大学,天体物理	引进
59	彭思艳	男	1984.09	2015.07	研究生	博士	中国科学院大学,物理化学	引进
60	吴丽丹	女	1987.03	2015.07	研究生	博士	中国科学院大学,物理化学	引进
61	徐诚慷	男	1985.06	2015.07	研究生	博士	厦门大学,基础数学	引进
62	胡忠俊	男	1979.02	2015.08	研究生	博士	中国科学院大学,自然地理学	引进
63	李 豪	男	1984.02	2015.06	研究生	博士	南京大学,中国语言文学	引进
64	杨思俊	男	1984.03	2015.06	研究生	博士	苏州大学,医学细胞生物学	引进
65	程水栋	男	1964.09	2012.06	研究生	博士	上海师范大学,马克思主义中国化研究	引进
66	杨小芳	女	1978.09	2015.06	研究生	博士	韩国龙仁大学,体育学	引进
67	周接兵	男	1981.10	2015.06	研究生	博士	湘潭大学,中国哲学	引进
68	王 清	男	1984.10	2015.12	研究生	博士	深圳大学,光学工程	引进
69	章 莎	女	1981.09	2016.01	研究生	博士	中国科学院大学,材料科学与工程	引进
70	姜 丽	女	1976.11	2014.12	研究生	博士	同济大学,思想政治教育	引进

(续表)

序号	姓名	性别	出生年月	毕业时间	学历	学位	毕业院校及专业	引进方式
71	管正平	男	1968.09	2016.11	研究生	博士	南京师大,中国古典文学	引进
72	叶表良	男	1985.10	2016.06	研究生	博士	首都师范大学,数学物理	引进
73	程肇基	男	1961.07	2016.01		博士	武汉大学,公共管理	培养
74	梅丽杰	男	1988.06	2016.06	研究生	博士	南京大学,数学	引进
75	王瑞庆	男	1978.12	2011.06	研究生	博士	西北农林科技大学,植物学	引进
76	张津瑞	男	1986.03	2016.05	研究生	博士	华东师范大学,世界史	引进
77	吴小波	男	1987.08	2016.06	研究生	博士	中山大学,基础数学	引进
78	曾建华	男	1978.06	2015.12	研究生	博士	华南师范大学,光学	引进
79	段华平	男	1975.07	2010.06	研究生	博士	南京农业大学,生态学	引进
80	吴建春	男	1985.12	2016.06	研究生	博士	华南师范大学,理论物理	引进
81	朱志强	男	1977.06	2006.06	研究生	博士	中国科学技术大学,物理化学	引进
82	陶智明	男	1974.09	2016.07	研究生	博士	北京大学,无线电物理	引进
83	朱 海	女	1988.07	2016.07	研究生	博士	中国科学院昆明植物研究所,植物学	引进
84	周 明	男	1971.06	2015.06	研究生	博士	乌克兰南乌克兰国立师范大学,音乐教育理论与方法	引进
85	黄旭华	男	1973.09	2016.06	研究生	博士	华南师范大学,高等教育学	引进
86	闻 静	女	1983.07	2012.06	研究生	博士	东北农业大学,植物学	引进
87	张 莉	女	1979.09	2012.12	研究生	博士	西北农林科技大学,葡萄与葡萄酒学	引进

(续表)

序号	姓名	性别	出生年月	毕业时间	学历	学位	毕业院校及专业	引进方式
88	曹志繁	男	1973.04	2016.12	研究生	博士	武汉大学,马克思主义哲学	引进
89	杨智勇	男	1988.04	2016.12	研究生	博士	广西师范大学,思想政治教育	引进
90	吴晓东	男	1975.11	2017.01	研究生	博士	中国人民大学,科学技术哲学	引进
91	吴凯	男	1989.02	2017.01	研究生	博士	中国科学院大学,动物学	引进
92	周运瑜	男	1972.02	2015.06	研究生	博士	云南大学,旅游管理	引进
93	王明	男	1980.07	2017.01	研究生	博士	南昌大学,材料加工工程	引进
94	计从斌	男	1980.03	2013.06	研究生	博士	华东师范大学,有机化学	引进
95	刘金华	男	1978.09	2011.12	研究生	博士	电子科技大学,计算机应用技术	引进
96	杨锌	男	1987.02	2017.03	研究生	博士	浙江大学,植物营养学	引进
97	熊林峰	男	1988.01	2017.05	研究生	博士	华东师范大学,高分子化学与物理	引进
98	汪小明	男	1978.06	2017.06	研究生	博士	南开大学,基础数学	引进
99	梁从峨	男	1985.10	2017.06	研究生	博士	中国人民大学,中国哲学	引进
100	何星	男	1986.11	2014.12	研究生	博士	装甲兵工程学院,机械工程	引进
101	毛刘量	男	1988.11	2017.06	研究生	博士	兰州大学,有机化学	引进
102	陈熙	女	1989.03	2017.06	研究生	博士	华中科技大学,无机化学	引进
103	姜贵文	男	1978.09	2017.06	研究生	博士	南昌大学,材料加工工程	引进
104	任新民	男	1988.07	2017.06	研究生	博士	中山大学,中国哲学	引进
105	张振球	男	1988.02	2017.06	研究生	博士	南京师范大学,第四纪地质学	引进

(续表)

序号	姓名	性别	出生年月	毕业时间	学历	学位	毕业院校及专业	引进方式
106	魏文超	男	1971.09	2012.06	研究生	博士	中南财经政法大学,法律史	引进
107	张林雅	女	1988.10	2017.06	研究生	博士	中国农业科学院,农业昆虫与害虫防治	引进
108	吕庶瑾	女	1985.10	2017.06	研究生	博士	上海外国语大学,英语语言文学	引进
109	苏振宏	男	1982.12	2012.07	研究生	博士	中央民族大学,宗教学	引进
110	于淼瑛	男	1980.03	2012.06	研究生	博士	中国农业大学,动物遗传育种与繁殖	引进
111	耿 慧	女	1988.09	2017.06	研究生	博士	东北林业大学,森林保护学	引进
112	江 娜	女	1988.02	2017.09	研究生	博士	马来西亚马来亚大学,教育领导力	引进
113	张一文	男	1969.07	2017.08	研究生	博士	马来西亚拉曼大学,中文研究	引进
114	曹义昆	男	1976.07	2017.09	研究生	博士	南京大学,宗教学	引进
115	卢金逵	男	1983.03	2015.03	研究生	博士	日本中京大学,体育学	引进
116	肖小云	女	1978.01	2016.12	研究生	博士	南京大学,中国语言文学	引进
117	王洪昭	男	1971.05	2017.03	研究生	博士	日本国际医疗福祉大学,保健医疗学	引进
118	孙建中	男	1982.01	2017.07	研究生	博士	中国科学院大学,环境工程	引进
119	陈克标	男	1982.07	2017.06	研究生	博士	华中师范大学,中国史	引进
120	满百膺	男	1978.01	2017.06	研究生	博士	中国地质大学,环境科学与工程	引进
121	程 刚	男	1987.01	2017.06	研究生	博士	新疆大学生物学	引进

(续表)

序号	姓名	性别	出生年月	毕业时间	学历	学位	毕业院校及专业	引进方式
122	乌兰其其格	女	1974.09	2014.09	研究生	博士	日本北陆先端科学技术大学,大学知识科学	引进
123	崔基勋	男	1975.07	2017.06	研究生	博士	中国人民大学,中国哲学	引进
124	秦菲	女	1987.02	2017.08	研究生	博士	韩国学中央研究院,韩国历史	引进
125	戴五宏	男	1984.10	2014.09	研究生	博士	厦门大学,人类学	引进
126	白益军	男	1987.12	2017.12	研究生	博士	兰州大学,地球化学	引进
127	何江	男	1975.03	2012.07	研究生	博士	中国社会科学院,技术经济及管理	引进
128	米硕	男	1985.09	2017.01	研究生	博士	中国石油大学,化学工程与技术	引进
129	李文娟	女	1986.01	2017.12	研究生	博士	南开大学,物理化学	引进
130	余焕焕	女	1988.08	2017.12	研究生	博士	南开大学,无机化学	引进
131	杨垂平	男	1964.01	1999.12	研究生	博士	中国科学技术大学,光学	引进
132	吴奇成	男	1989.04	2017.06	研究生	博士	福州大学,物理电子学	引进
133	宋涛	男	1981.11	2017.12	研究生	博士	四川大学,美术史与理论	引进
134	刘美平	男	1982.03	2017.07	研究生	博士	北京大学,逻辑学	引进
135	伍应保	男	1978.03	2016.07	研究生	博士	中国科学院大学,遗传学	引进
136	杨维	男	1967.11	2014.06	研究生	博士	菲律宾卡威迪国立大学,管理学	引进
137	杨晓斌	男	1991.10	2016.07	研究生	博士	菲律宾卡威迪国立大学,教育学(教育管理)	引进
138	刘裔文	男	1986.05	2014.06	研究生	博士	武汉大学,空间物理学	引进

(续表)

序号	姓名	性别	出生年月	毕业时间	学历	学位	毕业院校及专业	引进方式
139	周彦辉	男	1981.11	2017.01	研究生	博士	大连理工大学,理论物理	引进
140	曾强	男	1989.09	2018.01	研究生	博士	大连理工大学,材料科学与工程(高分子材料)	引进
141	董承旭	女	1986.10	2017.12	研究生	博士	哈尔滨师范大学,自然地理学	引进
142	陈凯	男	1977.08	2011.06	研究生	博士	英国爱丁堡大学,生物物理化学	引进
143	毛小涛	男	1983.04	2017.12	研究生	博士	内蒙古农业大学,草学	引进
144	罗育发	男	1975.10	2010.06	研究生	博士	中山大学,水生生物学	引进
145	吴擎华	男	1976.08	2008.06	研究生	博士	山东大学,中国近现代史	引进
146	张惠宁	女	1989.08	2017.12	研究生	博士	西北农林科技大学,农业昆虫与害虫防治	引进
147	陈玮	男	1970.06	2016.12	研究生	博士	同济大学,技术经济及管理	引进
148	傅光全	男	1968.02	2014.07	研究生	博士	中国社会科学院,逻辑学	引进
149	张超	男	1985.05	2017.06	研究生	博士	东北农业大学,作物遗传育种	引进
150	周志勇	男	1985.10	2018.04	研究生	博士	法国普瓦提埃大学,信号与图像处理	引进
151	黄小杰	男	1983.07	2017.06	研究生	博士	复旦大学,基础数学	引进
152	罗龙皂	男	1985.12	2018.06	研究生	博士	浙江大学,环境工程	引进
153	孙学贵	男	1987.11	2018.06	研究生	博士	湖南大学,材料科学与工程	引进
154	陈夏	男	1991.07	2018.06	研究生	博士	浙江大学,化学	引进

(续表)

序号	姓名	性别	出生年月	毕业时间	学历	学位	毕业院校及专业	引进方式
155	严仙荣	女	1984.12	2018.06	研究生	博士	大连理工大学,力学,应用与实验力学	引进
156	施丹丹	男	1986.01	2018.06	研究生	博士	首都师范大学,基础数学	引进
157	钱有飞	男	1986.06	2018.06	研究生	博士	上海财经大学,理论经济学(当代马克思主义经济理论)	引进
158	邓根飞	男	1979.07	2018.05	研究生	博士	华东师范大学,中国史	引进
159	林威杰	男	1987.08	2018.06	研究生	博士	中国社会科学院研究生院,中国史	引进
160	刘雄辉	男	1991.03	2018.06	研究生	博士	武汉大学,理论物理	引进
161	赵鹏璞	男	1972.10	2018.07	研究生	博士	郑州大学,中国史	引进
162	姚日剑	男	1978.01	2009.07	研究生	博士	中国空间技术研究院,物理电子学	引进
163	邓颖翔	男	1982.03	2011.06	研究生	博士	华南理工大学,企业管理	引进
164	董婷婷	女	1990.01	2018.06	研究生	博士	中国科学院大学,化学工艺	引进
165	宋红宝	男	1979.11	2018.06	研究生	博士	上海大学,中国近现代史	引进
166	彭小松	男	1988.05	2018.06	研究生	博士	上海大学,中国史(中国近现代史)	引进
167	王婷	女	1984.08	2017.07	研究生	博士	中国科学院大学,发育生物学	引进
168	方志刚	男	1979.11	2018.06	研究生	博士	南京农业大学,植物学	引进
169	吴嘉明	男	1984.06	2017.06	研究生	博士	台北市立大学,中国语文学系	引进
170	方玉亮	男	1989.01	2018.06	研究生	博士	中国科学院大学,天文技术与方法	引进

(续表)

序号	姓名	性别	出生年月	毕业时间	学历	学位	毕业院校及专业	引进方式
171	刘胜	男	1983.04	2018.03	研究生	博士	南京大学,物理学	引进
172	卢太平	男	1971.03	2008.07	研究生	博士	中国社会科学院研究生院,民族学	引进
173	陈力士	男	1981.06	2018.06	研究生	博士	广西师范大学,中国古代文学	引进
174	徐世娴	女	1988.12	2016.06	研究生	博士	吉林大学,无机化学	引进
175	王胜华	男	1956.07	2005.12	研究生	博士	中国工程物理研究院,应用数学	培养
176	柳和生	男	1965.07	1991.03	研究生	博士	上海交通大学,机械电子	委派
177	沈谦芳	男	1965.05	1990.06	研究生	博士	中国人民大学,中外政治思想	委派
178	王瑞平	男	1963.05	2004.06	研究生	博士	中国人民大学,专门史	委派
179	吴永明	男	1970.01	2003.08	研究生	博士	南京大学,中国近现代史	委派
180	仲伟良	男	1953.04	2005.01	研究生	博士	南京大学,马克思主义哲学	引进
181	李屏	女	1973.06	2005.07	研究生	博士	华东师范大学,教育史	培养
182	任春晓	女	1963.01	2000.03	研究生	博士	复旦大学,哲学	培养
183	胡松柏	男	1952.02	2003.06	研究生	博士	暨南大学,汉语言文字学	培养
184	周榆华	男	1970.12	2007.06	研究生	博士	中山大学,中国古代文学	培养
185	王盛开	男	1966.07	2007.06	研究生	博士	北京师范大学,中共党史	培养
186	李未醉	男	1965.05	2006.06	研究生	博士	暨南大学,专门史	培养
187	陈新泉	男	1974.07	2007.06	研究生	博士	华南理工大学,计算机应用技术	引进
188	肖竹平	男	1972.02	2008.06	研究生	博士	南京大学,植物学	培养

(续表)

序号	姓名	性别	出生年月	毕业时间	学历	学位	毕业院校及专业	引进方式
189	毛家发	男	1970.10	2009.03	研究生	博士	华东理工大学,模式识别与职能系统	培养
190	王顺贵	男	1966.07	2004.06	研究生	博士	上海师范大学,中国古代文学	引进
191	刘经洪	男	1969.11	2005.01	研究生	博士	湖南师范大学,基础数学	引进
192	方 林	男	1975.10	2012.06	研究生	博士	中国人民大学,法学理论	引进
193	熊爱华	男	1974.09	2013.01	研究生	博士	南昌大学,机械设计及理论	培养
194	李清清	女	1985.01	2014.06	研究生	博士	北京外国语大学,外国语言学及应用语言学	引进
195	冷明伟	男	1979.12	2014.06	研究生	博士	兰州大学,计算机应用技术	引进
196	裘文慧	女	1987.11	2016.07	研究生	博士	上海大学,环境工程	引进
197	范 勇	男	1975.12	2016.06	研究生	博士	上海财经大学,应用经济学(保险学)	引进
198	陆康勇	男	1982.01	2016.06	研究生	博士	湖南师范大学,汉语言文字学	引进
199	刘佰生	男	1983.09	2016.09	研究生	博士	南京大学,天文学	引进

后 记

经过一年多的紧张工作,《上饶师范学院校史》终于付梓。为学校60年华诞献上一瓣心香,校史编写组既为之欣慰,又因其诸多未尽人意之处而深感惭愧不安。

60年的厚重与沧桑,撷录入书,历历在册,意义深远。承载着数辈师生同仁的殷殷期待,校史编写组承此重任,虽感荣幸,却深知修史之艰难,责任之重大,心实惕然警然,不敢有丝毫草率懈怠。编写工作力求客观、翔实、准确,再现学校兴衰起伏的发展轨迹,体现学校办学特色,突出教育教学发展主线,诚愿撰成可读、可感之书。然而编写者水平及阅历有限,资料收集与辨析难度大,遗珠难免,难以达到理想之预期目的,恳盼全体师生、广大校友、读者和社会各界不吝赐教指正,以备在今后修编再版时提高质量,少些缺憾。

《上饶师范学院校史》的编写,是在校党委、行政的统一领导下,学校成立编委会和编写组完成的。编写组先确定编写体例,提出资料收集内容及编写大纲,再分工负责。具体编务由赖明谷同志负责。在一年多的材料收集和几易其稿的编写过程中,参编人员以严肃认真、实事求是的科学态度,客观反映学校的发展全貌,完成了近30万字的初稿编写任务,交编委会和各二级部门初审修改,广泛征求各方面的意见和建议,最后修改成近20万字的定稿。

此书能在短时间内如期出版,得到了历届领导、校友和老师们的悉心指导,他们为编写组提供了许多宝贵资料,有的还主动提供了个人珍藏的原件。全校各部门、各二级学院大力支持,献计出力,尤其是校办、组织部、宣传部、档案馆、校友办公室、教务处、人事处、科研与学科建设处等部门提供了大力支持和帮助,在此一并致以深深谢意。

桃李溢彩,华茂青松;薪火相传,生生不息。谨以此书纪念建校60周年,衷心祝福学校的明天更加灿烂辉煌!

图书在版编目(CIP)数据

上饶师范学院校史/《上饶师范学院校史》编写组著.—上海:复旦大学出版社,2018.10(2018.12 重印)
ISBN 978-7-309-13977-8

Ⅰ.①上… Ⅱ.①上… Ⅲ.①上饶师范学院-校史 Ⅳ.①G659.285.63

中国版本图书馆 CIP 数据核字(2018)第 224054 号

上饶师范学院校史
《上饶师范学院校史》编写组　著
责任编辑/郑越文

复旦大学出版社有限公司出版发行
上海市国权路 579 号　邮编:200433
网址:fupnet@fudanpress.com　http://www.fudanpress.com
门市零售:86-21-65642857　团体订购:86-21-65118853
外埠邮购:86-21-65109143
浙江新华数码印务有限公司

开本 787×1092　1/16　印张 16.25　字数 251 千
2018 年 12 月第 1 版第 2 次印刷

ISBN 978-7-309-13977-8/G・1905
定价:48.00 元

如有印装质量问题,请向复旦大学出版社有限公司出版部调换。
版权所有　侵权必究